Yumi Kamuro
香室結美

ふるまいの創造

ナミビア・ヘレロ人における植民地経験と美の諸相

九州大学出版会

扉写真：結婚式に集まったロングドレスの女性たち。火を取り囲み手拍子を打ちながら身体を揺らす。家畜やヘレロの歴史的経験が詩的に歌われる（*outjina*）。（2010年9月，オショゾンジュパ県，オマヒナ村）

口絵 1（上右）　ヘレロ男性，軍服風のユニフォーム（赤旗）　2017年 オカハンジャ
口絵 2（上左）　ヘレロ女性，式典用ロングドレス（白旗）　2017年 オゾンダティ
口絵 3（下）　ヒンバのファッション　2012年

口絵 4（上）　クラフトショップに売られているヒンバとヘレロの人形　2012年
（下）　クラフトショップで人形を作り，売るヘレロ女性　2012年

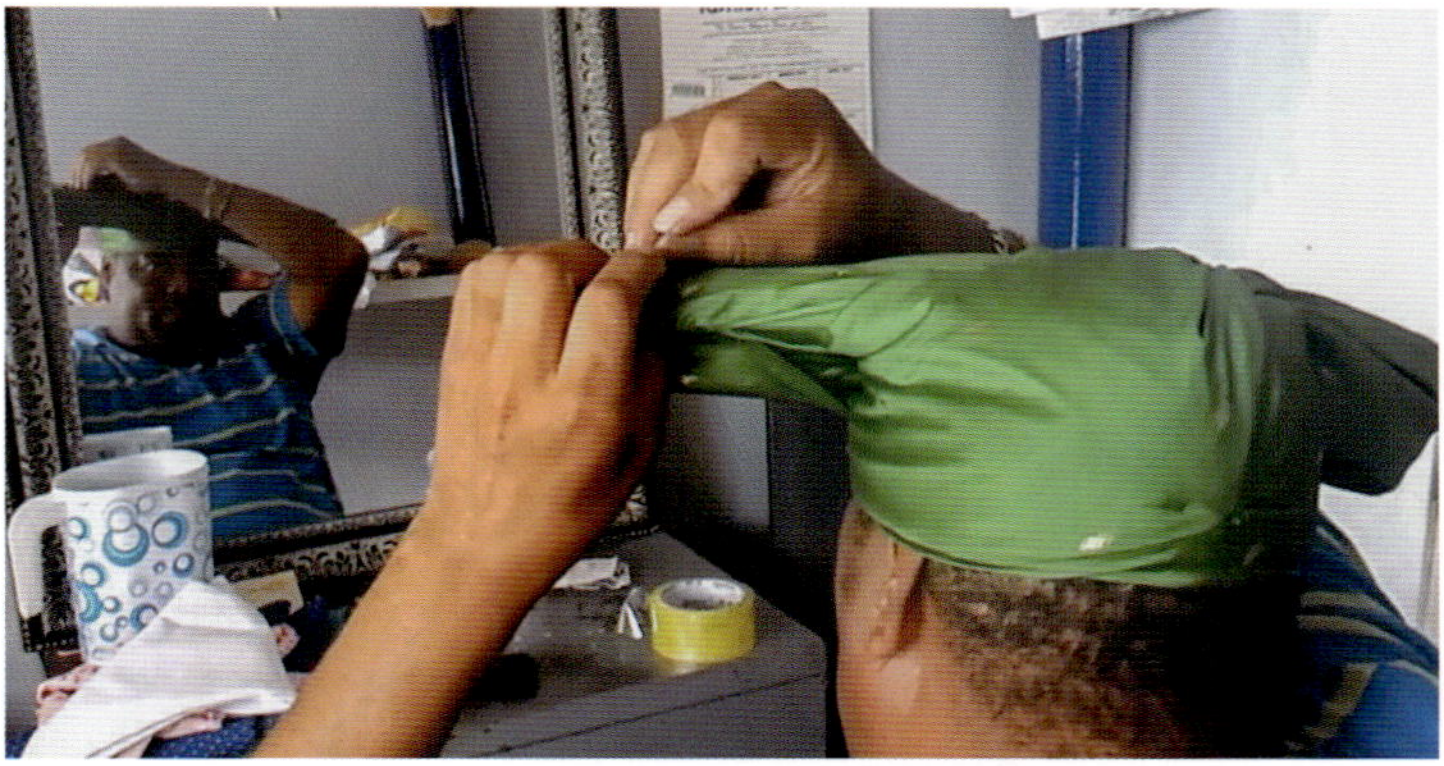

口絵 5　（上）　自営のオシカイバ・サロンで鏡を見ながらオシカイバを作るヴェヴァンガ。2017年にウィンドフックを訪れた際，彼が病気で亡くなったことを聞いた。オシカイバ作りの際に針を頭や身体に刺し過ぎたせいで病気になったという噂が流れていたが，詳しい死因は不明である　2012年 ウィンドフック

口絵 6　（中・下）　オシカイバ・サロンを経営するオシカイバの作り手エスト。後ろの棚には完成したオシカイバが並べられている。積み上げられた新聞はオシカイバ作りに用いられる。同室で別のヘレロ女性がネイルサロンを開いており，常に数人のヘレロ女性たちで賑わう交流の場になっている　2012年 ウィンドフック

口絵 7（上）「赤旗」の記念式典　2009年8月23日 オカハンジャ
（下）同上

口絵 8　ヘレロ男性の衣服と行進のポーズ

（上右から）

（a）　行進のポーズをとる少年，白旗メンバー　2010年 オマシェテ

（b）　ユニフォームに着替えた男性，赤旗メンバー　2010年 オゾンダティ

（c）　行進のポーズをとり，笛を吹く男性，赤旗メンバー　2009年 オカカララ

（中右から）

（d）　サミュエル・マハレロスタイルのマラカ　2012年 オゾンダティ

（e）　サミュエル・マハレロ（ナミビア国立公文書館，No. 20120）

（f）　ヘレロ男性の「伝統的」スタイル　（ナミビア国立公文書館，No.07592）

（下）

（g）　白旗の記念式典にて，小学生の「訓練グループ」　2009年 オマルル

口絵 9（a） 赤旗，白旗，緑旗

赤旗は2009年オカハンジャ，赤旗の記念式典にて撮影。「M.P.E.S.M」（*Mukuru puna ete Samuel Maharero*, God be with you Samuel Maharero）と，オショホロンゴのコマンドであることが記されている。白旗と緑旗は2010年オマルルで開かれた白旗の記念式典にて撮影。白旗には「M.P.E Willem（Wilhelm）Zeraeua」（*Mukuru puna ete Wilhelm Zeraeua*, God be with you Wilhelm Zeraeua）と，ウィンドフックのコマンドであることが記されている。現在も各都市や町に各色のコマンド支部が存在し，式典や葬式の際には各自が居住する町村の隊の成員として働く。

口絵 9（b） 女性の赤，白，緑の式典用
ロングドレス 2012年

口絵10（上） 墓地の入口で祖先に挨拶をするヘレロ男性たち。白旗の記念式典にて
2009年10月4日 オマルル
口絵11（下） 右から2番目，赤と白を組み合わせて着るルアルア。チーフ・ゼラエウア
の葬儀にて 2012年 オマルル近郊

口絵12（右上） ウィンドフックでロングドレス店を経営するヘレロ女性クリスタ・バウケス。ロングドレスのデザインコンペティションにて　2012年 ウィンドフック
（左上・左下） 年輩女性たち，普段着　2012年 オゾンダティ
（右下） オシカイバ用の布地を作る，首都のカトゥトゥーラ在住の80代女性イナウエ。普段着。カナダ行きの飛行機の中でもロングドレスを着用したという　2012年 ウィンドフック

口絵13（上）　結婚式の一場面　2012年 オゾンダティ
口絵14（下）　国立民族学博物館の「歴史を掘り起こす：植民地の経験」コーナーに展示されたボツワナのヘレロのロングドレス（2011年香室撮影），以下展示キャプション「19世紀の終わりに，ドイツは現在のナミビアを植民地にした。そこに暮らすヘレロの人々は抵抗したために，その多くがドイツによって虐殺された。一方で，ドイツ人の女性宣教師が着ていた衣装は，ヘレロに共通する民族衣装として広まった。」

Zwei Christenfrauen aus Hereroland.

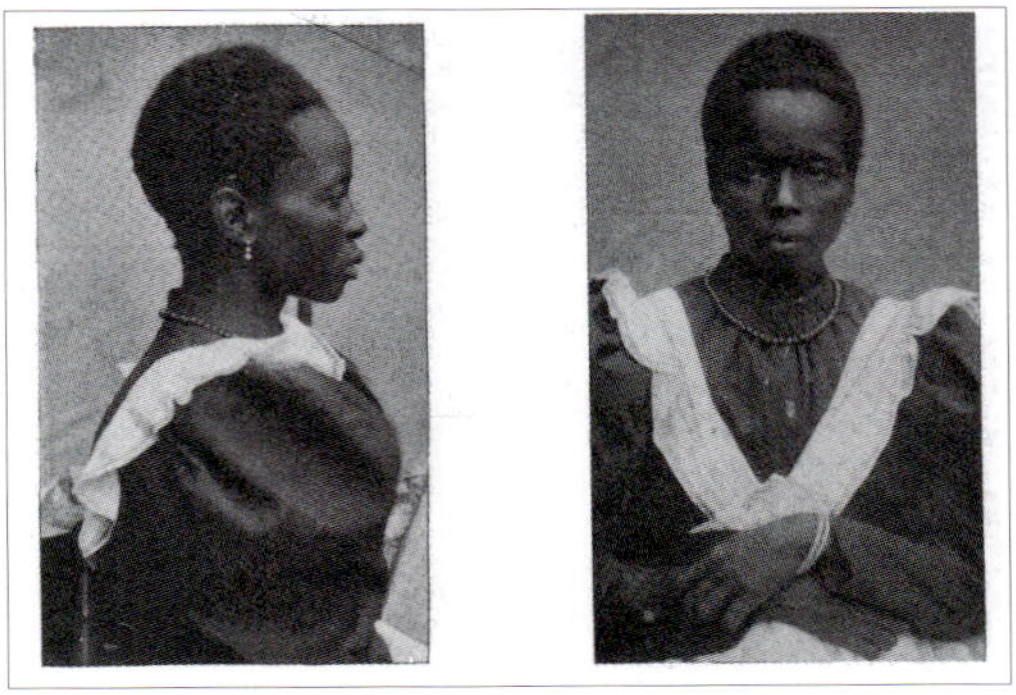

Hererofrau (Christin).

口絵15　オシカイバの変化（番号を記した写真はすべてナミビア国立公文書館所蔵）

(a)　第1段階：簡単に布を巻く，あるいは，被り物をつけないスタイル（19世紀末）

［上右］1896年，ドイツ帝国博覧会にて撮影されたヘレロ女性（No. 20311）

［上左］19世紀末，ヨーロッパ風の衣服を着たヘレロ女性（No. 20190）

(b)　第2段階：布が小高く，丸く巻きつけられたスタイル（20世紀初頭-1950年代頃）

［中右］1910-1911年，ヘレロ女性（No. 24534）

［中左］1950年代，ウィンドフックのヘレロ女性（No. 27438）

(c)　第3段階：丸型からやや角ばった形に変化（1960-1970年代頃）

［下右］1960年頃，ウィンドフック，ヘレロ女性（No. 26884）

［下左］1960年，オカハンジャの記念式典（No. 23469）

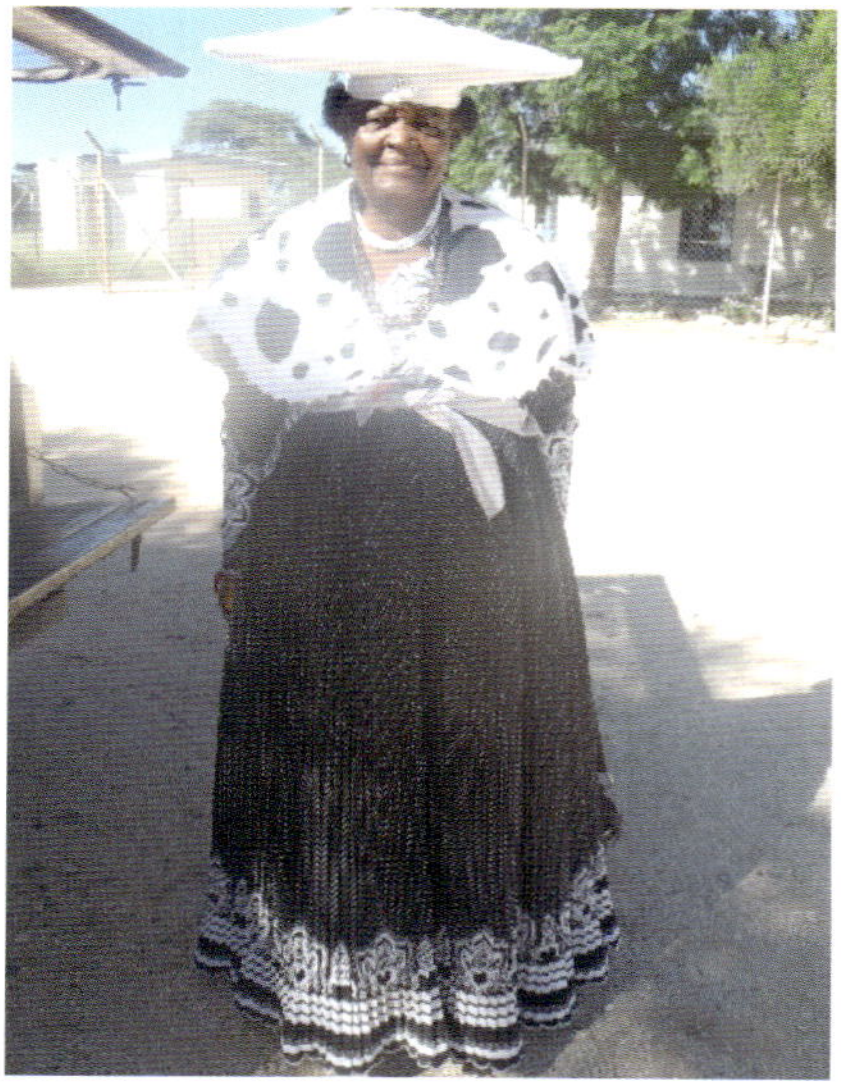

口絵 15（つづき） オシカイバの変化（番号を記した写真は全てナミビア国立公文書館所蔵）

（d） 第4段階：より長方形に近い形に変化（1980-1990年代）

［上右］1984年，「伝統的衣装」を着たヘレロ女性（No. 20590）

［上左］1997年頃，オゾンダティ村，写真中央に座るヘレロ女性マヴェイピ（1945年生まれ）の私物

（e） 第5段階：厚い長方形から細長く水平な形に変化（2000-2010年代）

［下右］2012年，ウィンドフックのロングドレス・コンペティション会場にて

［下左］2012年，オゾンダティ村のマヴェイピ。上の写真に写る女性と同一人物。この15年間ほどでオシカイバが細くなっている。

口絵16　ロングドレスに着替えるヘレロ女性　2012年 ウィンドフック

（上右）　ペチコートとオマタコにあてたクッションでふくよかさを強調する。

（上左）　デザイナーのマクブライト宅に慌ただしくドレス一式を取りに行く。

（下右）　ロングドレスをデザインしたマクブライトと共にコンペティション会場で。

（下左）　ロングドレスを着る。妹が細かい調整を手伝っている。

口絵17（上右） ファウンデーション（*otjize*） ヒンバと同じく，ヘレロも紅土入りの顔料を顔に塗る。

（上左） ショール（*otjikeriva*） 葬式，記念式典，教会での礼拝時にはロングドレスの上に必ずショールを身につけねばならない。

（中右） アクセサリー 町村の商店や都市部のチャイナショップで購入する。

（中左） ペチコート（*ondoroko*） 重ねて臀部をふくよかに見せる。

（下２枚） 香木（*otjizumba*） ロングドレスに擦り込み，胸元に袋を潜ませる。

口絵18（上）　ヒンバの女性たち。路肩に簡単なクラフトショップを建て，ヘレロやヒンバの人形やアクセサリーなどを販売している　2012年　ウイス近郊

口絵19（下右）　オマルルのバーにて。ヒンジョウ家の親族と村人の男性とオゾンダティ村から買い出しに行った日。右端の男性がガールフレンドのヒンバ人女性を呼び出し，ビールを飲むことになった。

（下左）　洋服のヒンバ女性　2012年　オマルル

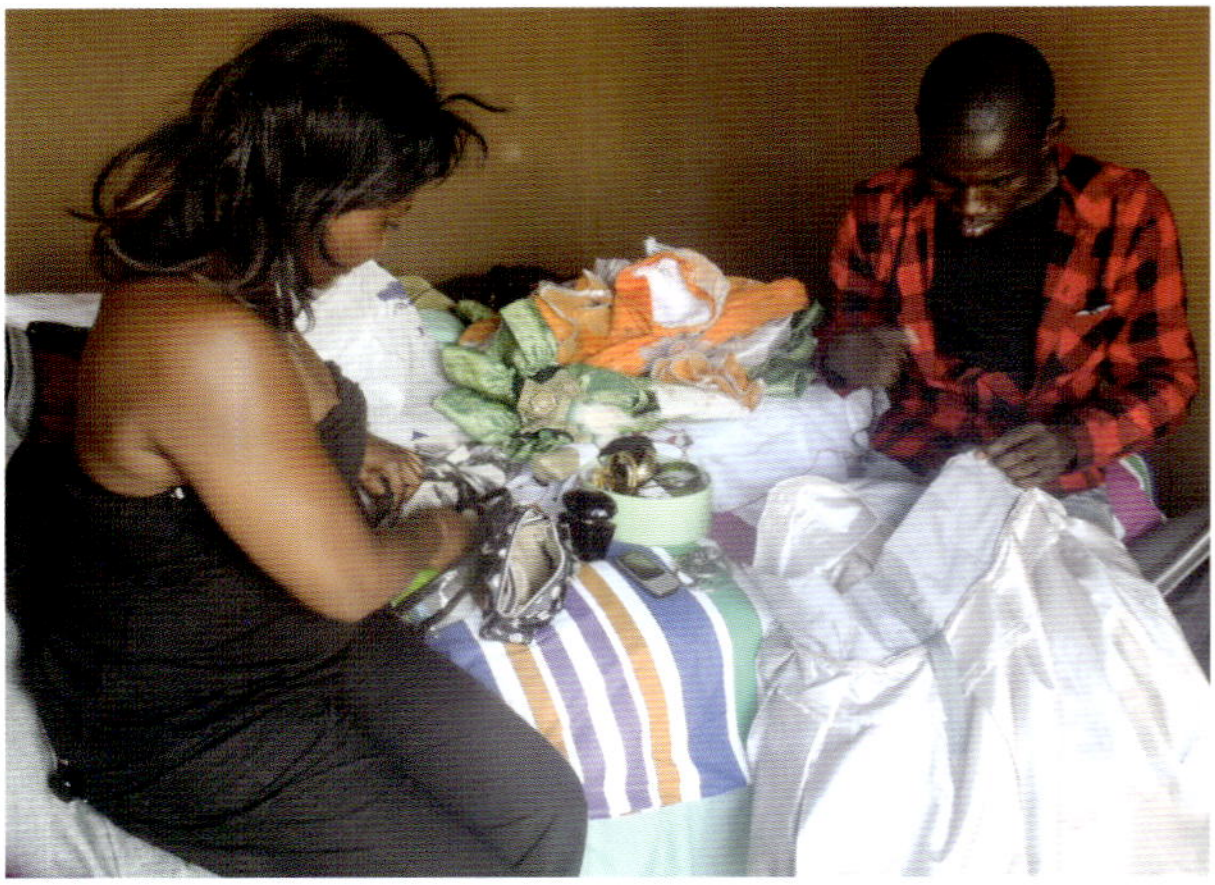

口絵20（上）　第8回レジェンダリードレス・コンペティションのチケット。ヘレロ女性（左）とレッド・カーペットを歩くアンジェリーナ・ジョリー（右）が合成されている。
口絵21（中右）　洋服のカペナ　2012年　エプキロ
　　　（中左）　デザイナーのマクブライトと一緒に小屋の中でロングドレスに着替える。
口絵22（下右）　審査員たち　2012年　エプキロ
口絵23（下左）　牛歩き中のモデル　2012年　エプキロ

口絵 24　モデリング・コンテスト　2012年 エプキロ

（上）　舞台を見つめる観客たち，緑や青系のドレスが約3分の2を占める。
エプキロはンバンデル（緑旗）が多く住む地域である。

（下）　出場モデルたち，カペナは右端「1」番のモデル。

口絵25　第8回レジェンダリードレス・コンペティションの様子　2012年　ウィンドフック
（上）　優勝デザイナーとドレスを着たモデル
（下）　出展されたドレス

口絵26（上） コンペ司会者の女性　2012年 ウィンドフック
口絵27（下） 観客の女性たち　2012年 ウィンドフック

＜ヒンバ・スタイルのアレンジ＞

（a）　ヒンバの一般女性（2012年）

（b）　マクブライトのロングドレス（2012年）

＜オバンボ・スタイルのアレンジ＞

（c）　オバンボの一般女性（2010年）

（d）　マクブライトのロングドレス（2012年）

＜ロングドレスのアレンジ＞

（e）　ヘレロの一般女性（2012年）

（f）　マクブライトのロングドレス（2012年）

口絵28　マクブライトのロングドレス（左列写真は筆者が任意に選択した）

ふるまいの創造——ナミビア・ヘレロ人における植民地経験と美の諸相

「俺がムーア人だったら、俺はイアーゴーではあるまい。」

（シェイクスピア『オセロ』一幕一場）

まえがき

八．キャンプとはスタイル［様式］を基準にして見た世界のヴィジョンである。……キャンプとは、誇張されたもの、《外れた》もの、ありのままでないものを好むことなのだ。

十．キャンプはあらゆるものをカッコつきで見る。たんなるランプではなくて「ランプ」なのであり、女ではなくて「女」なのだ。ものやひとのなかにキャンプを見てとることは、役割を演ずることとして存在を理解することである。

十一．キャンプとは、両性具有的スタイルの極致である（「男」と「女」、「ひと」と「もの」の交換可能性）。しかし、あらゆるスタイルは――つまり人工は――結局において両性具有的なものである。

十二．問題は、「なぜ、もじりや物真似や芝居がかりをするのか」ではない。問題はむしろ「いつ、もじりや物真似や芝居がかりが、キャンプ特有の香りを放つようになるのか」である。（「キャンプについてのノート」『反解釈』S・ソンタグ、高橋康也ほか訳、一九九六年、四三七～四三九頁、ちくま学芸文庫）

今日、あなたはどんな服を着ているだろうか。職場にふさわしい服、仕事がしやすい服、制服、運動しやすい服、部屋でくつろぐ服、友達や恋人や家族と遊びに行く服、パーティへ出かける服、結婚式に参列する服、死者を弔う服……。一口に服といっても、私たちは日々さまざまなＴＰＯ（時・所・場合）に合わせてスタイルを作っており、ひとりの人間が同じスタイルの服をどんなときでも着続けることはおそらくあまりない。そして、ＴＰＯや自分の容姿・体格・年齢・性別等に合うか合わないかを完全に無視して、そのとき単純に自分が着たい、着てみたい服を常に着ることができるかというと、なかなか難しい。衣服はそこら中に溢れており、誰がいつどこで何を着ていてもいいではないかと思えるが、衣服は個人とその他の人々、そして社会の接触面であり、それらの関係性の中でその日のスタイルが作られることになる。

コム・デ・ギャルソンのデザイナーであり経営者の川久保玲氏は、ヨーロッパを中心としたファッション業界における服、ファッション、女らしさ、男らしさ、身体、裏と表等々に関する既成概念を、作品を発表するごとにことごとく破壊し、再提示してきた。川久保氏は最近、ソンタグの「キャンプについてのノート」から影響を受けてきたことを表明している（同エッセイは、メトロポリタン美術館開催のファッションの祭典「METガラ」二〇一九年のテーマに選ばれた）。エスニシティやジェンダーといったあらゆるカテゴリーに関わるそれ「らしい」形は、構築され、破壊され、また創造されていく。スタイルについて考えることは、そのスタイルを実践する主体（自分）とは何か、自分にとっての「他者」とは何か、「女らしさ」とは何か、「男らしさ」とは何か、「美」とは何かを再び問い直す作業でもある。

本書で光を当てるのは、大部分の日本人にとって馴染みが薄いと思われる、南部アフリカ・ナミビア共和国で暮らすバントゥー系牧畜民ヘレロの女性の衣服スタイルである。ヘレロ女性は、足先までの長いスカートに数枚重ねのペチコート、肩部分が膨らんだジゴスリーブ、そして水平に伸びた角のような形のヘッドドレスから成るロングドレスを、日々の生活や冠婚葬祭の際に着用する。このドレスはエスニック名を冠して「ヘレロドレス」とも呼ばれており、基本的にはヘレロが作り着る、ヘレロ固有の衣服である。

アフリカの衣服といいながら、「ヴィクトリア風」と称されるロングドレスは西洋の衣服に由来している。本書では、このヘレロの「伝統」とは一見無関係な衣服がいかにして人々に誇りや楽しみを与え、愛されるようになったのか、その過程を探求していく。西洋由来の衣服は、ナミビアのヘレロという特定の人々のTPOやエスニシティやジェンダーといかにして結びついたのだろうか。本文で詳しく考察する前に、ナミビアとヘレロの衣服について少し紹介したい。

ナミビアは一九九〇年、南アフリカ支配に対する闘争の末に独立を果たし、アパルトヘイト体制から脱け出した。ベルリンの壁崩壊の次の年のことである。多くのアフリカ諸国が宗主国から独立した一九六〇年代から、三〇年が経っていた。独立からさかのぼること約百年、一九世紀末～二〇世紀初頭のナミビアはドイツ帝国の植民地であった。

ヘレロは、一九〇四～一九〇八年のドイツ植民地軍によるジェノサイドと強制収容の被害者であり、ドイツ政府に対して補償訴訟を起こしている。そして、外見の興味深さと西洋由来の謎からヘレロ女性のロングドレスが注目を集めており、「なぜアフリカに西洋のドレスを着た人たちが？」、「なぜヘレロ女性はいまだに入植者のドレスを着ているのか？」、といった疑問がしばしば投げかけられてきた。ヘレロの人々は近年、ロングドレスのファッションショーを盛んに開催しロングドレス熱はますます高まっている。なお、ヘレロ男性が儀礼的場で着る固有の服である軍服風のユニフォームにも入植者の衣服文化の影響が見られる。

もともと自分たちのものではない西洋の衣服——しかも自分たちを支配し殺した入植者の——を改造し、固有の衣服として日々堂々と着用する、このねじれた現象はいかにして生じたのか？　なぜアフリカの一地域で、西洋の衣服スタイルが愛されながら受け継がれているのか？　衣服のふるまいはいかにして養われ、洗練され続けているのか？　これらが、本書における問いである。

ロングドレスは移住者の衣服を原型としている点で、ヘレロの人々がゼロから生み出した衣服ではないと同時に、入植者との接触以降、「ヘレロであること」、「女性であること」、「美しくあること」の実践を人々が試行錯誤する中で調整され、創造されてきた、いまも変化の過程にあるスタイルである。ソンタグの言葉に引きつけると、本書で取り組むのは、「いつ、もじりや物真似や芝居がかりが、特有の香りを放つようになるのか」という問題であり、ヘレロの人々のロングドレスにかける情熱は大真面目な「キャンプ」だといえる。「ヘレロ」というカテゴリー自体が「自然」ではなく常にカッコつきなのだが、彼／彼女たちが創り出そうとしているものがなんなのかについて問うことはできるだろう。

いわゆる洋服が世界的な衣服文化の主流になっている中、ヘレロ女性はロングドレスを着続け、ヘレロの生活や社会形態の特徴をロングドレスに織り込みながら、他にはないユニークなスタイルとして洗練してきた。一方、服を着ることはヘレロに限った特別な行為ではない。世界中の多くの人々が、服を着用し、脱ぎ、選び、着替え、組み合わせ、作り、作り直すといった衣服のふるまいを日々繰り返している。その意味でヘレロ女性によるロングドレスへのこだわりと熱中は私たちが日々のファッションに楽しみを見出すことと変わりはなく、他の衣服と同様、ロングドレスも人々の好みを反映しながら変化している。

なお、本書は章ごとに読みやすさが異なる場合がある。関心のある部分から読んでいただければ幸いである。序章は本書における問題意識について、第1章は調査地の様子と理論的枠組みについて、第2章は集団的カテゴリーとしての「ヘレロ」形成の歴史について、第3章はヘレロの衣服に関する先行研究の理論的検討とヘレロ社会における色の重要性について、第4～5章はヘレロ女性のふるまいとファッションについて、終章ではドイツ系ナミビア人の女性写真家ニコラ・ブラントによるロングドレス着用と撮影の試みから、現代ナミビアにおけるドイツ人入植者の子孫とヘレロの共にあり続けてきた過去、現在、未来について記述している。

服による拘束と解放の間、そして秩序と無秩序の間に、明日の私たちの姿が見えてくるのかもしれない。本書が、自分が今日着ている服から、そして明日選ぶ服から何かを考えるきっかけになれば幸いである。

二〇一八年一〇月　香室結美

凡例

言語表記

本書の議論とヘレロの人々の生活において重要な単語については、文中にヘレロ語をイタリック体で記す。

引用・補足など

引用文・インタビュー・語り中の筆者による省略は、……で示した。また、筆者による補足については半角括弧［ ］で括り適宜挿入する。

人名

人名については本書において必要な場合のみ示す。原則として仮名とせず、フィールドワーク中に用いた呼び名を記す。

写真

本書の写真において、出典が示されているもの以外は筆者が撮影したものである。

ふるまいの創造／目次

前頁写真：ウシの糞で自宅を修理する72歳女性。毎日ロングドレスを着ている。
（2017年8月，エロンゴ県，オゾンダティ村）

序章　ヘレロの人々とファッション

本書の目的は、南部アフリカ、ナミビア共和国で暮らすバンツー系牧畜民ヘレロ人（sing. *omuherero*, pl. *ovaherero*）[1]のドイツ植民地期以降の衣服スタイルと美的ふるまい（aesthetic behavior）に着目し、ヘレロの衣服とふるまいの継承と創造を描くことである。ドイツ植民地時代以降、ヘレロの人々はいわゆる洋服に加え、西欧に由来する軍服風ユニフォーム（男性）（口絵1）とロングドレス（女性）（口絵2）を儀礼的場や日常生活において着用してきた。本書はヘレロの衣服をめぐるふるまいがどのように生まれ、日常的に反復され、規範化され、形を変えてきたのか、その歴史的・日常的創造過程を文献研究と現地調査から明らかにする。移住者やさまざまな他者との接触を通して創造されてきたヘレロの着こなしが現在の彼／彼女たちにとってどのような魅力を有するのかを問い、人類学におけるファッション、自己成型、植民地主義の歴史と現在の関係、そして脱植民地化の過程から生まれる予期せぬ創造に関する研究に貢献したい。

本書の舞台はアフリカ大陸西南部に位置するナミビアである（図1）。人口約二五三万人（二〇一七年、世界銀行）、面積約八二・四万キロメートルのナミビアは、砂漠、ステップ、サバンナを含む変化に富んだ自然環境を有する。国民の大多数がキリスト教徒であり、主な産業は鉱産資源と水産資源の輸出、そして観光業である［水野・永原 2016］。二〇一三年に世界遺産に登録された「世界最古の砂漠」ナミブ砂漠に加えて、北西部のカオコランドで暮らすヒンバ人のファッション（口絵3）も頻繁にテレビで紹介されている。ヒンバとヘレロは言語などの文化を共有しており、洋服やロングドレスを着始める前、ヘレロはヒンバと同じように革製のドレスを着用していた。

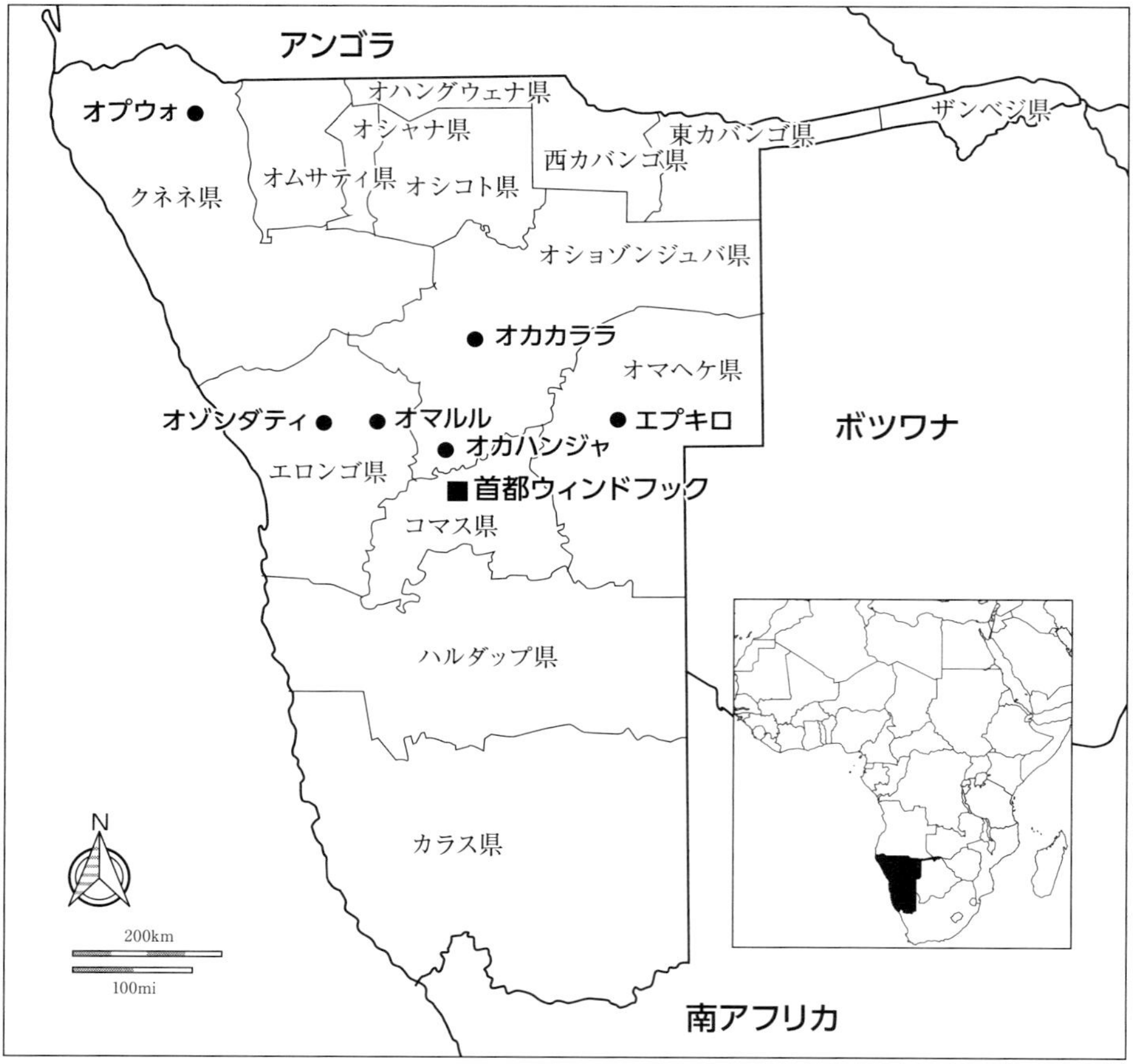

図1　ナミビア地図（県名と本書に出てくる主な調査地）

ナミビアは一八八四年にドイツの植民地「ドイツ領西南アフリカ」（South West Africa, *Südwest-Afrika*）とされ、第一次世界大戦後は南アフリカに統治された[2]。他のアフリカ諸国が相次いで独立を果たした一九六〇年代、ナミビアではアパルトヘイト体制が導入され、一九九〇年三月二一日に遅い独立を果たした。独立後、ナミビアではアパルトヘイトからの脱却が試みられており、エスニシティの差異によってアイデンティティを公的に規定しないという方針がとられている。エスニシティを基盤とした政府の人口統計は一九八九年を最後に公表されていない［Malan 1995: 2］。

そのような中、国勢調査で集計対象となっている使用言語に着目することでおおまかなエスニシティの動態を知ることができる。ヘレロの母語はバントゥー系諸語のひとつであるヘレロ語（*otjiherero*）である。ナミビア二〇一一年国勢調査によると、人口の八・六%、約一八万人のヘレロ語話者がナミビア中部から東部、そして北西部を中心に暮らしている[3]。農村部のヘレロ同士は主にヘレロ語のみで会話を行うが、ヘレロの多くは多言語話者であり、一九九〇年の独立までの公用語であるアフリカーンス語、独立後の公用語である英語、その他ナミビアのエスニック・グループの言語を話す者も多い。特に都市部で生活するヘレロはアフリカーンスや英語を日常的に用いており、ヘレロ同士でもヘレロ語とそれ以外の言語を違和感なく混ぜながら会話することがしばしばある。ドイツ語に関しては、全くといってよいほど用いられない[4]。

ナミビアの多数派は人口の四八・九%を占めるオバンボ語（*oshiwambo*）話者である[5]。初代大統領と次代大統領がオバンボ語話者であるほか[6]、ナミビアの全国紙『ザ・ナミビアン』にオバンボ語の記事が毎日数頁掲載されるなど、オバンボ人に対して、ヘレロは国内の少数派であるという感覚を日常的に抱いているといえる。そのほか、ナミビアにはカバンゴ、ナマ、ダマラ、サン、スビヤ、マフウェ、バスター、ツワナ、そして、ドイツ人入植者の子孫といったヨーロッパ系の人々が暮らしている。

さて、本書の中心的課題であるヘレロのロングドレス（写真1）は、ナミビアでも目を引く派手な衣装である。

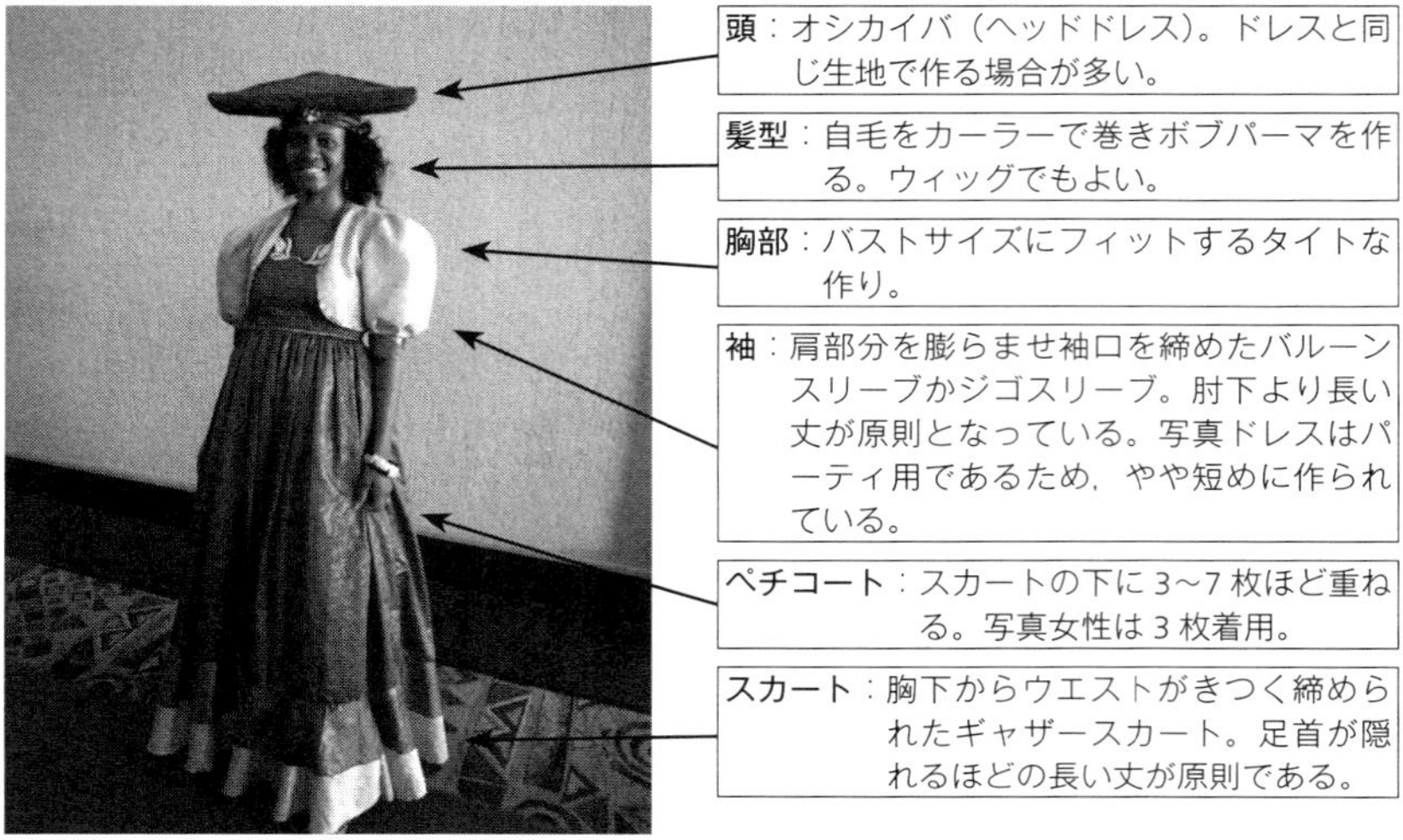
頭：オシカイバ（ヘッドドレス）。ドレスと同じ生地で作る場合が多い。
髪型：自毛をカーラーで巻きボブパーマを作る。ウィッグでもよい。
胸部：バストサイズにフィットするタイトな作り。
袖：肩部分を膨らませ袖口を締めたバルーンスリーブかジゴスリーブ。肘下より長い丈が原則となっている。写真ドレスはパーティ用であるため，やや短めに作られている。
ペチコート：スカートの下に 3〜7 枚ほど重ねる。写真女性は 3 枚着用。
スカート：胸下からウエストがきつく締められたギャザースカート。足首が隠れるほどの長い丈が原則である。

写真 1　ヘレロ女性のロングドレス

ガイドブックやインターネットの旅行サイトには必ずといっていいほどロングドレス姿のヘレロ女性の写真が載せられている。[7] 世界的に知られている自分たちの姿をモデルに人形を作り都市部や路上で観光客に売る女性たちもおり、ヘレロ女性の姿自体が一部のヘレロ女性の生計を支えてもいる（口絵4）[cf. Comaroff and Comaroff 2009]。ロングドレスの大きな特徴は、数枚のペチコートで膨らませたロングスカートと、締まったウエスト、膨らんだ肩に対し肘から袖口が細く締まったジゴスリーブ、[8] 水平に伸びたウシの角のようなヘッドドレスであり、年輩のヘレロ女性の多くが都市や農村を問わず日常的に着用している。彼女たちはロングドレスを着たままウシ（sing. *ongombe*, pl. *ozongombe*）やヤギといった家畜の世話、庭の手入れ、家政婦や縫製の仕事を行い、普段着と外着のロングドレスを使い分ける。二〇〜三〇代の女性は結婚式や葬式の際にのみロングドレスを着る場合が多いが、日常的にロングドレスを着用する者もいる。

普段はロングドレスを着ない女性たちも冠婚葬祭ではロングドレスを着用せねばならない。ナミビアへ行くと、都市部でもロングドレスで着飾り教会や結婚式へ行く女性を見ることができる。そして近年、ロングドレスのファッションショーがヘレロの間で盛り上がりを見せており、ロングドレス離れが進みつつあった若いヘレロ女性たちが関心を持ち始めている。彼女たちはロングドレスを熱心に作り、いかにロングドレスがヘレロ女性を美しくするかを語り、堂々と着こなす。男性は普段シャツやパンツといった洋服を着ており、祖先を偲ぶ記念式典や葬式の際などに軍服風ユニフォームを着る。軍服風ユニフォームとロングドレスは、ドイツ植民地期とそれ以降の時代にヘレロ社会に複数擁立されてきたチーフたちに関連づけられた三つの色（赤、白、緑）を基に形式化され、発展してきた。

日常的に着用されるロングドレスだが、その起源は西欧からの入植者の衣服である。ロングドレスはドイツ人宣教師の妻が創設した洋裁学校でヘレロの人々が学んだドレス縫製から始まり、一九世紀末以降ヘレロの人々に着用されるようになったとされる［Hendrickson 1994］。ヘレロ女性はこの一五〇年ほどで、現在のヒンバのファッションに似た革製の衣服からドイツ人入植者がもたらしたドレスに着替え、そのドレスは現在のユニークな形に変貌してきた。入植者と現地の人々の遭遇から生まれた植民地主義の産物であり、独自の変化を遂げてきたヘレロの衣服をどのように理解することができるか、これが本書の取り組む課題である。

ヘレロはドイツ植民地軍による虐殺と強制労働（一九〇四～一九〇八年）の被害者として知られている。死亡者数については議論がなされてきたものの、当時の人口の約八〇パーセント（約六万五千人）が死亡したと考えられている。[9] ヘレロだけではなく、ナマ人（Nama）の約五〇～六〇パーセント（約一万～一万二千人）も殺された。ヘレロの衣服に関する先行研究では、ドイツ人のロングドレスを着用することでヘレロ女性がいかなるアイデンティティを構築してきたのか、なぜ彼女たちは敵の衣服を自分のアイデンティティを示す衣服として着続けるのかが問われてきた。衣服に見られる歴史的なねじれが、植民地時代の歴史とアイデンティティ表象の問題として論じられてきたのである［Hendrickson 1992, 1994, 1996;Gewald 1998］。

ロングドレスはヘレロ・オリジナルの衣装ではないうえに、植民地時代の入植者、さらに言えば虐殺者＝「敵」に由来する衣服であるにもかかわらず、今やその着用者がヘレロ女性であることを示すアイデンティティ・マーカーになっている。加えて、当のドイツ人にとってはもはや時代遅れであり快適ともいえないロングドレスをなぜヘレロは現在まで着用し続けてきたのか、それもまた謎である。

先行研究を読み現地調査を始めた私は、歴史の中で生じたロングドレスのねじれに関心を持ち、「もともとドイツ人のドレスであることをどう思うか」とヘレロの男女に下手な質問をぶつけていたが、答えは以下のようなものであった。「ああ、そうなのよ」、「なぜ虐殺者の衣服を着るのかとよく聞かれるけど自分たちにとってそれは問題ではない。なぜ車に乗るのかと聞かれているのと同じだ」、「美しいドレスを着ていることの何が悪いの？」、「私たちにとっては洋服と同じよ」。ロングドレスは外部の者にとって珍しいものである一方、彼女たちにとっては日常の一部であるため説明や解釈を要する問題ではなく、ロングドレスの原型が誰のものであろうと意識して着るわけではないようだった。このような態度はドイツ人への反感と矛盾しているが、ロングドレスが彼女たちのものとして根づいていることを示しているようにも思われた。

さらなる問題は、私自身が彼女たちが感じている美を理解していないことだった。私は調査当初、ロングドレスをヘレロ女性や私自身を美しくする衣服としてとらえておらず、着てみたいとは思わなかった。「ヘレロ女性はあの服を着ることになっている」、「儀礼的・ジェンダー的な規範として着ている」としか考えておらず、私自身をより魅力的に見せてくれるアイテムとしてとらえていなかったからだ。ロングドレスを着て記念式典で行進するヘレロ女性を見ながら、あるヨーロッパ系男性の旅行者が「あのドレスはヘレロ女性を醜くする」というのを聞いたことがある。彼の発言はなぜわざわざ彼女たちは女性を厳つく太く見せるようなドレスを揃って着るのかという、ほっそりとした柔らかいラインなどを女性的な美とする現代の西欧的感覚とのズレから出てきたものだと思われる。

ロングドレスの美しさは現在の西欧や日本のファッションセンスとやや異なっているため、例えば日本人の外見をした私が（日本人でなくてもそうかもしれないが）日本でロングドレスを着て出歩くと、「きれいだね」と言われるよりも珍しい服として見られ、その「美」を瞬時に理解してもらうことは難しいかもしれない。美しさを求めて着ているとすら真面目にとらえてもらえないかもしれない。「私たちにとっては洋服と同じよ」とあるヘレロ女性はいったが、その感覚がヘレロ以外の人々に容易に伝わるかは疑わしく、ロングドレスがいまや世界中で着用されている現代西洋的な「洋服」とは異なる形と美的価値観から成り立っていることは確かであった。

一方、現地調査が進みヘレロの人々と暮らすにつれ、私の美的感覚にも変化が訪れた。ロングドレスに感じていた違和感は薄れ、ロングドレスが日常の一部として感じられるようになった。ロングドレスが細かなディテールにこだわって作られていることを知るにつれ、それぞれのロングドレスの仕立ての違いや着用者の好みが見え始め、ドレスの面白さがわかるようになってきたのである。そしてヘレロの人々と一緒に暮らし続けるためには、西欧由来のロングドレスを彼女たちが着続ける理由を知ることよりむしろ、ロングドレスの種類、着方、入手法、作り方、そして美しい着こなしといったふるまいを学習し身につけることが求められ始めた。これらのふるまいを知らねば、女性として社会で暮らし、人々と衣服について会話し、社会の一員として冠婚葬祭に参加することができなかったからである。

生活の中で学ぶ彼女たちの高い美意識に圧倒されながら、私はロングドレスの世界に組み込まれていった。そのうちに私は、布地を買いに行く、綻びを縫い直す、仕立屋やデザイナーにデザインの相談や依頼に行くといった、ロングドレスに関わる行為を彼女たちが頻繁に行っていること、それらの行為が交流のネットワークや人間関係を形成していることを理解し始めた（第4章、第5章）（写真2）。特に二〇～四〇代の女性たちは、センスのよい仕立屋と新しいデザイン、そして自分に似合うロングドレスを手に入れようと努力する。その結果、ロングドレスの美が日々更新されているように見えた。ロングドレスで着飾った女性に人々は、「きれいだね」「似合ってるよ」(*Mo munika nawa.*)と声をかける。この褒め言葉は、男性から女性にだけではなく、ロングドレスを着た女性の間でも頻繁に交わされる。

写真2　ロングドレス・デザイナーのアトリエ兼ショップ。右端ではデザイナーと顧客がロングドレスのデザインについて話し合っている　2002年　ウィンドフック

ロングドレス・ネットワークの末端で活動していた私は、ヘレロの男女がロングドレスを美しいと感じる感性に関心を持ち始めた。彼女たちはロングドレスにいかなる美を感じ、経験しているのか、ロングドレスをどのようなものとして見ているのか、ロングドレスの魅力とロングドレスが誘発する人々の行為とはどのようなものか？

先行研究では、ロングドレスをヘレロ女性のアイデンティティ・マーカーとして客体化し、ヘレロのアイデンティティ構築に西欧由来の衣服が果たした意味の解明に関心が集中してきた。そのため、ロングドレスの美しさや人々の行為自体は記述や分析から取り残されていた。しかし、衣服を着ることは日々の反復的行為であり、人は毎日自分のアイデンティティや歴史について考えながら衣服を着るわけではない。したがって、ヘレロ女性がロングドレスを着る意味それ自体にだけ焦点を当てるのではなく、どう着用するのかといった実践的側面、さらにはロングドレスを着る行為自体が何を可能にしているのかについても考える必要がある。

他方で、先行研究で着目されてきた植民地時代の歴史がナミビアの人々にもたらした現在まで続く影響を考察から外すことはできない。植民地時代の経験と歴史は複雑な形でヘレロの間で伝承され、日常に織り込まれてきた。ドイツとの戦いの様子や虐殺の被害者であるという歴史が折に触れて公的、私的に語られるほか、本書の射程外ではあるがドイツ人との接触の様子はオウシナ（*outjina*）という歌の中で詩的に表現されてもいる。ドイツ人との混血であり、ヨーロッパ系の外見をしたヘレロも少なくない。ヘレロの現在と、これまでの歴史に対する認識や歴史の身体化の問題は、未だ分析の余地を残している（第3章）。よって、ロングドレスは移住者との接触を本質的に含む歴史的モノやアイデンティティ表象であると同時に、人々の欲望、消費、魅力と関わるヘレロの美とふるまいでもあると考えられるのだが、そのような衣服と美的感覚をどうすれば理解できるだろうか。

本書では、ロングドレスの諸「相貌」（アスペクト）［Cole 2001; ウィトゲンシュタイン 1976］を描くことで、ロングドレスの美とヘレロ女性の美的ふるまいのあり方を複数の相貌から理解したい。ロングドレスはあるときある人々には歴史を喚起するものとして立ち現れ、別のとき別の人々には日常的ファッションとして立ち現れる。そしてロングドレスは単線的に生みだされたものではなく、さまざまな他者と自己の遭遇と接触の結果、現在に存在しているものである。したがって、ロングドレスは誰のものなのか、そしてロングドレスが誰に何を可能にしているのかという問いの答えは複雑なものになる。本書では、現地調査を通して私が見たヘレロの歴史的相貌と日常的相貌を中心に描き、ロングドレスの複雑かつ複相的な存在のあり方と魅力を明らかにしたい。

本研究の背景と理論的枠組みについて述べる前に、用語の確認をしておきたい。

第一に、本書では「ふるまい」という語を、ロングドレスを着ること、うまく着こなすこと、着たときの身のこなし、生地を買うこと、縫うことといったロングドレスをめぐる行為全般に広く当てはめて使用する。

第二に、本書では「民族衣装」（national costume, folk costume, traditional clothing）に代わる用語としてハンセン

［Hansen 2004, 2013］に倣って「ドレス」（dress）を用い、人が身にまとうもの全般を指す語として「衣服」（clothing）を用いる。「ドレス」は衣服と、衣服に合わせるアクセサリーや帽子などを含むコーディネート一式を指す。一般に浸透している「民族衣装」という語は、出自、習慣、言語等を共有する特定の「民族」のみが着用してきた不変の固定的衣服を連想させる。しかし、ロングドレスの着用者であり本書で「ヘレロ」と呼ぶ人々のエスニシティは他者との相互行為により変化する動的なものである上に、本来流動的だった人々が「ヘレロ」という「部族」や「エスニック・グループ」として入植者によってカテゴリー化されてきたという歴史がある（第2章）。

綾部［1993: 9］は「エスニック・グループ」（「民族集団」）を国民国家の枠組みのなかで、他の同種の集団との相互行為的状況下に、出自と文化的アイデンティティを共有している人々による集団、エスニシティをエスニック・グループが表出する性格や在り方の総体と定義した。エスニック・グループを理解するためには「外部からどのように認識され特定されているか」［綾部 1993: 14］という点が重要であるとして、北アメリカにおけるエスニシティを例に挙げ以下のように論じた。

> 北アメリカにおけるエスニシティは、社会化の過程で維持された内側からの境界と民族集団間の相互交渉の過程で形成される外からの境界という「二重境界」的情況の下に特に考えられねばならない。……民族集団そしてエスニシティの生きた理解は……それぞれの地域における歴史的背景の違いとの対応のなかで行われるべきものであろう。［綾部 1993: 14］

「ヘレロ」の存在を考える際も同様に、自身の「エスニック・グループ」に対する「原初的愛着」（紐帯）［ギアーツ 1987］や帰属意識が形づくる「内側からの境界」のみに着目するのではなく、入植者という他者が設けた境界を視野に入れる必要がある。ヘレロのエスニシティは生得的な自然的連帯によってというよりも、宣教師を含む入植者や植民地政府の政治的操作、政策の基盤となった民族誌的記述と入植者の想像力によって構築されてきたからである。本書では、自称・他称として用いられてきた「ヘレロ」という集団名を分析概念として用いるが、ヘレロと呼ばれる人々の集団性は本質的ではなく政治的に構築されてきたのであり［永原 1992; Friedman 2005, 2011; Wallace 1997, 2003; cf. Mamdani 1996, 2002］、そのエスニシティをどのように記述するかが課題でもある。

石川登は「エスニシティは文化的、政治的、そして経済的闘争のなかで創造される。大切なのは、エスニシティは創造されると宣言し、そこで止まってしまうのではなく、それがどのように創造され、どのような結果をともなうのかを歴史的視座のなかで示すことである」［Rosaldo 1990: 27、邦訳：石川］というレナート・ロサルドの言葉を引用し、「状況的に可変な民族範疇が構造化していくプロセスそのものに焦点をあてる」［石川 1997: 137］重要性を論じた[10]。本書でもヘレロのエスニシティの創造の過程を重視し、議論の土台として第2章で検討する。

ヘレロが着るロングドレスもまた、彼女たちのエスニシティと同じく固定的ではない。西欧や日本の衣服と同様にロングドレスにも流行があり、デザイン、素材、色に関する好みは変化してきた。

> 「エスニック」ドレスは動的で変化しており、一時的流行さえある。人々はどこでも、ローカルな好みという可変的定義に基づく「最新のもの」を求める。……そして、衣装の組み合わせが表層でアイデンティティを構築し、そうする中でアイデンティティを客体化することへ注意を向けさせる。［Hansen 2004: 387］

ハンセンは西欧の衣服のみが想定されがちな「ファッション」（fashion）を全世界的な動向として位置づけ直している。どこで暮らしていてもどのような服を着ていても、流行は存在し、ファッションであり得る。「伝統的／現代的」、「アフリカの／西欧の」、「ローカルな／グローバルな」、というよく聞く二項対立はヘレロのドレスにも当てはまらず、本書ではヘレロが着るドレスをファッションとして考察する。なお、ヘレロはデザイン性が高いロングドレスを、英語の〝mode〟（流行）から取ったと考えられる〝*omode*〟と形容する。

第三に、本書ではヘンドリクソン［Hendrickson 1994］に倣い、ヘレロのドレスを指す語として「ロングドレス」（*ohorokweva onde*）を用いる。ロングドレスの先駆的研究者ヘンドリクソンは、「ヴィクトリア風」という形容詞および「ヘレロドレス」という語がひとつの民族の伝統的衣装という固定的印象を与えることを批判し、「ロングドレス」を使用した。ロングドレスという名称は、靴が隠れるくらいの裾の長いドレスを指している。現地語では「スカート」、「ワンピース」、「ドレス」を指す語であるオホロクェバ（*ohorokweva*）、あるいはそれに「長い」という意味のヘレロ語〝*onde*〟をつけて、会話の文脈によっては「ヘレロの」という意味のヘレロ語〝*yotjiherero*〟をつけて特定する。ただし、ヘレロドレスという呼称は近年ヘレロの英語話者にも定着しているし、特に国際的ショーにおいては、他のドレスと区別する際にヘレロのロングドレスであることを一言で表す語として有用である。そのため本書では、話し手自身がインタビューなどで使ったヘレロドレスという語についてはそのまま記載する。オホロクェバとヘッドドレス（sing. *otjikaiva*, 以下、オシカイバと記す）についても同様の扱い方をする。

第四に、客から金銭を得て職業的にドレスを作っている者を仕立屋、[11]場合によってはデザイナーと記す。ヘレロの間にはある程度定まった形のドレスしか作らない、作ることができない仕立屋もいれば、客の要望を聞きながら大胆で斬新なデザインを考案するデザイン力が高い仕立屋もおり、後者は「デザイナー」とも呼ばれる。本書では適宜両方の用語を用い、ロングドレスを作る人々を描写する。

第*1*章　本書の概要

1　なぜロングドレスか？

（1）日常に根ざしたドレス

二〇一二年の調査時、ナミビア国立博物館（Owela Museum）のヘレロ展示部門には、ヘレロのチーフ（*ombara*, *omuhona*）[1]たちの家系図、農村の家屋、日用品、そしてウシの模型に並んで、花の模様が細かく彫られた手回しのアンティークミシンが陳列されていた（写真3）。ミシンはヘレロの生活の風景を織り成すひとつの重要な要素である。

私は調査地の農村オゾンダティ（*Ozondati*）[2]（写真4）で、この展示物に似た美しいアンティークミシンを見たことがあった。年金、結婚式で踊る仕事、そして牧畜で生計を立て、毎日ロングドレスを着る年輩女性の家である。私が彼女の家を訪れたとき、彼女はロングドレス姿で床の敷物の上にアンティークミシンを置き、親戚が結婚式で着るオレンジ色のロングドレスを縫っていた。そこへ屋敷の敷地内に住む五〇代の女性カオナが洋服姿でやって来て、会話に加わった。彼女もまた結婚式や葬式に参列する際に着るロングドレスを自分で縫い、オシカイバを作る。

カオナは多くのウシを所有し牧畜で生計を立てる裕福な女性である。私がロングドレスに興味を持っていること

写真3（上） アンティークの手まわしミシン 「ミシン：おそらく1845年の“Gritzner”特許品である。ヘレロ女性は模範的・典型的な仕立屋であり，彼らの多くはいまだアンティークの手回しミシンを用いた作業を好む。（ナミビア国立博物館コレクション）」（展示物についてのキャプションの筆者邦訳）2012年ウィンドフック

写真4（下） 筆者の主な調査地である農村オゾンダティ。牛が放牧されている様子　2010年

写真５　自室で自作のロングドレスを体にあてて見せるカオナ。左端のクローゼットには自作のオシカイバが重ねられている　2012年　オゾンダティ

を知ると、彼女は私を自分の小屋へ連れて行き、色、柄、デザイン、素材が異なるドレスを一〇着ほど出して見せてくれた（写真５）。それらのロングドレスは背の高いクローゼットに掛けられており、オシカイバはクローゼットの上の方に丁寧に折り重ねられていた。「オシカイバって作るのが難しいから、誰か作れる人に頼むって聞いたけど」と私が尋ねると、カオナは「私が作るオシカイバがヴェヴァンガに劣るなんてことはないわよ。見てごらんよ。きれいじゃない？　何が違うっていうの」と応じた。

　ヴェヴァンガとは、首都ウィンドフックの元黒人居住区カトゥトゥーラに位置するソウェト・マーケットでオシカイバ店（サロン）を経営する中年男性である（口絵５）[3]。第４章で詳しく述べるが、彼はオシカイバの作り方や形態の発展に貢献してきた人物であり、今では顧客の注文に追われる人気の作り手である。彼はオシカイバを誰よりもうまく作るといわれており、凝った新しいデザインのロングドレスを好むファッションに敏感な女性や仕立屋たちから多くの依頼を受けている。オシカイバの作り手としては他にエスト（口絵6）という女性が有名である。ウィンドフックだけでも一〇〇名とも二〇〇名とも言われる仕立屋が働いている。

私は村の人々が首都のロングドレスの流行に大きな関心と知識を持っていることに驚いた。村の住人の生活は私が思っていた以上に流動的だったのだ。オゾンダティでは、アンゴラ人や北部出身のオバンボ語話者、ヘレロ語を話すヒンバの人々が放牧の担い手や日用店の売り子として生活していた。彼らは国営ラジオのヘレロ語チャンネルから流れる職の募集を聞いて各地からやってきては、また違う都市や村へと移動するという。牧畜が盛んな村とビルが立ち並ぶ都市部の生活は異なるとはいえ、普段は都市部のオフィスで働く者も学校へ通う者も、その多くが結婚式、葬式、長期休暇の際に故郷の村へ戻ってくる。また、各地で建設業などの短期契約の仕事を繰り返しながらお金を稼ぐ者もいる。村人もまた、親戚の訪問や買い物や通院のために都市部へ出かけ、一定期間、都市部や他の村の親戚の家に住むこともある。一見すると同質的な村の生活は、国内外の都市と農村の間を往来する人々から成り立っていた。

ファッションもまた村と都市を行き来していた。カオナは村を拠点に生活しているが、都市で流行りのデザインを把握していた。彼女のドレスはひとつひとつ、デザイン、素材、色が異なり、趣味のレベルをはるかに超えたプロの仕事であるように見えた。村人はカオナのドレス作りの手腕に一目置いており、「彼女は仕立屋というよりデザイナーだ」という。カオナのように裁縫の学校で学んだわけでもない一般人が、凝ったロングドレスを作る技術を持っている。彼女たちは祖母や母、親戚の女性たちに裁縫を習い、ロングドレスの作り方を受け継いできたという。ロングドレスに関する情報や技術は、人から人へと継承されていた。

既製のロングドレスはほとんど売られておらず、ロングドレスが欲しい場合は自分で仕立てるか、知人、親族、あるいは仕立屋に注文する。ただし、ロングドレス作りは手間と技術を要するため、ヘレロ女性であれば誰でもできるというものではなく、お金を払って仕立屋に依頼することが多い。原則として、依頼者は布地と装飾を各自で購入し、製作費約三〇〇〜一、〇〇〇ナミビアドル[4]（約二、三五〇〜七、八三〇円）と共に仕立屋に渡す。ひとつのロングドレスを作るには、体型により六〜八メートルほどの布地が必要である。

布地の価格は種類や質によって異なり、タフタであれば一メートル二五N$（約一九五円）から購入することができる。一メートル一〇〇N$ほど（約七八〇円）の高価なレース素材などを装飾に用いる場合は総額も上がる。首都では多くの人々がカトゥトゥーラ近くのチャイナタウンで割安な布地を購入する。二五N$×六メートルとすると一五〇N$（約一、一七〇円）、加えて仕立屋への支払いを三〇〇N$（約二、三五〇円）とすると、安価なものであれば一着、四五〇N$（約三、五二〇円）で作ることができる。農村部に住む者は布地や装飾品が置いてある近くの商店に買いに行くか、人に頼んで都市部から布を買ってきてもらうこともある。さらにロングドレス・スタイルに不可欠なオシカイバの材料費と作り手への支払いが、五〇〜七〇N$（約三九〇〜五五〇円）かかる。ちなみに、ナミビアで安価な衣服が手に入る小売店「PEP」では、成人女性のワンピース約七〇N$（約五五〇円）、トップス約五〇N$（約三九〇円）、ジーンズ約一〇〇N$（約七八〇円）で購入することができる。

ロングドレスの素材の質と価格にはピンからキリまであり、仕立屋も多く存在するため、ヘレロ女性は自身の経済状況とセンスに合わせたロングドレス作りをすることができる。お金がない女性たちはそのとき使える金額に合わせて素材を準備し、センスが合い、相談しやすく、製作費も手頃な仕立屋に製作を依頼する。葬式と結婚式の両方で着用することができる色とデザインのものを一着、あるいは葬式用と結婚式用のロングドレスを一着ずつ作り着続ける女性もいる。一括払いが困難な客には分割払いを認める仕立屋もいるが、中にはロングドレスを受け取っても支払いから逃げる客もいる。

一方、裕福でファッションに関心が高い女性たちは、値段を問わずより美しい布地を準備し、多少高額であってもデザイン性が高い自分好みのドレスを作る仕立屋を好む。高い布地になると一メートル一〇〇〜二〇〇N$ほど（約八五〇〜一、七〇〇円）かかり、装飾用の素材を合わせると素材だけで六〇〇〜二、五〇〇N$ほど（約五、一〇〇～二一、二五〇円）になることもある。彼女たちは結婚式や葬式の度に新しいドレスを作り、古いドレスはおさがりとして親戚たちにあげてしまう。

仕立屋は依頼者のウエスト、バスト、袖丈、胸下から足先までの長さを測り、デザインについて依頼者と話し合いドレス作りに取り掛かる。仕立屋に依頼する場合、製作費と持参した布以外にも追加の材料費（糸、追加の布や装飾）がかかることがある。ロングドレス作りは色、デザイン、素材、装飾といった選択肢の幅が広く、依頼者や作り手の好み、そしてロングドレスに関する知識と技術が強く反映される。ロングドレスはこのようなオーダーメイドによって製作されるため、どれだけ多くのヘレロ女性がロングドレスを着て集まってもドレスが他人と完全に「かぶる」ことはないが、あえて友達や親戚同士でお揃いの布地とデザインで制作し、「双子コーデ」のようなペアルックをすることもある。

オゾンダティ村で私を自宅に寝泊りさせてくれたエミィ・ヒンジョウも、大きな足踏みミシンを所有していた。そのミシンはエミィが長年愛用してきたものであり、母屋の中央で存在感を放っていた。彼女はロングドレスを八着ほど所有しているが、ほとんどが自分で縫ったものだという。エミィは高齢で眼が悪いため、針に糸を通すときいつも私を大声で呼んだ。また、床の上で砂と混ざって散乱している小さな端切れや糸を家の外に掃きだす仕事は私の朝の日課となっていた。押入れには大量の端切れが詰め込まれており、エミィは暇なときにその端切れを編みこみ、敷物や手提げ袋を作っていた。今は村に住んでいるものの、首都で長年父親の商店経営に携わっていた元「シティガール」のエミィは普段洋服を着ており、冠婚葬祭や式典の場でしかロングドレスを着ない。対して、農村部で長年暮らしてきた近所に住む彼女の未婚の姉は、毎日ロングドレスを着用する。ドレスの着用は個々人の経歴、好み、考えによって異なっている。

エミィは職業的な仕立屋ではないためお金を取って裁縫をするわけではないが、彼女のところに近所の人がやってきて服を繕ってもらう光景を私はしばしば目にした。また、結婚式や葬式へ参列する際、女性はロングドレスを着ることになっているため、各種儀礼へ参加し観察する女性の人類学者としてドレスを着用する必要が生じてきた私にエミィはドレスを一枚縫ってくれた。その着こなしを体験するうちに、私はロングドレスに愛着を持つようになっていった。縫う、着る、繕う、買う、売る、誰かに作ってあげる、異性を魅了する、結婚式や葬式へ参列する、褒める、ヘレロの日常生活にはロングドレスに関わる多くの行為があり、人々の生活風景には布や針が溶け込んでいた。

現代日本では衣服は店で買うものだという感覚が強いが、ナミビアでは一概にそうではない。ロングドレスだけではなく、経済的理由や近くに店がないという地理的理由から自分で服を作る人も多い。服が破れたのに新しい服を買う金が手元にないときは、男女かかわらず自分で繕うしかない。ナミビアにおいて裁縫は特別な趣味ではなく、毎日の生活に密着した行為である。このような日常的裁縫の延長線上にロングドレスは存在しているのだが、これまでの研究では日常におけるロングドレスの働きは十分に探究されてこなかった。

(2) 植民地経験の表出

ヘレロに関する調査研究を始めた当初、私はアフリカ現代社会における植民地主義の歴史の影響に興味を抱いていた。ルワンダのジェノサイドを研究した政治学者マムダニによると、フツ（Hutu）の人々が近隣に住んでいたツチ（Tutsi）の人々を殺したルワンダ・ジェノサイドの根底には、ツチを特権を有する「移住者」という「人種」として、フツを「土着民」として分類したベルギーの植民地政策があったという［Mamdani 2002］。現代社会において歴史がこれほどまでに人々の日常生活や生命に関わっているというマムダニの議論に驚き、私は植民地化を経験したアフリカの人々の現在の姿に関心を持つようになった。

マムダニはナミビアで起きたジェノサイドを「アフリカの植民地における入植者による暴力の原型」［Mamdani 2002: 10］と呼んだ。虐殺者が被虐殺者に人種的烙印を押し（race branding）単に敵として切り離しただけではなく、

写真6　エミィの商店のガラスケースに飾られた，鎖に繋がれやせ細ったジェノサイド後のヘレロの写真　2009年 オゾンダティ

罪悪感を覚えずに対象を根絶することを可能にした点で、ナミビアのジェノサイド、一九三三〜四五年のナチスのホロコースト、そして一九九四年のルワンダ・ジェノサイドの関連が指摘されたのである［Mamdani 2002: 13］。そしてヘレロにとって、ドイツ植民地時代の歴史は過ぎ去った過去ではない（写真6）。

二〇一一年国勢調査によると、ナミビアにはドイツ系の人々が総人口の〇・九％ほど（約一万九千人）暮らしている。都市部の本屋へ行けばドイツ語の本が多数売られており、スーパーではナミビア国内発行のドイツ語新聞（Allgemeine Zeitung）を買うことができる。ドイツ語教育を行う私立学校も整備されている。ホテルやゲストハウスへ行けばドイツ人旅行者、ドイツ系企業のインターン生、ボランティアに出会い、レストランへ行けばドイツ語のメニューが用意されている。店名がドイツ語であったり、経営者がドイツ系であったりすることも多く、ドイツ系の企業や政府関連機関で働いているヘレロもいる。このように、都市部においてヘレロがドイツ系の人々とすれ違う機会は多いが、彼らの日常が交ざり合うことはあまりない。多くのヘレロは観光客や「白人」がよく行くレストランで食事をすることはないし、ホテルに泊まることも稀である。乗り合いバスやタクシーが連絡しない地方へ行く際の、現地の人々の移動手段であるヒッチハイクの乗り合い場所で待っている際も、「白人」たちの車は停まることなく目の前をただ通り過ぎる。ヘレロにとってドイツ人は過去の歴史の登場人物であるだけではなく、目の前にいる他者でもあるのかもしれない。

ヘレロの人々はときにドイツ人への反感を露わにし、反ドイツ的な語り口が定着している。互いに何語を話すか話していたとき、「ドイツ語はどう?」と聞くと「まさか! ドイツ人は嫌いだ」といわれたり、「日本の学生にドイツ人がヘレロを虐殺したことをちゃんと教えているのか?」、「日本はどの国に植民地化されたの?」と聞かれたり、露店でヒンバから物を買ったとき、「あなたドイツ人? ああ日本人? なら安くしてあげる。ドイツ人だったらしないけど」といわれたり。また、ナミビアの少数派であるヘレロが日常における抑圧や周辺化されている状況を説明する際に、ドイツ植民地主義が引き合いに出されることも少なくない。会話の途中で突然、虐殺の話やドイツ人によって奪われた土地について不満が述べられたことがあった――「ナミビアにヘレロ語の地名が多いのは、そこが昔ヘレロの土地だったからだ。だが今は違う」。また、私がヘレロ語やヘレロの文化や歴史を勉強しているというと、「もしヘレロが虐殺されていなかったら今頃ナミビアの多数派だったのに」という語りがなされることもあった。

もちろん、すべてのヘレロがドイツ人を嫌っているわけではないし、反感を含む語りが発言者個々人の心からのものであるかどうかは不明である。しかし、私がもしドイツ人だったら調査は全く違うものになっていたかもしれないと考えさせられる瞬間が、滞在中に何度かあった。もしそうであったらおそらく私たちの出会いは異なるものになっていただろうし、私の存在や調査に対する反応や関係性もより複雑なものになっていただろう。さらにコインの裏表のごとく、私が首都で出会ったドイツ系ナミビア人やドイツ人ボランティアに私自身がナミビアにいる目的や研究内容を説明するとき、彼／彼女らにヘレロに対する応答を意図せず迫ってしまう状況がしばしば生じた。私はヘレロ研究をしているからといって「ヘレロ側」というわけでもないのだが——ヘレロも一枚岩ではない——、ヘレロやナマの人々の話題は、否応なしにドイツ人に対し植民地主義の責任を自問させる効果を持ってしまった。ドイツ人の敏感な反応は、ドイツ人がナミビアで起こしたジェノサイドが現在的な問題としてドイツ国内でも議論されていることに関わっている。

ドイツ植民地主義に直接的に関係する事象として、第一に二〇〇一年以降、一部のヘレロとナマがドイツ政府とドイツ銀行などの企業に虐殺や強制労働に対する補償金を求める訴訟を起こし、ドイツ政府も問題を無視できない状況になっている。二〇〇一年、「最高首長」クアイマ・リルアコ率いるヘレロの人々が、ドイツ政府と当時植民地主義に関わっていた三つのドイツ企業[5]に対しアメリカの連邦裁判所でジェノサイド補償訴訟を起こした。彼らは二〇億ドルの補償を求めたが、二〇〇七年に訴訟は棄却された。しかし、アメリカに持ち込まれたこの補償訴訟は世界的な注目を集め、ナミビア政府とドイツ政府が共に問題として取り上げるに至った[6]。そして二〇〇四年八月一五日、ドイツのヴィーチョレック゠ツォイル経済開発相がナミビアを訪れ、当時のドイツ人の行為について謝罪した。永原は同集団訴訟が他地域にもたらした影響について以下のように述べている。

> [リルアコらが起こした集団訴訟は]植民地主義の「罪」を世界史上初めて法廷に持ち込んだ点で、欧米諸国に計り知れない衝撃を与えた。その後、インドネシアの「ラワグデ事件」の被害者による対オランダ訴訟で、補償を求めた原告が勝訴し、また、ケニアの元マウマウ闘士による対英訴訟が原告側にとっての勝利和解となるなど、植民地体制下での極端な暴力にかんして被害者が法的に救済される結果が生まれていることは、このヘレロの運動抜きには考えられない。[永原 2016: 14-15]

二〇一七年一月にはヘレロとナマが再びアメリカの連邦裁判所に集団訴訟を起こし、ドイツ政府に補償を要求した。ヘレロの代表は、二〇一四年に死去したリルアコの後を継いだ「最高首長」ベクイ・ルコロである。彼らはドイツとイスラエル、そしてユダヤ人コミュニティ間の補償に関する対話と同様に、ヘレロとナマが国家間の交渉に同席することをドイツ政府とナミビア政府に要求したが、却下されている。一般のヘレロからも、「ユダヤ人には虐殺に対する補償を行っているのに、同じく虐殺されたヘレロに何も払わないのはおかしい。ドイツ政府はヘレロにも補償すべきだ」[7]という意見を聞いていた。ヘレロの間には、ホロコーストとヘレロ／ナマの虐殺を関連づける言説が確立しているといえる。[8]

ヘレロの補償訴訟は国際法と政治に関する研究分野［Cooper 2006; Harring 2002; Shelton 2004］で注目を集め、各国のニュースに取り上げられた。また、現在のナミビアにおけるドイツ植民地主義やジェノサイドの「視覚的アーカイヴ」[9]［Steinmetz and Hell 2006］や記憶に関する研究［Kössler 2008; Kössler and Melber 2004］といったドイツとナミビアの関係性に関する研究が発表され、ナミビアにおけるドイツ植民地主義の学術的再考が促された。[10] 私がヘレロ社会におけるドイツ植民地主義の影響に関心を持ち始めたのも、これらの論文を通してであった。

イギリスやフランスの植民地研究に比べると、旧ドイツ植民地ナミビアにおける植民地主義の影響には目が向けられてこなかった。『オリエンタリズム』［サイード 2006［1993］: 23, 50-65］においても、ドイツ植民地主義は直接的追及を免れている。それでも、ドイツ植民地主義とヘレロの歴史に関する先行研究は豊富にあり、ドイツ植民地主義がいかにヘレロの政治形態に介入しヘレロの政体と社会構造や土地のあり方を変化させたのかという、現在の彼らの生活に関わる重要な問題を論じることは可能である。

ヘレロに関する歴史研究は、ナミビアにおけるドイツ植民地主義の性質と一九〇四～〇八年の戦いへの着目から始まった［e.g. Bley 1971; Bridgman 1981; Drechsler 1980［1966］］。研究者の関心はジェノサイドの歴史やジェノサイド後にヘレロ社会がどうやって復興を果たしたのかという謎に集中しており、ヘレロ研究はドイツ植民地主義以降のナミビアの歴史に組み込まれる形で進んできた。そして一九九〇年代以降の新しい動向として、ヘレロ社会自体の政治・経済・社会的変遷やヘレロのエイジェンシーと歴史に着目した研究が発表された［Gewald 1999, 2000; Krüger 1999; Werner 1998］。これらの研究はいわば植民者の動きを軸として考察されてきた歴史から、ヘレロの動きを軸とした歴史へと大きく立ち位置を変えたものである。

一九七〇～八〇年代にかけて、歴史学と一部人類学におけるアフリカ史一般への取り組みは、指導者より民衆に焦点を当てようとする「社会史」の方法を模索しながら大きく変化した。「「国家」か「民族＝エスニック集団」か、という問題設定にこだわるのではなく、それぞれの枠を固定的にとらえることをやめ、内部の流動性や集団相互の関係に着目することで、アフリカ社会の歴史のダイナミズムがより多面的に描かれる可能性が生まれた」［永原 2001: 255］のである。ナミビアのヘレロ研究においても同様の変化が生じたと考えられる。

第二に、ドイツとの戦いで死んだ祖先や死者を偲ぶ記念式典である（口絵7）。記念式典（commemoration, *okuyambera*）は、植民地主義の歴史に意識的な人々の実践として歴史学や人類学の研究対象となってきた。一九二三年、亡命先のボツワナで客死した「最高首長」サミュエル・マハレロの遺体がナミビアへ送還され、祖父シャムと父マハレロ・シャムアハ（シャムアハの息子マハレロの意）が眠るオカハンジャ[11]の墓地に埋葬された。サミュエル・マハレロの埋葬は一九〇四～〇八年の虐殺の後に分散していたヘレロの人々が初めて大規模に集まる機会となり、その後墓地への巡礼が年に一度の記念式典としてヘレロ社会に定着した。記念式典で男性は軍服風ユニフォーム、女性はロングドレスを着用する。式典の参列者たちはサミュエル・マハレロの色として伝わる「赤」を軍服やドレスに取り入れ、自分がマハレロ一族の民であることを表すようになった。

ヘレロ社会を理解するために重要な点として、ヘレロ社会にはシャムアハ／マハレロ一族だけではなく、ゼラエウア一族とングヴァウヴァ一族という三つの有力なチーフの系統が存在することが挙げられる。そのほか、カンバゼンビ（Kambazembi）、ムレティ（Mureti）、トム（Thom）といったチーフの系統があり、多くのヘレロはいずれか

写真7　サミュエル・マハレロの写真が縫いつけられたジャケットを着て教会へ行く男性。サミュエル・マハレロとシャムアハ／マハレロ一族の長を自分のチーフだと認識している。歴史が彼らの日常に潜んでいることが感じられる　2009年　オカハンジャ

の一族のチーフを「自分のチーフ」として認識している（写真7）。そしてマハレロ一族と彼らの民が赤を使用したのに対し、ゼラエウア一族と彼らの民は「白」、ングヴァウヴァ一族と彼らの民は「緑」を用いるようになり、「白旗の日」（オマルル、一〇月）や「緑旗の日」（六月）といった記念式典を開くようになった。ゼラエウアをチーフとする人々は白を、ングヴァウヴァをチーフとする人々は緑を衣服に取り入れてきた。ドイツ植民地軍との最後の戦いが行われたヴァータベルグなどでも同様の式典が開催されている。ヘレロ社会の（再）組織化には、儀礼における衣服と色が重要な役割を果たしたと考えられる。

(3) 日常的相貌と歴史的相貌

しかし、現地調査を始めてみると、当然ではあるが人々は訴訟や記念式典、過去の歴史や祖先が虐殺されたことについて常に考えているわけではなかった。当時、訴訟活動の推進の主体は一部のエリートや政治家であり、大多数の一般の人々は

運動に直接関わっていなかった。また記念式典にしても、すべての人々が毎年開催地へ赴き参加するわけではなく、多くはその様子をラジオで聴き、新聞で読み、近所の人と噂するのであり、記念式典との関わりは間接的である。それでもなお、植民地主義の歴史がヘレロ自身によって歴史化され、語り継がれ、身体化されていることには変わりないのだが、補償訴訟や虐殺のみに光を当てることは、人々の生活感覚や私自身の調査地での経験とのズレを生み出すように思われた。

中でも、ヘレロの人々と共に過ごす時間が長くなるにつれ、先行研究から学んだヘレロの衣服に関する私の見方は大きく変化した。「もともとドイツ人入植者に由来する衣装であったが、現在はヘレロの人々を表象する民族衣装になっている」というような理解だったのが、人々の衣服への関心と楽しみ、細かな規範や工夫を観察するにつれ、ユニフォームとロングドレスは単なるヘレロの集団性や団結を表す道具ではないように思われた。これらの衣服はヘレロの歴史的経験を物語っていると同時に、いまだ先行研究では十分に描かれていない表情を持っているのではないか？　そこで、私はヘレロの歴史と日常的感覚を同時に視野に入れるようなアプローチを模索し始めた。

加えて、彼らの生活は先行研究から想定していた以上にヘレロとしての独自性を持っているように見えた。先行研究に描かれたヘレロはドイツ人入植者たちと宗教的・政治的・身体的に交流してきた異種混淆的な現代人であり、ジェノサイドによって日常生活を破壊された人々である。先行研究の検討を通じて、私はヘレロ独自の生活など存在しないのではないかと考えていた。現在彼らが行っている文化的実践は、ジェノサイド後に確立された新しいものであり、これらの意識的な文化復興はキリスト教の普及やロングドレスの着用と同時期に進んだとされていた［Bollig and Gewald 2000: 21, 51; Gewald 2000; Wallace 2003］。

しかし、現地調査を始めると、村で暮らすヘレロの多くは「伝統的」生業とされる牧畜に携わり、ウシやヤギを一日何十キロメートルも追い、サワーミルク（*omaere*）と呼ばれる発酵乳を飲み牛肉（*onyama yongombe*）を愛する、個人主義的な牧畜民であった。調査中、彼らはヘレロ語を話し、結婚式ではウシを讃える歌を歌い、「ヘレロは誇り高い」と自分たち自身を評した。ウシの糞（*outase*）で作った家に住む人も多かった。屋敷の父系の祖先（*ovakuru*, forefathers）との交流の場である「聖なる火」（*okuruwo*, holy/sacred fire）は、聖なる火を正しく取り扱える人物が減っているため廃止されつつあるが、ヘレロはキリスト教徒であると同時に、祖先を畏れる精神を広く共有していた。再び変化してきているものの、ドイツ植民地主義の終焉の後に復興された文化はロングドレスと同じく彼らの日常生活に根づいており、当たり前のものになっていた。ジェノサイド以後、従来の生活から断絶され、創られた生活を反復する過程で、彼らはヘレロ以外の何者でもない人々として存在していたのである［cf. クリフォード 2003: 349-446］。

この現象はなんなのか、どう考えればよいのか分からない中、私はシャロン・ハッチンソンの民族誌『ヌエルのジレンマ』［Hutchinson 1996］を思い出していた。同民族誌にてハッチンソンは、エヴァンズ＝プリチャードが描いたヌエルの人々のウシを中心とした共時的な世界観を、長期の現地調査、貨幣経済の導入といった「グローバル」な社会変化、そして歴史的視点から新たに描き直す批判的継承を試みていた。しかしながら、読後に最も印象に残ったのは、ヌエル社会の歴史的変化やグローバル化というよりも、時代を経て異なる形でますます複雑に人々の生活に絡み合うようになったウシや血に関する規範と、新たに生じる状況に対するヌエルの人々の反応と創造的解釈であった。同民族誌に描かれていたのは、読者や著者であるハッチンソン自身が想定していた対象社会の「グローバル」な姿ではなく、ヌエルにとっての現実がどう紡ぎ出されていくかの過程であり、「「変化」とも「持続」ともつかないような」固有の時間［橋本 2010: 86］であった。いずれの社会もさまざまな出来事を通じて変化していくが、もともとあったものが単に別のものに変わったりすっかりなくなったりするのではなく、その形態や様式や意味や価値がより複雑化し、こじれたり、洗練されたり、複数化することもあり得るのではないか。

さらに、ナミビアでの私の経験は一九八〇～九〇年代にアメリカで人類学を学んだジェニファー・コールの民族誌『植民地主義を忘れるの？』［Cole 2001］とも重なるように思われた。同書は、かつて植民地化された人々は現在どのように植民地時代のことを想起するのかという問題から、現代マダガスカルのメリナ社会における記憶の想起を検討したものである。現地調査に旅立つ前、若手研究者コールはいわゆるポストモダンや脱植民地状況にある世界についての理論を米国で学んできたという。大学では、世界は異種混淆化し、伝統的な文化的中心性を失っており、文化的差異は存在せず、人種やジェンダー、国家といったものは社会的構築物であると教えられる。だがコールが現地へ行ってみると、人々はエヴァンズ＝プリチャードが描いたヌエル族のごとくウシの供儀に熱中していたという。

大学で習った理論との落差を感じたコールの驚きはよく理解できる。マダガスカルの人々は植民地化のことなど忘れ、一九三〇年代の古典的な民族誌的生活を送っているようにコールには見えたという。彼女の目前に立ち現れた現地は「閉じた」ローカルな世界であった。しかし、選挙の開催を引き金に、フランス植民地時代の統治を想起した村人が一気に動揺するという事態が起きる。西欧的「民主主義」を目指して公正に実施されようとしていた選挙が、帝国主義的な植民地時代を人々に想起させたのである。この事件をきっかけにコールは、人々が植民地主義を忘れたわけではないことに気づく。植民地時代の過去は村に存在していたが、コールにはその「相貌」（アスペクト）が見えていなかったというのである。

「相貌」はウィトゲンシュタイン［1976］が用いた語であり、うさぎの頭にもあひるの頭にも見える反転図形により説明される。「あひる－うさぎ」の反転図形は、図自体が変化するわけではないにもかかわらず、それを見る目によってひとつの絵がふたつの異なる相貌として見える可能性を示している。野矢は「被説明項に対して説明項が並置され、それによって被説明項に対する把握の仕方を変えるような説明」［野矢 1988: 121］のことを「アスペクト的説明」と呼んだ。アスペクト的説明は「他の選択肢の存在」［野矢 1988: 107］の認知を可能にする点で重要だと野矢はいう。絵がうさぎに見えようとあひるに見えようとどちらかが誤っているわけではなく、どちらも存在しているのだが、絵への接近の仕方によってどちらかが図として前景化しどちらかが地として背景化する。人々は複数の歴史的経験の内、ひとつの相貌のみを強調する傾向がある。しかし、それまで前景化されていたものとは異なる相貌が突然目の前に飛び出してくることがある。

コールは自身の経験から、村には植民地支配や貿易を通して広いグローバルなネットワークとつながった世界と、より隔離されたローカルな世界というふたつの相貌があると考えた。村人の人々の経験においては、ふたつの相貌は織り合わされている。だが、それを見る人や状況によってどちらかの相貌が前景化される。祖先やウシが支配的な日常的世界においても、植民地化された過去は相補的に存在しているのである［Cole 2001: 7］。現在を「図」として考えたとき、過去は「地」としてそこにある。また同時に、彼らが過去を語っていたとしても現在や未来は背景に退いているだけで、実際はそこに存在しているとコールは考察する。つまり、彼女のフィールドはいかなる時代においても「閉じた」世界ではなく、植民地政策や世界経済の変化といった特定の歴史的状況において形成された世界であった。

植民地時代の過去とローカルな関心、あるいは他者との遭遇と個人的関心は「人々の経験の中で織り合わされている」［Cole 2001: 6］というコールの言葉は、「歴史の出来事は過去として振り返られるものではなく、つねに現在へと姿を変えて回帰する可能性を秘めており、だからこそ出来事の意味は何度もこじ開けられることになる」、そして「亡霊はいつ出てくるか、どのような姿で現れるか、事前には予測できない存在である」［太田 2008: 12, 14］という太田好信の問題意識と重なるように思われた。[12] 植民地時代が終わったとしても、その歴史をなかったことにし、征服前の状況へと立ち戻ることはできない［太田 2008: 126］。

私は当初、ヘレロ社会には歴史的相貌しか存在しないかのようにとらえ、調査を進めようとしていた。しかし、牧畜生活や裁縫といった日常的相貌が見えるようになったためか、私自身の人々との接し方、会話、インタビュー内容、関心、観察の観点、加えて私に対する人々の反応は、ときに歴史的なものに、ときに日常的なものに反転し、合わせようとした焦点が合わず思いもよらぬ像が目の前に現れる瞬間があった。コールが示した事例のようにロングドレスにも歴史的相貌と日常的相貌の両方があり、それらの反転が繰り返されながらヘレロのスタイルが成り立っているとしたら、その反転のエネルギーはヘレロ自身にも制御できない美的ふるまいや、誰にも予測不可能な別のなにかを生み出しているのではないか。本書では、入植者との歴史的接触と虐殺後行われてきた記念式典という集合的場への着目に加え、より微細な日常における美的嗜好と欲望の実現を描き、それらの諸相貌が生み出すヘレロの美とその先にあるものについて考えていく。

2 歴史と日常における想像力とスタイルの習得

(1) 発明、想像、創造

ヘレロ研究の大きなテーマは、植民地支配と一九〇四年のジェノサイドを経て大きく変化してきたヘレロ社会における文化の破壊と再生、構築と再構築をどうとらえるかという問題だった。ヘレロ研究者による編著『人々、ウシ、土地』[Bollig and Gewald (eds.) 2000] では、植民地主義という外的圧力によって社会構造が刷新される一方、新たな社会構造の中で核となる文化やアイデンティティが構築され再構成されてきたことをどう考えればよいのかという問題が共有されている。

ナミビアへやってきた当初、ヘレロは明確な集団性や名前を持っていなかったと考えられている。歴史研究によると、言語、基本的な親族関係、祖先崇拝といったある程度の共通性はあったものの、人々は当時、無数の長が率いる小規模な共同体ごとに生活していた。共同体のメンバーは固定されておらず、個人の意思によって別の共同体へと移ることができる柔軟な関係性が保たれていた [Gewald 1999; Vivelo 1977]。ヘレロの人々の集団としての意識は、この一五〇〇年余りで形成されてきたといえよう。第2章で示すように、流動的な人々がひとつの「部族」や「エスニック・グループ」として扱われるようになったのは、一九〜二〇世紀にナミビアの現地住民に介入した入植者の働きが大きい。そして現在ナミビアで暮らすヘレロの文化的実践が確立されたのは、虐殺後の社会の復興期だと考えられている。現在では教科書や辞書が存在し、ひとつの言語として認識されているヘレロ語がある程度確立されたのは、一九世紀後半だといわれる［Gewald 2000］。さらに、ヘレロの信仰である祖先崇拝における儀礼や歌が二〇世紀になって初めて形式化されたことが、史料研究とインタビュー調査からある程度明らかにされている［Wallace 2003］。

南アがナミビアへ侵攻した一九一五年、ドイツ植民地統治は実質的に終わり、南アによる支配（～一九九〇年）が始まった。この時期に、国内・国外で離散状態にあったジェノサイドの生存者たちは従来居住していた祖先の地へ帰還した。農地労働、奉公、教会の福音伝道などの職を捨て、ドイツとの戦い以前に各々のチーフが治めていたオカハンジャなどの土地へ戻ったのである［Bollig and Gewald 2000: 21, 51］。まずヘレロは家畜の収集に取り掛かり、日常生活を築き直した。ウシは彼らの生計を支える経済的財産であると同時に、婚資やさまざまな儀礼の供犠として用いられるいわば「聖なる動物」［cf. Sarkin 2008］だと考えられてきた［Vedder 1928］。ジェノサイド後、指導者や家畜、土地を失ったヘレロにとってウシを中心とした牧畜生活を築くことは、経済的基盤のみならず社会文化的基盤の立て直しを意味したとされる。牧畜を基盤とした現在見られるヘレロの社会経済は、ドイツ植民地政府が着手し南アが強化したリザーヴ内で発展し、ヘレロの間で定着した［Werner 1998］。

このような歴史とヘレロとしての集団性の確立を背景とすると、ヘレロの記念式典とそこで着用されるユニフォームとロングドレスを「伝統の発明[13]」（invention of tradition）として語ることもできるだろう［cf. Durham 1999：永原 2004］。『創られた伝統』［ホブズボウム・レンジャー（編）1992［1983］］はある特定の時代に伝統が頻繁に発明されたことを暴いた編著として歴史学のみならず人類学でも重視されてきた。同書［11－13頁］によると、発明された伝統とは政治的意図によって形式化・儀礼化され政治的操作によって構築されてきた恒常的な儀礼的行為のことであり、習慣や慣行とは異なるとされる。

『創られた伝統』は、現在の人々が行っている儀礼が手つかずの形で伝承されてきたわけではなく、各時代における政治経済的権力者によって意図的に発明されたことを、欧米、アフリカ、アジアにおける事例から例証した著作である。植民地において政治経済的権力を持つ者の多くは西欧人入植者である。テレンス・レンジャーによると、植民地時代以前のアフリカは多元主義、流動性、そして多元的アイデンティティによって特徴づけられていた。しかし、植民地化以後、「部族」、ジェンダー、そして世代に関するアフリカ人アイデンティティや分類が発明されたことで人々は境界づけられ、固定されたという［レンジャー 1992: 323-406］。

賞賛の一方、同書が従来の文化や慣習と権力によって発明可能な新たな文化、産業化以前と産業化後の西欧社会、あるいは植民地化以前と植民地化後のアフリカやインドの間に隔たりがあるという前提に立っていた点は批判の対象となった。議論の前提が、変化のない真正な文化が存在することを自明視する思考から成り立っていたからである［青木 1992; 太田 2008; クリフォード 2003: 505; Okazaki 2002］。どこかに真正なアフリカがあるかのような本質主義的読みを許したという批判を認め、レンジャーは自ら伝統の発明論を再考している。

> ロザリンド・オハンロンが所見を述べたように、［『創られた伝統』には］歴史への配慮に欠けた二元論の危険があった。私がアフリカの「慣習」を開いた動的なものにしようとどれほど求め試みたかにかかわらず、植民地的「発明」に対する私の強調は、「一度これら外来の表象が脱ぎ去られると……真正な別の何か（アフリカ）が現れるだろう」と示唆しているかのように読むことが可能だ。［Ranger 2014: 6］

レンジャーは、発明という語は「伝統」の意識的な構築や構成を強調する点で有効な議論をもたらしたが二つの問題があったという。第一に、発明という語がその発明者（inventor）と「上から」の作用を前提として使用されており、現地住民の考えや行動の可能性が軽視されていた点である［Ranger 2014: 21］。現地の人々が「伝統」を自ら拡張し利用してきた可能性が問われなかったことが疑問視された。

第二に、発明という語が「一度作られた法や分類は永久に再生産される」という印象を与える点である。法や分類が再生産され続けるとしたら、植民地化以前は流動的だったが、植民地化以後はある分類に固定され変化しないということになる。すると実体化された法や分類がその後どうなったのかを検討する必要はなくなるが、実際はそうではないことが歴史民族誌の必要性を訴えたサリー・フォーク・ムーアによる慣習法の事例［Moore 1986］によって示されている［Ranger 2014: 44-45］。『創られた伝統』のレンジャーの章では、植民地時代初期と一九三〇年代については詳細に示されていたが、第二次大戦期とその後の時期にアフリカにおける西欧の伝統の発明がいかに続いたのか、いかに変化したのかが不明であった。ムーアは「慣習法」が植民地時代に政治的に創られた概念であることを論じたが、法は柔軟性を失ったわけではなく、法が使用される現場では自由な変更が適宜行われていたことに着目した。ムーアの研究は植民地化以前の流動的慣習から植民地化以後の固定的慣習へという図式が単純すぎたことに気づかせる。

以上、関連する二点から、施行された分類や慣習の革新に対するアフリカの人々の働きかけと主導力について考察することの重要性が指摘された。伝統が発明されてきたことを暴くだけではなく、その後どう創造され続けてきたのかに対する着目が『創られた伝統』には欠けていたのだ。

そこでレンジャーは伝統の発明を、創造や想像力の問題として再提示している。例えば、タンザニアの農民知識人についてのファイヤマン［Feierman 1990］の研究が取り上げられている。同書によると、農民知識人たちは入植者による分類やアイデンティティだけを押しつけられ生きていたわけではなく、植民地化以前の支配体制や豊饒性と雨に関するメタファー、そして一九四〇〜五〇年代にもたらされた民主主義を選択しながら、それらを時代に応じた形に合成し利用してきた。この多元的・選択的利用に農民知識人たちの創造性を見出したファイヤマンに、レンジャーは賛同している。そしてレンジャーはアンダーソンの『想像の共同体』を参照しながら以下のように述べた。

慣習法、エスニシティ、宗教と言語は、さまざまな人々によって長い時間をかけ想像された。これらの複合的想像は互いに競合しており、想像されてきたものの意味を定義すること、それをさらに想像することにおいて常に係争中であった。白人によって想像された伝統は黒人によって再想像された。そして、特定の黒人の利益団体によって想像された伝統は他者によって想像された。現代的伝統の歴史はわれわれが想定したよりもはるかに複雑だったのである。
[Ranger 2014: 24-25]

すなわち、慣習法、エスニシティ、宗教、言語といった文化や伝統は、それらの創造者の設計どおりに生産され、再生産されてきたわけではなかった。入植者、現地の人々、その他の現地の人々、そして西欧人やその他の人々というように、支配者と被支配者間の相互影響に留まらない複数の人々の思考、イメージ、そして想像力によって合成されてきたのである。

青木保は『創られた伝統』の邦訳版「解説」で、社会政治的要因によって創り出され革新される「伝統」という概念と、意図的に創られるものでもなく変化する「文化」という概念は重なり合っており、明確に区分することはできないと指摘した［青木 1992: 475］。また、太田は「伝統を保存という概念から切断し、変化と再節合させることによって、伝統が持つ可塑性と持続性の二つの側面を焦点化するような視点」［太田 2008: 194］が重要であると指摘している。レンジャーによって再考された「創られた伝統」は、創造者が完全に操作できるわけでも創られたときのまま「伝統」が永遠に保存されるわけでもなく、青木と太田の指摘により符合する概念になっている。伝統はさまざまな想像力を持った人々によって競合的に維持され、創造されるのである。

（2）植民地における歴史的創造と衣服

ここで、創造を衣服の問題として考えてみたい。ドレスに関する人類学的研究はカルチュラル・スタディーズや歴史学と分野横断的に展開してきた。カルチュラル・スタディーズの分野においては「ファッションは流動的で文明化されており西洋のもの」、そして「民族衣装は不変的でその他の地域のもの」というように西洋とその他の地域を二極化する傾向が顕著であった。それに対し人類学者は、特定の地域で暮らす人々や民族集団を「ファッションなき」人々とみなすのではなく［cf. Allman 2004: 2-3］、彼女たちが身につける衣服をドレスやファッションとして再考してきた［Allman 2004; Comaroff and Comaroff 1997; Hansen 2004, 2013; Maynard 2004］。ドレスをめぐる実践は文化的・政治的・宗教的・経済的境界の中ではなく、よりグローバルに変化する世界的動向に位置づけられつつある。人類学におけるファッション研究は、植民地時代の歴史の影響を含めた「グローバルな遭遇とローカルな再創造」［Hansen 2013: 1］を検討する領域だといえよう。

人類学におけるファッション研究では、身体やドレスとエイジェンシーに関する草分けとしてコマロフ夫妻の議論［Comaroff and Comaroff 1997］が重視されてきた［Allman 2004; Reischer and Koo 2004］。コマロフ夫妻は南部アフリカにおける植民地主義との遭遇によって生じた社会における変化をへゲモニーとエイジェンシーの問題として考察し、福音伝道者による現地の人々の日常への介入が人々の日常におけるへゲモニーに変化をもたらしていく過程を丹念に描き出し、宣教が植民地支配の一部であったと結論づけた。文化をひとつの具体性のある「バリの文化」といった実体や記号から成る閉じた「文化システム」ではなく、「常に競合的である可能性を孕んだ多価的実践、テキスト、そしてイメージのセット」［Comaroff and Comaroff 1991: 16-17］だと考えるコマロフ夫妻にとって、植民地状況下における現地の人々の身体は、政府の役人や入植者との公式な衝突と同様のさまざまなエイジェンシーが拮抗する闘争の場であった。聖書の内容や教義といった観念の教示だけではなく、どう働きどう衣服を着るのかといった具体的な実践が現地の人々の意識変革と支配を可能にしたとコマロフ夫妻は論じた。宣教師たちは現地ツワナ社会に農業や時間感覚、そして衣服を導入することで、ツワナの日常的思考の傾向、何気ない身振り、さらに自明なこととして反復される行為を変化させたのである。

コマロフ夫妻は、植民地時代に生じた現地の人々の衣服の変化は単なる伝統の発明ではないと述べ、ツワナのエリート層が西欧ファッションを精確に模倣しようとしたのに対し、地方の一般ツワナ女性の衣服が極めてちぐはぐな「文化的パッチワーク」であったことに着目した。ウエストの締まったロングドレスとブランケットやショール、頭にはスカーフという、ヘレロのロングドレスと似たツワナ女性のスタイルは、アフリカと西欧の要素の寄せ集めであった。

そしてこの合成（synthetic）スタイルが、それぞれの「民族」集団に対応する「奇妙な民族衣装」として入植者に記述された。そのスタイルは西欧の衣服市場における最新の流行を反映しない「凍った」流行遅れのスタイルであったため、西欧の革新的ファッションと対比的にとらえられた［Comaroff and Comaroff 1997: 261-262］。まったくの「部族的」衣装でもなく、西欧人の着こなしの再現でもないこの合成スタイルは、外部の者からするとカテゴライズに困る非常に風変わりなものだった。

コマロフ夫妻は、宣教師たちが与えた既存の着こなしに従わなかったツワナ女性のちぐはぐさを、彼女たちの控えめな象徴的自己主張であると解釈した。植民地時代の南アでは、入植者と現地の文化的交換と闘争が社会を構築する原料となっていた。そして、スタイルは既存の現実を反映したものではなく、差別や分類が強化されゆく世界における現実の生成に関わっていたとコマロフ夫妻は論じる。彼女たちは他人のペルソナを単にかぶるのではなく、自らの「民族衣装」を創ることで自己アイデンティティを価値づけようとしたという［Comaroff and Comaroff 1997: 271-273］。

当事のツワナの人々が入植者に対してアイデンティティを象徴的に主張していたのかを証明することは難しいため、コマロフ夫妻の解釈をすべて受け入れることはできない。ただしムーアは、コマロフ夫妻の貢献は象徴主義的・想像的解釈にではなく歴史に対する取り組みにあったことを指摘している［Moore 1999: 306］。コマロフ夫妻は、入植者と現地の人々が遭遇する際、一方的支配でも一方的抵抗でもない、意味、知識、権力のあり方を含む二つの社会的世界が相互に編みこまれていくようなねじれた弁証法的モデルを示し、現地社会を歴史的・文化的変容の過程から描き、植民地的遭遇によってどのような新たな意識が発生したのかを明らかにしようと試みてきた[Comaroff and Comaroff 1991, 1997]。これは、ヘレロのドレスとふるまいが植民地化を通してどのように生成されてきたのかを考察する本書において重要な考え方である。

伝統はさまざまな想像力を持った人々によって競合的に維持され創造されるという、前節で論じた定義と合わせて考えてみると、コマロフ夫妻のいう合成スタイルは、先に記した「白人によって想像された伝統は黒人によって再想像された」というレンジャーの見解と符合する。そして、特定の黒人の利益団体によって想像された伝統は他者によって想像されたのであれば、ロングドレスは特定の創造者が想像した完成形を鋳型として生産・再生産されてきたわけではなく、常に複数の想像力の影響を受けている。ヘレロのロングドレスもまた、入植者と現地の人々の遭遇における想像の交錯から生成されたのであれば、ロングドレスは特定の創造者が想像した完成形を鋳型として生産・再生産されてきたわけではなく、常に複数の想像力の影響を受けている。

(3) 日常における創造

ここまで、移住者との遭遇が植民地化された人々の衣服にどのような影響を及ぼしてきたのかを歴史的創造として検討してきた。他方で、衣服は何気ない日々の中で反復的に着用されるものでもある。

論集『創造性と文化的即興性』[Hallam and Ingold (eds.) 2007]では、日々の生活における創造が複数の事例から検討されている。一般に創造という語は、「それまでになかったものを新たに生み出すこと」、あるいは孤立した個人が無から新しい何かを生み出すこと、または個人の才能と表現という意味で用いられる。そして多くの場合、私たちは目の前の生産物を過去の状態と比較したときの新奇さ（novelty）や革新（innovation）によって評価し判断する。新たに生み出されたものにのみ創造性を認めるのであれば、入植者の衣服を原型とするヘレロのロングドレスは創造的とはいえないだろう。彼ら自身がしばしば「ロングドレスはヘレロ独自のものではない、ヒンバのような格好が私たちの原型だ」というように、ロングドレスはヘレロ自身によってゼロから生み出されたものではない。

　このような創造性の概念は、「創造性」という語が個人の富、成功の蓄積、個人のアイデンティティ、そして責任と結びつけられながら慣習的に用いられるようになった産業革命時代の一七〜一八世紀イギリスで生まれ、真に創造的なものとは派生物や複製ではなく原型（original）であるととらえられるようになった［Pope 2005］。それ以前、人々は狼男のような人間と動物の組み換えに驚きを感じ、グロテスクであるが本当らしく見えるものを模造する妙技を賛美したという。すべてのものは進行中の生成過程の一部であり永遠に未完成であるという考えから、組み換えとミメシスの技術的妙技に人々は創造的ファンタジーを感じていたのである。しかしその後、生産物＝完成形とする思考が強まり、「古い」「過去」とみなされた途端に創造性は失われ、そのモノや創造主の利用価値を認めない思考が根づき始めた［Hallam and Ingold 2007; Hirsch and Macdonald 2007］。

　同書では、過去と現在、慣習と斬新、創造と模倣、慣習的な創造性と真の創造性を別物とする近代的思考［cf. Liep 2001］が批判され、社会的・文化的日常生活における行為が台本のない即興としてとらえられている。日常における即興とは、たとえば周りの人々や障害物に反応し、姿勢、速度、そして身のこなしを調整しながら前進する混みあった通りを歩く人々の歩き方である。ド・セルトーであれば「戦術」［De Certeau 1984］と呼ぶであろう、周囲の人々や環境と絡み合い相互に反応し合いながら進む生活の仕方を指す。日々の即興のなかに創造性を見出すことで、人々が他者の動きに反応しながら歩きの技法を作り出す過程や「形成途中の世界に対する調整と反応の力」［Hallam and Ingold 2007: 3］を問題とすることが可能になるとハラムとインゴルドはいう。人は常に主体的に物事を行っているのではなく、他者のパフォーマンスに同調し、応答することで生きている、そして人は社会生活を「経験する」ことで前へ進むのであり、他者の存在や行動を通じて確立された諸関係のフィールドの中で育てられている［Hallam and Ingold 2007: 1, 8; cf. Ingold 2000: 144］。この議論からは、人間の創造性は個人の主体や才能に内在するのではなく、他者との社会的・文化的関係を通し時間をかけて生成され育まれるという仮説が立てられる。

太田は、「創造とは、既存の資源を脱コンテクスト化し（rip）、それらを新たに組み合わせること（mix）から、新しい何かをつくりだし、そして自分からそれを発信すること（burn つまり CD-R や DVD-R に焼く）である」［太田 2008: 118］という、デジタル世代の知的所有権と「コモンズ」について議論したレッシグ［2002］による「創造」の定義に言及し、「ある個人が抑制や拘束を受けることなく世界中の資源を自由に使い、初めて可能な行為」［太田 2008: 115］ではない創造について論じた。このような考え方は、既存のジャズや詩といった先人たちの作品に触れ、それらを自分なりに解釈することで新たな作品を生み出すこと、つまり「創造が関係性の中から生まれること」［太田 2008: 118］に気づかせるという。

ヘレロのロングドレスは、本家の西欧人にとって流行遅れになっていようがしぶとく着続けられており、他者や世界と接触しながらヘレロ自身によってデザインや素材の組み換えの工夫が楽しまれている。本書ではロングドレスを他者との社会的・文化的関係を通し時間をかけて生成され育まれる、即興的創造として考察したい。

（4）ふるまいの技法

加えて、ハラムとインゴルドは模倣に関する重要な指摘をしている。模倣は単に機械的に達成されるのではない。模倣者が原型を注意深く観察し「正しく理解する」ことができたときに初めて原型と類似したものが生まれる。原型を維持するためには、模倣者は先達者の技を惰性的に行うのではなく技を積極的に担い続ける必要がある。人々が技と意識的に関わり続けなければ、技は放置された建物のように崩れ去ってしまうからだ。したがって、伝統に従うことは固定された行動パターンを受動的に複製することではなく、積極的な刷新に従事し進み続けることであると考えることができ、この維持の実践にこそ即興と創造性があると彼らは論じる［Hallam and Ingold 2007］。

演者は技を精確に模倣し演じるため、技に感応し没頭し、技を習熟する必要がある。そして演者は技に熟達したとき技を自分のものとして身につけているため、規定演技だけではなく自由なパフォーマンスができるようになる。すなわち規範を習熟すればするほど、勘所を押さえていかなる状況にも即興的に感応することができるようになる。技の熟達は演者を拘束するのではなく解放するのであり、確立された伝統においても創造性は存在している。反対に多くの駆け出しの演者は規則からの逸脱や脱線に対応できず、パフォーマンスを十分に発揮できない。実践におけるよどみない反応、知識と行為のうまい連携が駆け出しと熟練者をはっきりと分けるのである［Hallam and Ingold 2007］。

衣服の着用についても同様である。ハンセン［Hansen 2004, 2013］は、アフリカの人々のファッション性（fashionability）、あるいは衣服能力（clothing competence）に着目している。衣服能力は「着飾られた身体の披露とふるまいの中で「トータル・ルック」を生産するために提示され、その成功と失敗の可能性はコンテクストに依存する」［Hansen 2013: 3］。このような考えは、ファッションを「本当の」アイデンティティや志向の二次的な表現とみなす考えを批判し、現代的スタイル（都会的スタイル）と伝統的スタイル（村スタイル）という差異の生成過程と固有の文化やアイデンティティと人々の関わりについて論じたファーガソンによっても示されている。

> ファッションにおける鍵はこだわった服を着ていることではなく、それを着こなすことができるということ、……「キメる」ことができるという点である。……ファッション性は行為遂行的な能力、つまり、服の効果的組み合わせを通して適切な外見や社会的感覚、そして身体的パフォーマンスを効果的に示すための能力である。［Ferguson 1999: 98］

人間は、複数の選択肢の中からＴＰＯに合ったふるまいが遂行できさえすれば、実際に自分の存在をどうみなしていようと目の前の人々の活動に参加することができる。そのことから衣服は、自己の社会的位置づけの視覚的表現であると同時に変装の手段にもなり得ると考えられてきた。たとえば、ローズ・リヴィングストン研究所（Rhodes-Livingstone Institute: RLI）の人類学者たちは、人々は都市と村といった異なる社会的枠組みに合ったスタイルを状況に合わせて意識的に切り替えていると論じた［Ferguson 1999: 95-96］。

しかし、方言やアクセントと同じく、スタイルは身体に染みつきなかなか抜けないものであり、その意識的切り替えには限界があるとファーガソンは反論する。ファッション性と呼ばれるファッション能力、すなわち着こなしを身につけることは容易ではなく、時間をかけて反復し、求められた状況下で適切な行動がとれるように学習する必要がある。たとえ求められる技法の変化を頭で認識したとしても、国や地域、時代や性別毎に培われた身体技法から人は簡単に脱することができない［Mauss 1973］。自分の故郷のスタイルであっても、それを「キメる」能力を誰もが始めから持っているわけではないし、そのスタイルに重要性や連帯を感じるわけではない。着こなしはある状況下で生じる動機に合わせて自由に操ることができるものではなく、時間をかけて初めて習得できる能力なのである［Ferguson 1999: 95-96］。

このようなスタイルやファッションを、ファーガソンは「文化スタイル」［Ferguson 1999: 95］という語を用いて考察している。ファーガソンは文化スタイルの概念を、所与の差異すなわち社会的諸カテゴリーの「表現」ではなく、差異を意味づけ、生産する実践として示した［cf. 慶田 2001］。さらに、文化スタイルは「社会化」の過程で単に受け入れられたり、ある状況下で選ばれ受容されたりするものではなく、複雑かつ部分的に意識的な活動を通して時間をかけて養われる（cultivated）ものであるという。バトラー［Butler 1990］は、ジェンダー化されたスタイルの最大の効力のひとつとして、自然で自明な異なるタイプの人間が存在するという幻想が生み出されることを挙げ、スタイルはその幻想に「表現」を与えると述べる。それを受けファーガソンは、文化スタイルが何かに先行して存在するわけではない点を強調し、欲望や審美的嗜好や偶発性を含む個人のライフコースと政治経済的コンテクストの両方の中で、スタイルが能動的に、ときに目的を持って形成される可能性を論じている［Ferguson 1999: 96-

101]。

これらの議論は、ヘレロのロングドレスに関する二つの疑問を解決する鍵となる。第一に、ロングドレスは西欧の衣服の単なる模倣なのかという疑問である。これまで見てきたように模倣とは原型の習熟であり、だからこそ人はさまざまなふるまいを学習によって体得する可能性を有している。ヘレロのロングドレスは、ドイツ植民地期以降に着用され始めた外来の新しい文化である。それにもかかわらずロングドレスのふるまいがヘレロの間で確立している理由は、ヘレロ女性がそのスタイルを選択し、反復と後天的学習によって体得してきたからだと推測される。本書ではロングドレスのふるまいと技の習熟過程を具体的に描き、ヘレロの日常における周囲の人々や環境との相互反応、そして他者のふるまいへの同調と応答から問いを検討してきた。

第二に、ロングドレスとその着こなしは単一の姿かたちをした単一の価値として再生産されてきたのかという疑問である。いかなる「伝統」であれ、それを維持することは自明の現象ではなく、ロングドレスは惰性によって維持され、継承されてきたわけではない。現地調査からはまず、ドイツとの戦いで死んだ祖先と死者を偲ぶ記念式典やチーフの葬式といった現在のヘレロの人びとが重視する儀礼的場での正装として、軍服風ユニフォームとロングドレスが儀礼に参加するための不可欠な要素となっていることが確認された。加えて、正装として慣習的・受動的・強制的に着せられるというよりも、ファッショナブルで愛すべきドレスだから着るのであり、さらに欲しくなるという感覚が観察された。本書では植民地的経験から生まれた規範のみならず、ロングドレスの着用と製作において生じる美的嗜好やさまざまな他者との遭遇によって、ヘレロの文化スタイルが複数の観点とやり方から洗練されてきた過程を示す。

3　調査方法と調査地概要

(1) 現地調査

本書は計一三ヵ月のフィールドワークで得た参与観察の記録、インタビュー、写真を含む現地調査データに加え、ナミビア国立公文書館でのアーカイヴ調査とナミビア国立博物館での調査から得た補足データを基に執筆されている。調査は以下の期間に行った。二〇〇九年八〜一〇月、二〇一〇年八〜一二月、二〇一二年一〜三月、二〇一二年一一月、二〇一七年八〜九月。

現地調査は首都ウィンドフックとナミビア中部のオカカララ、オマルルなど各地を移動しながら行われた。調査の最終拠点となったのは、ナミビア中部エロンゴ県（region）ダウレス選挙区郊外に位置する村オゾンダティである。私は村で商店の雇われオーナーを務める一九四三年生まれの未婚女性エミィ・ヒンジョウ[14]がひとりで暮らす家に住まわせてもらい、独立に伴いナミビアの公用語となった英語が堪能な彼女にヘレロ語や村の慣習を教わった。エミィの親族と知り合いのネットワークを基盤とした人間関係を中心に英語とヘレロ語で会話しインタビューを行ったほか、葬式や結婚式といった儀礼に参加した。

村での日々を円滑に過ごすためには、日常的に接する人々の言語や生活の仕方を学ぶ必要があった。私は大量の砂糖入りのお茶の入れ方や、一日の始まりの火の起こし方というヒンジョウ家の日常や、使いやすい薪のある場所、パンを焼く人の家の位置などを学習しながら、誰がどの教会へ行くのか、どうやってドレスを着るのかなどを学んだ。ヘレロ語での複雑な会話、インタビューの翻訳、そして書き起こしにはヘレロの英語話者の協力を得た。

エミィの家で暮らすことで、私は彼女の親族と村人たちから「エミィの娘」（*omuatje wa Emmy*）として扱われるようになった。そしてある日、私はエミィを訪れた親族の男性からノコクレ・ヒンジョウという名を与えられ、いつの間にか「ノコクレ」「ノコ」と、周りの人々から呼ばれるようになった。ヘレロの人々は多くのことわざや格言を持っており、「ノコクレ」は「遠い地へ行ったとしても誰か必ず知り合いに会える」ことを意味する*Nokokure Kunowe.*ということわざからきているという。遠い日本からヘレロの村へやってきた私であったが、住む場所と名を得てなんとか調査を始めることができた。ちなみに、「ヒンジョウ」とは、「私はゾウ（*ondjou*）ではない」という意味であり、ゾウがたまに現れる地域らしい名である。

ヘレロは各人、生物学的父親から受け継ぐ父系出自オルゾ（*oruzo*）と生物学的母親、生物学的父親、そして父親の父親という三者から受け継ぐ母系出自エアンダ（sing. *eanda*, pl. *omaanda*）を持つ。エアンダには大きく七つの系統がある。同じエアンダを持つもの同士は祖先がどこかで血を分けた「家族」であるため、性交渉を持つことは近親相姦であり避けられる。現在のヘレロ社会で最も重視されているのは、母親から受け継ぐエアンダである。ヘレロの人々は婚外子をもうけることが多く、父親と離れて母親やその親族、あるいは母親と離れて父親やその親族と暮らす子どもの割合が高い。親族のつながりは、生物学的父親と母親が必ずしも揃ってそばにいないヘレロの子育てを支える重要なネットワークであり続けている。生物学上の母親かそうでないかにかかわらず、「母親」と暮らすことはその子どもをその家の子にする。それが日本から来た調査者である私を「エミィの娘」として村人が受け入れた理由のひとつだと考えることもできるだろう。もちろん、かつて人々を殺しウシと土地を奪った「白人」（*otjirumbu*）を嫌い恐れる村人もおり、村人すべてと友好的に付き合えたわけではない。

本書では、事前に依頼して行ったインタビューと並んで、人々がもらした何気ない一言や彼女たちの行動の観察、日常会話、私自身の経験から得られたデータを多く取り扱っている。また、私自身がどのようにヘレロ女性の身体的ふるまいや身体のあり方を経験し、学習したのかも分析の参考になると考える。プレンティス［Prentice 2008］は彼女自身の調査地で人々が裁縫を学習する過程に着目し、人類学者が現地の技法を学ぶことでどのような身体やアイデンティティを築くのかというテーマを論じた。私のドレスの学習と身体化はいまだ発展途上であるが、本書ではヘレロのふるまい方の学習からわかったことについても意識的に記述する。

加えて、オマルル近くのオゾンダティは「白」をシンボルカラーとするゼラエウア一族の影響下にあり、多くの住民はゼラエウアを「自分たちのチーフ」として尊重している。ヒンジョウ家のチーフもゼラエウアであり、私自身もゼラエウアに属することになった。したがって、記念式典や冠婚葬祭の際には白を取り入れた着こなしをする機会が多かった。一方、調査初期に滞在したオカカララはシャムアハ／マハレロ一族と同じ「赤」をシンボルカラーとするカンバゼンビ一族の影響下にあり、多くの住民が赤旗に属していた。

首都では、ホホランド・パークにあるエミィの既婚の長女ベラ・シュバルツ一家の家に住まわせてもらいながら、旧黒人居住区カトゥトゥーラのオシカイバ・サロンに通い、その客やロングドレスの仕立屋二〇名ほどにインタビューを行った。子ども四人を育てながらナミビア大学を卒業した後ＮＡＭＣＯＬ（Namibian College Of Open Leaning）で講師の職を得たベラは、私の「姉」として調査を手助けしてくれたため本書にしばしば登場する。

（2）ヘレロ、ンバンデル、ヒンバ

現在ヘレロと呼ばれる人々は、一六世紀頃にアフリカ東部からアンゴラを経由し現ナミビアへ移動してきたとされる［Vedder 1966］（図2）。ヘレロの起源神話では、ヘレロ、オバンボ、そしてヘレロのサブ・グループとされるンバンデル（sing. *omubanderu*, pl. *ovambanderu*）とヒンバ（sing. *omuhimba*, pl. *ovahimba*）との関係が描かれる。[15] 本書ではンバンデルとヒンバにも言及するため、これらの人々とヘレロとの関係性をここで簡潔に示しておきたい。

ヘレロの起源神話によると、ヘレロとオバンボは共にアフリカ東部から移動してきたバントゥー系諸語族であり、母親を同じくする兄弟姉妹であったという。インタビュー[16]で聞かれた起源神話では、オバンボとヘレロは母ナンゴンベ（Nangombe）から生まれた姉妹カズウ（Kazuu/Kathu）とマングンドゥ（Mangundu）の子孫であるとされていた。神話に関する異なるバージョン［Hahn 1928: 1-2］でも、同じバントゥー系であるオバンボとヘレロの親縁関

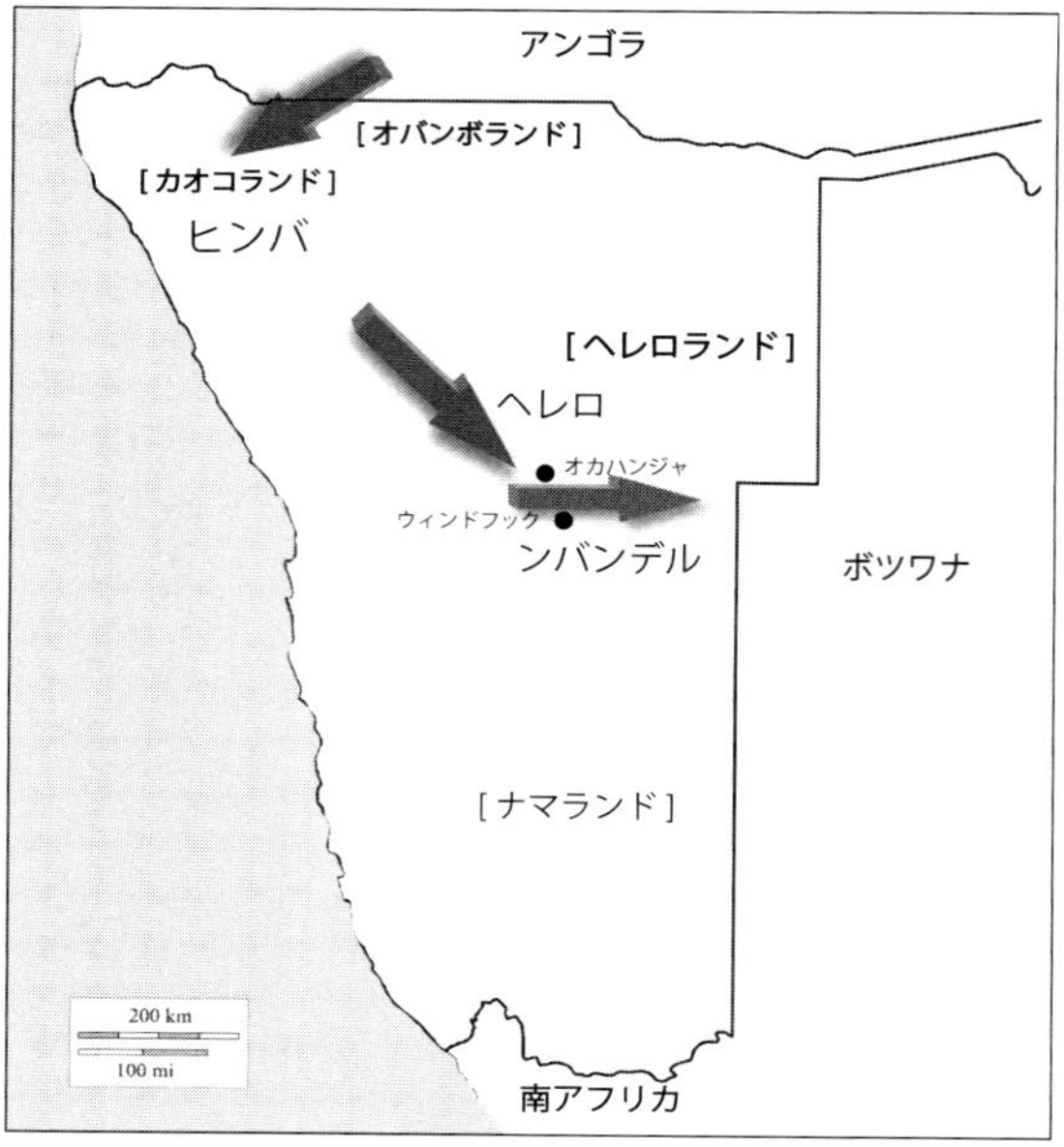

図２　移動経路

――：国境線　➡：ヒンバ，ヘレロ，ンバンデルの移動経路

［　］：ホームランド名　●：都市，町

係が語られているが、性別が異なっている。

> ［オバンボは］ヘレロと同様に、ナンゴンベ・ヤ・マングング（Nangombe Ya Mangungu）の子孫である。ナンゴンベは彼の兄弟カズウ（Kathu）とともに東から来たといわれる。オンドンガ地域の偉大なオモンボロンボンガの木で兄弟は別れ、カズウはヘレロを率いて家畜の牧草地を探し、進んだ。一方、ナンゴンべは彼の従者とともに現在のオバンボの領土である沃野に居住した。ナンゴンベとカズウはマングンドゥの息子だと思われるが、マングンドゥが彼らの父親か母親かは不明である。［Hahn 1928: 1-2］

オバンボはナミビア北部の豊かな土壌に惹きつけられ、その地に残り農耕民となり、ヘレロは大規模なウシの放牧に適した土地を求めて西方のカオコランドとその南方へ向かった［Hahn 1928:1］。そして、北西部のカオコランドに残った人々がヒンバ、さらに南まで進み中部に留まった人々がヘレロ、東部へ進んだ人々がンバンデルと呼ばれるようになったといわれる。以下は三〇代のヘレロ男性によるヘレロの移動と分派についての語りである。[17]

移動と分派に関する語り（二〇〇九年、オカカララ、男性［赤旗］）

アンゴラからやってきた人々の一部は北西部のカオコランドに残った。彼らは疲れていたし、そこがよい場所だったからだ。彼らは「オプウォ」（*Opuwo*、「止まれ」「十分だ」）といった。……彼らは眠っているウシのように休みたがっていた。そこに残った人々はその後長く一緒に住み、家族をつくり、自然に自分たちのグループをつくり始めた。彼らはヒンバと呼ばれるようになった。……彼らを残して、人々はさらに進むことにした。彼らは「進み続ける人々」（*vaherera*）、つまりヘレロ（*ovaherero*）と呼ばれるようになり、オカハンジャまでたどり着いた。彼らはその地に留まった。だが、集団の一部は「もっと進もう！」（*ovamdu ve ja konbamdeyuru*）といって進み始めた。「さあ行こう、でもどこへ？」。残った人々は彼らを「空（*eyuru*）を目指す人々」（*ovambanderu*）と呼んだ。「彼らは決して止まらないだろう。空まで行きたいに違いない！」。その呼び名から、彼らはンバンデル（*ovambanderu*）となった。アンゴラから来た人々に名前はなかったし、彼らの間に完全なまとまりがあるわけでもなかった。どこから来たのかを完全に辿るのは不可能だ。聖書によるとわれわれはみなバベルから来たというしね。ヘレロとンバンデルも、ヒンバのようにそれぞれの場所で家族を持つようになった。そして名前ができたのだ。だけどわれわれはみなヘレロというひとつの民族（ethnic）だよ。

話者によると、ナミビア北西のカオコランドのオプウォに残った一群がヒンバ、中部に残った一群がヘレロ、東部まで進んだ一群がンバンデルと呼ばれるようになったという。そして、その移動中に起きた出来事が、彼らが居住する地名（オプウォ）や彼らの集団名（ヘレロ、ンバンデル）になったことが語りの中で描写されている。ヘレロとヒンバとンバンデルはヘレロというひとつの民族であると話者が言及しているように、これらの人々は異なるアクセントを持つが同じヘレロ語を話し、親族関係や祖先崇拝といった文化的要素を共有している。そして「ヒンバはヘレロである」、「ンバンデルはヘレロである」といった言い回しによって、三者が「ヘレロ」というひとつのまとまりであることが強調されている。

一方、実際の自己認識レベルでは、「私はヘレロというよりンバンデルである。今は首都で暮らしているけど東部出身でンバンデルの父母と暮らしたからだ」、「私はヘレロである。ンバンデルはヘレロよりプライドが高いし文化的なことを重視する」、「私は露店で物を売るときヘレロのロングドレスを着るけど、オプウォ出身のヒンバである」といったように、ヘレロであること、ンバンデルであること、ヒンバであることが区別されているし、ときに相互の差異を強調した語りがなされる。また、原則としては未婚・既婚の男女問わず、個人は父親の出自を受け継ぐということになっている。

しかし、オマルル出身のヘレロを母親、東部のホバビス出身のンバンデルを父親に持つある女性は、自分はンバンデルではなくヘレロだと語った。なぜなら、彼女は父親ではなく母親の親族と共に暮らしたからだという。

実はンバンデル？（二〇一二年、ウィンドフック、女性［白旗］）

女性Aの父親は東部出身のンバンデルであったが父親と暮らすことはなく、母親の村で幼少期を過ごし、ヘレロとして成長した。ある日、私がAと彼女の異父弟の三人で話していたときのことである。ヘレロとンバンデルの関係性に頭を悩ませていた私を見て異父弟はにやりと微笑み、「Aに聞けばいいじゃないか、彼女はンバンデルだよ」といった。そのときAの父親がンバンデルであることを知らなかった私は、なぜ彼女がンバンデルと呼ばれるのかと驚いた。当のAは「私はヘレロよ」といい、困ったように笑っていた。

結婚しても個人は父親の出自を受け継ぐというヘレロの原則に従うとすれば、女性Aはンバンデルだということになる。彼女の異父弟のからかいは、Aはンバンデルであるはずなのにヘレロとして「ふるまっている」曖昧な存在だとも言えることに向けられていたように思われた。ヘレロの間で育ったAがンバンデルとして自己を同定していないことは、異父弟ももちろん知っている。

そして、半裸で皮の衣服を着る姿がしばしばメディアにも取り上げられるヒンバ[18]は、文化的真正性を維持する人々としてナミビア人一般に認識されている。中部のヘレロは私が文化的事象に関心を持っていることを知るとしばしば、より伝統的な暮らしをしているヘレロが住む北西部のカオコランドへ行けといった。ヘレロもまた、ヒンバはヘレロが失った伝統的生活や文化的知識を現在も維持する自分たちのルーツだと語り、彼らの生活様式を尊重する。ヒンバの革の衣服と油を混ぜた赤土で塗られた肌は、ヘレロたちが西洋化によって行わなくなった「祖先の」スタイルであり、かつての自分たちの姿として語られる。対して、入植者や南部の西洋化した現地集団との交流をヒンバよりも経験してきたヘレロは先進性や混淆性が強調される。この対比は、スーツやロングドレスを着るヘレロ、そして半裸で革の衣服を着るヒンバという視覚イメージによって強烈に認知されている［cf. 太田 1996: 115-116］。ヘレロはヘレロと呼ばれる人々と、ンバンデルやヒンバと呼ばれる人々をひとまとめにした大きなカテゴリーだということもできる［cf. Fuller 1998: 211］。しかし、そのような包摂的な語り方が不適切な場合も多々ある。人々は実際には帰属することができるカテゴリーを複数持っているが、「あえていうならば○○である」という風に、状況に応じてひとつのアイデンティティが選択されている。三者間の境界やアイデンティティの表明のされ方は極めて曖昧であり、状況的である。三者の関係性はシンジルト［シンジルト 2003］がカテゴリーの譲渡と領有と呼んだ自己を状況的に位置づける語り、相手がどう自己同定しているのかに合わせて自称を変えるメカニズムにも重なる。

太田［1996, 2001］はヘレロとヒンバの「われわれ」意識がいかに乖離すると同時に重なっているかを示したが、ヘレロ、ンバンデル、ヒンバは重なり合っているものの集団内部では微妙な差異化の原理が働いているため、明確に分類することは難しい。彼らの複雑な関係性と差異化の原理には、それぞれが支持してきたチーフたちの歴史的・政治的関係や支持政党の問題が絡み合っている。本書では、ヘレロ、ンバンデル、ヒンバの人々を、ある程度の重なりを持ちつつも隣接関係にある人々としてとらえておきたい。

4 各章の概要

以下、各章の概要について述べる。

第2章では入植者の想像力に着目し、「民族衣装」を着る主体としてのヘレロが「部族」や「エスニック・グループ」として形成されてきた歴史的・政治的過程を明らかにする。ヘレロの集団性を自明視するのではなく、その複雑な形成過程の理解を試み、次章以降の衣服とふるまいに関する議論につなげる。現地住民を統制下におこうと画策した宣教師、商人、ドイツ人植民者といった入植者によるヘレロの「最高首長」の創造と現地住民専用の居住地域であるリザーヴの創出、そしてその後の南アのアパルトヘイト体制とホームランド政策によって、ヘレロはひとつの「エスニック・グループ」としてカテゴリー化された。そしてこれらの政策を背後で支えていたのは、ドイツ人宣教師や民族学者の記述と現地住民に関する知識である。ヘレロと他の現地住民はそれぞれひとつの「部族」として分類され、ヘレロはハム系の優越人種として特徴づけられた。入植者の想像力は単なる幻想に終わらず、植民地主義の権力と結びつくことで人々を分類する指針となったと考えられる。

第3章では、ヘレロの植民地時代の経験と衣服の関連について検討する。先行研究で多く取り上げられてきた、旗と軍服を用いて軍隊を組織する西洋諸国のやり方を模倣して創られた互助ネットワーク「オテュルパ」に焦点を当て、ヘレロの人々自身がヘレロという集団を衣服の領域でどう分類しようと試みたのかを明らかにする。ナミビアの実質統治がドイツ植民地政府から南アへ移行した第一次世界大戦後、ヘレロは祖先の土地へ戻り家畜を収集しながら社会を建て直し始めた。その中心となったのがオテュルパであった。しかしヘレロは西欧諸国の軍隊様式を単に真似たわけではなく、オテュルパを三人のチーフとその一族に対応する赤旗、白旗、緑旗という三つの旗隊として組織化する独自の方法を創りだした。ヘレロのチーフ権力における多元性はサミュエル・マハレロの色を赤、ゼラエウアの色を白、ングヴァウヴァの色を緑としてオーラル・ヒストリーの中で語り継ぎ旗に掲げると共に、ユニフォームとロングドレスにそれらの色を取り入れたことに表れている。本章ではオテュルパに関する三つの議論――①アイデンティティ・ポリティクス、②身体と象徴、③社会の理念型――の検討を通して、社会の再創造を試みたヘレロが自分たちの衣服を三色に分類し、自らの集合的経験と自己を成型してきたことを論じる。ヘレロが人々を単一の「ヘレロ」カテゴリーにまとめようとする入植者の分類に従って生活してきたわけではなく、入植者のやり方を部分的に取り入れながら独自の分類体系を形成し、従来のドイツ入植者像とは異なる衣服を創造してきたことを示す。

第4章では、ロングドレスが集団としてのあり方やヘレロ女性のアイデンティティを表現する媒体であるだけではなく、ふるまいの技法でもあることに着目する。本章では現地調査で観察されたロングドレスの四つの相貌――ドイツ人入植者との接触の歴史、家畜としてのウシ、個々のヘレロ女性の感性、隣接集団ヒンバ女性の着こなし――に焦点を当てる。ヘレロ女性がこれらの相貌に対応するふるまいをどのように体得してきたのを明らかにすることで、現代世界を生きるヘレロ女性にとってのロングドレスの魅力を検討する。ヘレロ女性がロングドレスを着ることとそのふるまいには、知識としての規範を超えた、美しさを貪欲に求める試行錯誤の中で磨かれた技法が確認された。そしてロングドレスをめぐるふるまいとは、ある状況をどのようなものとして見てどう反応するか、何を着て何を脱ぐのかという反応の技法であった。この章では、ロングドレスを着ることが記念式典などの儀礼の場で祖先やチーフへの敬意と帰属を表すだけではなく、時代に合った素材やデザインとより美しい動作を追求する挑戦的行為であることを論じる。ロングドレスは、グローバルな世界とつながった現代的感覚が身体化された衣服であり、ロングドレスを着こなすためのヘレロ女性による日々の鍛錬が、結果としてヘレロの植民地経験の継承を可能にしていることを示唆する。

第5章では、ナミビア各地とドイツでヘレロが開催した四つのロングドレス・ファッションショーを分析する。これらモデリング・コンテストとドレスデザインのコンペティションにおける調査データを用いて、ロングドレスが媒介する複数の世界を描く。第一に地方で上演された牧畜民としての美的ふるまい——オシカイバやウシ歩きの習得——、第二に首都ウィンドフックの女性たちが中心となって組織され上演されたショーでの流行と革新——大胆なデザインと規範への挑戦——、第三に元宗主国であるドイツの首都ベルリンのショーにおける起源との再遭遇——ドイツ人女性とヘレロ人女性が共にロングドレスを着て手をつなぎ歩くランウェイ——、第四に首都ウィンドフックで上演されたナミビアのローカル文化としてのファッション——国内他文化のヘレロ化——をそれぞれ描く。ロングドレスはヘレロの若者と年輩者、ヘレロとドイツ人、ヘレロとナミビア人といった他者との関係の中で、多様な形で発現してきた。そして、美的ふるまい、ドレスの形、色、デザインも、自己の提示の仕方やその時々に対峙する他者とのやり取りの中で強化され、創り直され、調整されていた。ヘレロの美は他者との先読みできない関係や他者の視線の中で常に変化し、洗練されてきたのである。

ロングドレスの実践を見てみると、一つならず複数の相貌が立ち現れ、さまざまな人々を惹きつけ、異なる人やものごとと結びつきながら、新たな関係性と世界を創造していることがわかってきた。ロングドレスのふるまいは、ヘレロ人、ドイツ人、ナミビア人といった複数かつ重なりを持ったアクターの想像力と視線を受けながら、ヘレロ女性個々人の身体で上演され、養われてきたのである。終章では、ドイツ系ナミビア人アーティストが自らロングドレスを着用した映像作品「スペクトル」を取り上げ、ロングドレスとそのふるまいをさらに複雑な文化(再)創造の過程として捉える。ヘレロ人とドイツ人による過去の歴史はロングドレスに憑きまといながら、人々の現在と未来に関する思考を触発し続けるだろう。

第2章　衣服を着る主体——植民地的遭遇と「ヘレロ」の形成

1　はじめに

本章では、ドレスを着る主体である「ヘレロ」が歴史的・政治的・民族誌的に構築されてきた過程を明らかにする。植民地化は現地の人々に対する入植者の想像力と入植者に対する現地の人々の想像力を伴うが、本章では前者に焦点を当てる。入植者はなぜヘレロをひとつの集団としてカテゴリー化する必要があったのか、入植者はいかにしてまとまりのない人々を単一のエスニシティを共有する人々として扱ってきたのか、「ヘレロ」はどのような入植者の想像力を源泉として作り出されたのか、そして、アパルトヘイトの基礎となった固定的人種観念はどこからきたのかを問う。

2　ドイツ植民地時代における「ヘレロ」の創造と破壊

本節では一九世紀からドイツとの戦いまでの歴史を概観し、ドイツ植民地時代にいかに「ヘレロ」が創造され、虐殺の対象になったのかを検討したい。なお、本書には多数の歴史的人物が登場する。混乱を避けると共に本書における彼らの位置づけを示すために表1に整理する。

表 1　19〜20 世紀初頭におけるヘレロランドの有力者たち

(a) マハレロ・シャムアハ (Maharero ua Tjamuaha/ Kamaharero, 1820〜1890 年)
シャムアハの息子でオカハンジャのチーフ後継者。ヘレロの「最高首長」。ゼラエウアに説得され 1863 年〜64 年頃に近隣の集団オルラムやナマと抗戦し打ち負かした。
(b) ヨンカー・アフリカーナー (Jonker Afrikaner, 1780s.or 90s.〜1861 年)
19 世紀前半，ナマランドからヘレロランドを国家的に支配していた。オルラムの首長一族に生まれ，父親の跡を継ぎ首長となったヨンカーはオルラム諸集団と先住民ナマが融合した集団を率い，一帯の他集団を銃で襲撃することで家畜を獲得し，その家畜を商人に売ることで西洋の物品を獲得した。息子はクリスチァン・アフリカーナー。
(c) ヴィルヘルム・ゼラエウア (Wilhelm Zeraeua, ca. 1800-1876 年)
1850-60 年代，ライン宣教団および英国銅鉱山貿易商と連携してオルラムやナマと戦い，銃を獲得。1868 年，オマルルにて独立的共同体とチーフ権を確立した。
(d) カヒメムア・ングヴァウヴァ (Kahimemua Nguvauva, ca. 1850-1896 年)
ナミビア東部からボツワナ西部にかけて居住するヘレロのサブ・グループ，ンバンデルのチーフ。預言者として知られる。1896 年，オカハンジャにてドイツ植民地軍により処刑された。
(e) サミュエル・マハレロ (Samuel Maharero, 1856-1923 年)
マハレロの息子でオカハンジャのチーフ後継者。慣習法によれば彼はチーフ権を持たなかったが，ドイツ軍に支援されヘレロの「最高首長」の地位を得た。

永原 1991，Gewald 1999，Hendrickson 1992，オウェラ博物館展示を参照し筆者作成。

一九世紀以降、土地や資源の獲得と「暗黒大陸」の文明化を目的とした西洋諸国によるアフリカ植民地化は激しさを増し、アフリカの現地住民と入植者の接触と交流はより深まった。ドイツによる本格的なナミビア植民地支配が開始された一八八四年以前から、ヘレロはドイツ人宣教師やスウェーデン人探検家で鉱山経営者アンダーソンらと接触し、衣服や銃といった物品を入手していた。入植者と現地住民の交流は一方で友好的関係を生んだが、他方で現地住民を入植者が虐殺するといった敵対的関係へと帰結した。当初ヘレロと入植者は共に現地の支配的集団と戦うなど、比較的友好な関係を築いていたが、一九〇四年にドイツ植民地軍との戦いが勃発し、最終的にヘレロに対する絶滅命令が出されるに至った。

一九世紀中葉、ヘレロは小規模な自立した集団に分かれて生活していた。一八五〇年にヘレロランドを初めて訪れたアンダーソンはその非中央集権的な様子に衝撃を受けている。無数に分裂した小集団がそれぞれのチーフを抱えている状況が、ひとりの強大な王と王に仕える臣民というアフリカの王国に対する彼の想像とあまりに異なっていたからである［Gewald 1999: 10］。「狩猟民や牧畜民の区分は政治的なものである。柔軟性、競合、そして移動がこれらの共同体の主要な特徴であった」［Gordon 1992: 19］と述べられるように、当時の人々は各集団の長に従いながら、誰につくか、誰のために戦うのかという方針を状況的に決定していた。長の中には身を守るためにヨンカー・アフリカーナーと主従関係を結ぶ者もいたという［永原 1991: 284］。[1]

一八三〇年代、ヘレロは「南のナポレオン」［Vedder 1928: 159］と呼ばれるヨンカー・アフリカーナーの襲撃を受けていた［Gewald 1999: 10-28; Vedder 1928: 158; 1966: 180-183］。ケープ植民地の市場で取引するための品物を狙った略奪――ウシや人、毛皮、象牙、ダチョウの羽など――が続き、ケープ植民地の北西に共同体を形成していたオルラム[2]（Oorlam）とナマ人のチーフ、ヨンカー・アフリカーナーはその最たる略奪者であった。そのため、本来牧畜民であるヘレロの多くが狩猟採集を行いながら生活していたとされる。当時のナミビアでは、現地住民のナマとオルラムを率いるヨンカー・アフリカーナーが統一的国家を形成しつつあった。ナマとオルラムの連合体は「一九世紀の中頃には軍隊（*commando*）をともなう政治組織を備え、交易によって銃や馬、馬車を手に入れていた」［太田 1996: 128］。武装したオルラムからウシを盗まれ続けたヘレロは彼らの隷属民になるか、家畜を持たない貧乏なヘレロ（＝チンバ）になるしかなかったという。オルラムたちは「クランや親族の支援構造が届く範囲を超えて狩猟採集民として生きることを［ヘレロに］強いた」［Gewald 1999: 14］のである。

ヨンカー・アフリカーナー勢力は現地集団を襲い、土地や家畜を奪いながら支配領域を拡大した。入植者は、ヨンカー・アフリカーナー勢力が自分たちの活動の邪魔になると判断し、彼らと隣接して暮らすヘレロを利用して押さえつけようと試みた。分散して暮らすヘレロの人々をひとつの部族集団として統制し、ヨンカー・アフリカーナーに対する対抗勢力に仕立て上げようとしたのである。そこで考えられたのが、「最高首長」（paramount chief）という新しい帝国主義的地位の創造である。一八六三年にマハレロ・シャムアハ（以下、マハレロと記す）（写真8）が初の「最高首長」に任命された［永原 1992: 24-25］。「最高首長」を導入する目的は、第一に小集団の統治や小集団を

写真8　マハレロ・シャムアハ　1820-1890（ナミビア公文書館: No. 02771, No. 02808）

統合した上位集団の形成、第二に各集団を統括する権威の形成であった。「最高首長」となったマハレロは、長く一帯を支配してきたアフリカーナー勢力への従属を望まず、一八六三〜六四年頃、チンバ、傭兵、そして商人らと共に三、〇〇〇人の連合体を組織しウィンドフックのアフリカーナーの居住地を襲い打ち負かしたとされる［Gewald 1999: 18-22; Vedder 1928: 159］。ヘレロは入植者の思惑通りの力をつけたのである。

ヨンカー・アフリカーナーを退けた一八六〇年代のマハレロはチーフとしての指導力を確立し、家畜を収集し、交易ルートを確保することに成功した。強敵を倒した戦闘経験と商人たちの軍事力は多くのヘレロに強大な富と権力の概念を植えつけ、ヘレロ・チーフたちの中央集権的権力の発展を助長したという。一八六〇年代の戦いはナミビア中部のヘレロの転換期を象徴しており、火器を手に入れたヘレロは宣教師やオルラムから独立し、ケープ植民地との交易を通して外部世界との交流を望み始めた［Gewald 1999: 22］。

アフリカーナーによる襲撃が止んだ一八六〇〜七〇年代、ヘレロは牧畜民として社会を構築するために家畜の獲得と増加に努めた。ウシの数はオバンボへの貸しつけ、カオコランドに隠しておいたウシの移動、そしてナマランドやウシを運ぶ商人に対する襲撃によって順調に増えたとされる［Gewald 1999: 18-22］。また、ヘレロの狩猟民と貿易人は北部のオバンボの居住地とケープを結ぶ貿易の仲介者として働き始めた［Gewald 1999: 23-24］。

一八七〇年代のヘレロ黄金期を支配した主要なヘレロ・チーフたちは、このフロンティアとそこで行われた貿易の所産だった。……フロンティアとの提携を通して獲得された技術と交流は、中央集権化されたヘレロ政体（Herero polity）の新たな形を創造し、その形を維持するために用いられた。……ヘレロの社会－政治的諸制度は静的であるとするとらえ方は、終わることのない制度の変容と外的影響力への適応を覆い隠し、誤って伝えている。［Gewald 1999: 28］

中央集権化へ向かうチーフたちの下、ヘレロは牧畜を基盤とした生活を確立し始めた。そしてチーフたちの念頭には、火器による武装、ケープ植民地との交易の推進、外部勢力からの独立という目標があった。緩やかだった集合体はオルラムとナマ、宣教師や商人との相互関係の中で、貿易上の主要地域に拠点を持つ複数の有力チーフが率いる、より集権的な社会に変化していた。

一八八四年、ドイツは一部の現地住民の長たちに「保護条約」を受諾させベルリン会議でナミビアを植民地としたが、ナミビア支配をどう拡大するかという問題を抱えていた。

マハレロ・シャムアハも宣教師や商人のいいなりになっていたわけではない。入植者による搾取を感じ取った一八八八年、マハレロは一八八五年に締結された保護条約の無効を宣言している［永原 1992: 23］。加えて、ヘレロが中央集権的社会を築きかけていたとはいえ、マハレロはヘレロにとって数多くのチーフのひとりにすぎず、ヘレロ全体を従えていたわけではなかった。ヘレロをひとつの総体として操るために、宣教師とドイツ人入植者は次期「最高首長」を入念に選定する必要があったのである。

そこで重視されたのが、一八九〇年に死去したマハレロ・シャムアハに代わる新たな「最高首長」の任命であった。入植者がマハレロを「最高首長」に任命した当時、ドイツ植民地統治は始まっていなかった。そのため、「最高首長」の地位は政治的に確立されておらず、法的拘束力を持っていなかったのである。

そして、一八九一年にマハレロ・シャムアハの息子であり宣教師から教育を受けたキリスト教徒のサミュエル・マハレロが「最高首長」に選出された。[3] サミュエル・マハレロはキリスト教徒であることによって宣教師と入植者の力を流用し、権力を増していった。彼はそれまでいかなるチーフも持ち得なかった土地、労働力、ならびに彼に従う人々のウシに関する権利にまで力を広げ、ドイツ人入植者たちと土地の売買を基盤とした癒着関係を築いていった。しかし、ヘレロの間には祖先崇拝の儀礼を行う宗教的指導者としてサミュエル・マハレロを認めない反対勢力が存在しており［Irle 1906: 147］、すべてのヘレロがサミュエル・マハレロにつき従ったわけではなかった［Gewald 1999］。

植民地政策として実際に居住区の区画化を進めたのは、一八九四年に総督に就任したロイトヴァインであった。ロイトヴァインは「最高首長」サミュエル・マハレロに「境界協定」を認めさせ、土地を区画することでサミュエル・マハレロの権限が及ぶ範囲を制限した。そして、この協定が土地所有という観念を持っていなかったヘレロの活動領域を画定したのであり、「リザーヴ」創出の始まりであったとされる。[4]

「形式的な「部族」の一体化」を推進するこのようなやり方は、宣教師による植民地政府への主張を背景としていたと永原はいう。

［宣教師たちは］土地を耕し、生産することによって、アフリカ人も「文明」の高みへと到達することができ、キリスト教的な信仰生活を始められると信じており、一般のアフリカ人に対し「定住生活」が遊牧生活よりも優れたものであるとの価値観を植え付けようとした［永原 1992: 27］。

定住化を進めるために居住地域を定めるという考えが、現地住民をリザーヴへ集住させ「白人」から分離するという政策へとつながったのである。ヘレロは定められた領域での暮らしを強いられ、放牧の範囲は限られていった。

この動きにより、ヘレロ居住地の区画化と売買および制限は進み、ヘレロが住んでいた地域の大部分がドイツ人居住地に充てられ、ヘレロとそのウシたちは次々と新たに区切られたヘレロランドへと追い込まれていった。権利化された土地は売買可能な財産へと変化し、チーフの権威を維持するための代価物になったのである。一方、ヘレロの人々の自由な移動や放牧はますます制限され、牛疫によるウシの減少から肉体労働者も増加した［Gewald 1999: 81, 109-140］。サミュエル・マハレロに与しないヘレロ・チーフたちや人々は激怒し、社会的緊張が高まった。

従来のヘレロの土地観念によると、土地はヘレロの親族集団全体の財産であり誰の所有物でもないと考えられていた。誰もが好きな場所で放牧することができ、土地が所有地として境界づけられたり、売買されたり、贈り物として扱われたりすることはなかった［Gewald 1999: 61; Vedder 1928: 161, 187-195］。このような土地のあり方を入植者たちは「無主地」としてとらえていた［Daniels 2003］。「宣教団の中で思考とレトリックに精通したキリスト教徒として、ドイツ人たちと長く関わってきた有能な外交官として」、サミュエル・マハレロはドイツ軍の力によって家畜や財産を獲得し、ドイツ軍事力の有用性と強大さを確信するようになる［Gewald 1999: 58, 60］。

入植者の増加と生業の多様化が進む植民地化の過程で、土地の新たな価値づけと財産化ならびに権利化が生じた。土地の区画化が行われ始めると居住者たちはそれぞれの所属集団が自由に快適に生活できる広く肥沃な土地を求めるようになり、土地に対する新たな価値が生まれたのである。土地は居住地や農地の獲得、宣教拠点の確保、より広い範囲の放牧、または狩猟場として必要とされた［Daniels 2003; Gewald 1999; Gordon 1992; Wilmsen 1990］。

ロイトヴァインはサミュエル・マハレロだけではなく反サミュエル・マハレロ派へも働きかけ、各小集団の領域を明確にしようとした。集団間の関係を安定させ、自立性を高め、より小さな集団毎に孤立させるためである。サミュエル・マハレロを掌握するだけではヘレロランド全体を統治することは不可能であり、むしろそれらの勢力間の調整をすることが重視されていた［永原 1992: 24-28］。

その後、ヘレロの反サミュエル・マハレロ派とドイツ植民地軍の武力抗争が生じるが、ドイツ植民地軍が抗争を制圧し、サミュエル・マハレロを通して大規模なヘレロの土地と家畜を奪うことに成功した。一八九六年以降の牛疫の流行がヘレロの家畜に決定的な損害を与え、ヘレロとドイツ植民地政府の戦いが勃発し虐殺に至った一九〇四年以前、ヘレロはすでに一度築いた独立性を失っていたとされる。「ヘレロの土地は永久に失われ、非常に多くのヘレロが牧畜民から労働者へ転じた。効果的にも数ヵ月の間に、ヘレロ社会は独立自治的な総体から依存的で分裂した無数の部分へと完全に変形したのである」[Gewald 1999: 133]。土地、労働力、ウシを失い、ドイツに対する多大な負債を抱えたヘレロは、貿易業者や入植者たちからは補償と雇用、宣教師からは宗教的な指導を与えてもらうしかなかった。ヘヴァルトはこれをドイツ側の勝利だとしている[Gewald 1999: 139-140; 2000: 195-201]。ヘレロとドイツの戦いが始まったのはこのような社会状況下のことである。

現存する手紙などから、ドイツとの戦いはサミュエル・マハレロに率いられたヘレロの蜂起によって始まったとされる[Bley 1971; Bridgman 1981; Drechsler 1980 [1966]]。上述したように、サミュエル・マハレロはドイツ人入植者と蜜月関係にあり、むしろヘレロの人々を苦しめた人物でもあるが、現在のヘレロ社会でもサミュエル・マハレロは反乱を率いた英雄として受け止められている。ヘレロはドイツ人入植者の農場を襲い、約二〇〇人あまりのドイツ人を殺したとされ、南部ではヘンドリク・ヴィットボーイが指揮するナマの人々が蜂起しゲリラ戦が繰り広げられた。しかし、その後の研究によると、入植者による土地の区画化や家畜の略奪に対するヘレロの不満に加えて、現地住民が反乱を起こすのではないかという入植者側の恐怖、植民地状況下の現場で起きたドイツ役人側のヘレロの行動に対するさまざまな誤解、反乱の噂、妄想やパニックが高まった末に戦いが勃発したという見方が出てきている。ヘヴァルトによると、サミュエル・マハレロはヘレロとドイツ植民地軍の間で戦闘が始まった後に戦いに参加している[Gewald 1999: 8, 41-191; cf. 永原 2009: 222, 241]。戦いの勃発原因とサミュエル・マハレロが実際に反乱を率いた英雄であったのかについては、議論の余地があると言えよう。

皇帝ヴィルヘルム二世は、長引く戦いとヘレロとの交渉を進めようとする植民地役人らの働きに不満を持ち、他のドイツ植民地で現地鎮圧の任を負ってきたL・フォン・トロータを指揮官として戦地へ送り込んだ。一九〇四年、ドイツ本国から派遣されたL・フォン・トロータは「ヘレロ絶滅命令」を出した。反対派は現地住人たちを鉄道建設などの労働力として従属させることを主張したが、同年八月にトロータの指揮下で攻撃が行われ、ヘレロはウォーターバーグ近郊のオハマカリで敗北した。ヘレロはオマヘケ砂漠へ追い込まれ銃殺され、逃れたヘレロも渇死したとされる。捕虜の処刑も行われた。

一九〇四年にナミビア中部で始まった戦いとジェノサイド、一九〇八年まで続いた強制収容所での使役、さらには劣悪な環境による病死、飢え、処刑、性暴力によってヘレロは人口の約八〇パーセントを失ったとされる。ヘレロ女性専用の収容施設では、ドイツ人兵士による組織的性暴力が行われていたことが指摘されている。ドイツ植民地軍に蜂起した現地集団であるナマの人々も処刑の対象となった［永原 2005, 2009］。サミュエル・マハレロはボツワナへ亡命し、生き残った者たちは南ア、アンゴラ、ボツワナといった周辺国へ逃亡した。ドイツによる統治が終了する一九一五年まで、国内のドイツ人農場で使役されたもの、離散したままブッシュ生活を続けたものもいた［永原 2005: 327-324, 2009: 222-228］。ジェノサイド後のヘレロはドイツ植民地政府により財産、土地、指導者を法的に剥奪され、社会経済的な生活基盤を失った。そして強制収容所が閉じられた一九〇八年、ヘレロの絶滅と奴隷化を目的としたドイツ軍の戦いは終結した［永原 2009］。

3　強く美しいハム系牧畜民としてのイメージ

前節ではドイツ植民地時代以前からドイツとの戦いの終結までの歴史を振り返り、「ヘレロ」が創造され虐殺の対象になった過程を描いた。本節では、「ヘレロ」をひとつのカテゴリーとして構築した入植者たちの行為の基盤となった、現地住民に対する入植者の知識、思考、想像力について明らかにしたい。他の植民地化された地域と同じく、ナミビアの植民地政策は現地の領土と居住者たちを「見ること、そして想像すること」から得られた知識に依存していた。人種観念を形作った知識は一八八四年にドイツ植民地統治が始まる以前から培われ、南アのアパルトヘイト政策につながる人種観念が宣教師民族誌家たちの記述によってもたらされた［Friedman 2011: 34］。

ヘレロに関する記述は、ヘレロ社会における宣教活動を初めて行ったドイツ人宣教師ライニッシュ宣教会のC・H・ハーンの息子J・ハーン、一九世紀中頃の探検家フランシス・ガルトンやアンダーソン、そして福音派宣教師ハインリッヒ・フェッダーらによって始まった。彼らの研究はナミビアの人々を人種カテゴリーによって形成される諸「部族」の集まりとしてとらえている点に特徴がある。

J・ハーンは、一六世紀頃にアフリカ東部から現在のナミビアへ移動したヘレロの歴史をゲルマン人の民族大移動（*Völkerwanderung*）の歴史と重ね合わせ、長距離を移動する強固な部族集団としてヘレロを記した。人種によって境界づけられた戦士たちの共同体が「意志」によって何千キロメートルも移動する様子が思い描かれたのである。そして、強力な人種こそが移動の過程で生じる土地争いに打ち勝つことができると考え、数えきれないほどのウシを率いて土地を占拠するヘレロを「美しい黒褐色のニグロの人々」と讃えた［Bollig and Gewald 2000: 8-11］。

「強く美しい黒人」というヘレロのイメージは、現在の学術的著述にも潜んでいる。「人種的誇りを持ち」、「牧畜に専心し」、「支配的立場を求めて他集団と戦う」人々といった、その後他の研究者たちに受容されたステレオタイプとしてのヘレロ像や人種的カテゴリーとしてのヘレロを発展させ、普及したのはフェッダーだと考えられている［Bollig and Gewald 2000: 9-11］。フェッダーは『西南アフリカの現地諸部族』（一九二八年）における民族誌的記述「ヘレロ」（the Herero）、そして『初期西南アフリカ—西南アフリカの歴史、一八九〇年のマハレロの死まで』（一九三四年）を記した。これらの著作は現在もナミビアとヘレロ研究の古典として民族誌学や歴史学の研究者たちに用いられている。特に『初期西南アフリカ』は、一八九〇年以前のヘレロ社会の歴史に関する主要な研究であり、ヘレロの歴史研究における重要な資料だとされてきた。

ただし、フェッダーの記述は西洋的固定観念や偏見に満ちており科学的ではない［Kinahan 1989; Lau 1981; cf. Gewald 1999: 6; Silvester, Wallace and Hayes 1998: 44-45］、さらには人種主義的だとしてナチスとの関係から彼の人種主義的思考を明らかにする試みもあり［Kössler 2015: 104-107, 134］、多くの批判を受けている。『初期西南アフリカ』にも、人種の優劣に関する人種主義的思考が記されている。

> ヘレロは通常、背が高く、良く発達した体型、チョコレート・ブラウンの肌色、黒い巻き毛、そして好みにうるさい。すなわち、真の支配的人種（*Herrenvolk*）である。（translated and cited in Bollig and Gewald 2000: 10）

フェッダーはヘレロがアフリカ大湖地域から移住してきたハム人の子孫であると主張し、その身体的特徴を讃えた［Vedder 1928: 156］。フェッダーの民族誌の根底には西南アフリカの支配的人種（*Herrenvolk*）としてヘレロをとらえる政治的メッセージが示されていると分析されている。そして、ドイツ人入植者たちはヘレロを自分たちと同様の支配的人種、すなわち好敵手とみなすに値する存在だと考えた［Bollig and Gewald 2000: 11］。

フェッダーが依拠する「ハム仮説」は、アフリカで価値あるものはすべてコーカソイドであるハムがもたらしたものだとするイギリス人探検家スピークの考えに基づく。[5] 一九世紀後期、ハム仮説は植民地主義と近代人種主義というふたつのイデオロギーによって利用されながら拡大した［Sanders 1969: 521, 528］。そして当時、アフリカ人を見る西欧人の観点に大きな影響を与えたのは、イギリスの人類学者セリグマンが『アフリカの諸人種』［Seligman 1930］で唱えたハム仮説だと考えられている。[6] 当時のイギリスで科学的論考として受け入れられたセリグマンのハム仮説では、ハムの影響は古代エジプトと牧畜民のハムを通して広がったとされた［栗本 2005］。「ニグロ」の伝統的職業は農業であるはずだという考えから、サハラ以南の牧畜民は外来人種のハム、すなわち白人として描写されたのである。

通常「文明化されたもの」とみなされる印や痕跡は外来起源であり、主にハム人に起因するとされた。このような考えから、鉄工、並びに、複雑な政治的制度、灌漑、年齢階梯制は牧畜民であるハムによってニグロに導入されたとみなされた。［Sanders 1969: 530］

フェッダーはヘレロがウシに身体、時間、力、そして人生を捧げており、ウシが彼らの経済を支えるだけではなく世界観の核になっていると考えた。そして、フェッダーは「ニグロ」＝「黒人」に比べて優秀なコーカソイドであるハム、すなわち鉄器を用い、侵略した土地を洗練された政治力によって治める牧畜民支配エリートというカテゴリーにヘレロを分類したのである。加えて、ドイツとの戦争の後に多くのヘレロが現在のボツワナ共和国（当時のベチュアナランド）に逃亡したが、ベチュアナランドを統治していたイギリス人行政官たちはヘレロを他の現地住民よりも優生な階級であり極めて文明化されていると評価したという。この評価はヘレロを「真の支配人種」でありハム人の子孫だとするフェッダーのハム仮説を背景としていたとされる。そしてンバンデルはヘレロの従属民だと考えられていた［Gewald 2002a: 228-231］。

4　想像から政策へ

ドイツ植民地主義政策と南アのアパルトヘイト実施に向けた現地住民調査には、人類学者や民族学者が雇用され、派遣された［Bollig and Gewald 2000; Friedman 2011; Gewald 2002b; Gordon 1987, 1992; Hayes 1996; Niehaus 2013; Steinmetz 2007］。植民地統治以前から宣教師たちが書き記してきた現地の人々に関する定義が、ドイツ植民地時代に明確化される集団的アイデンティティを示す根拠として取り扱われ、現地住民に対する政策を決定する際に参照された［Steinmetz 2007: 43］。そして、フェッダーらが有する現地の人々についての民族誌的知識が植民地政策に取り込まれ、南アのアパルトヘイトとして結実したのである。

まず宣教師たちが対象［現地住民］を想像し、彼ら［現地住民］に対する政策形成を可能にする基礎を築き、ドイツ植民地政府がそれを利用した。そして、南アが民族誌的事業を植民地政府の組織と統合したことで、認識論は制度となった。［Friedman 2011: 35］

歴史家たちは年代（たとえば、両大戦間期）に沿った資料を、特定の諸問題（労働移住、リザーヴ政策）や資料のカテゴリー（たとえば、写真、口承伝統）を中心に系統立てていくことを好む。一方で、人類学者たちは事実上、未だに文化を特有の単一体（unit）としてみなしている。……特に南部アフリカの舞台では、本源主義的な民族観（ethnic primordialism）と境界づけられた文化に関する考えを育んだ［南アの］民族学学校（*Volkekunde school*）の考えを再確認するような保守的なものとして、ひとつの文化に焦点が当てられてきた。今日では疑いようがないが、……南アの白人アパルトヘイト政府の下地を作ったのはこの民族学の伝統だった。諸文化はほとんど不変の統一体として解釈され、外的影響から汚染されずに歴史を経ていくことが理想とされた。［Bollig and Gewald 2000: 5-6］

リザーヴとは「原住民一般」または「原住民の特定の人種または部族」の専一的な居住地のことである（図3）。ドイツ植民地政府はナミビアを「白人の居住・経済活動の対象」である警察管理地帯（police zone）と「それ以外の黒人居住地域」（北部）に分け、警察管理地帯のみにリザーヴを置いた［永原 1992: 28］。リザーヴ政策の目的は、オバンボランド以南の白人居住地におけるすべての「黒人」を専用のリザーヴか都市周辺の居住地に閉じこめ、労働力として彼らを使役することであった［Werner 1998］。「アフリカ人自身によって部族集団が形成され構成員がそ

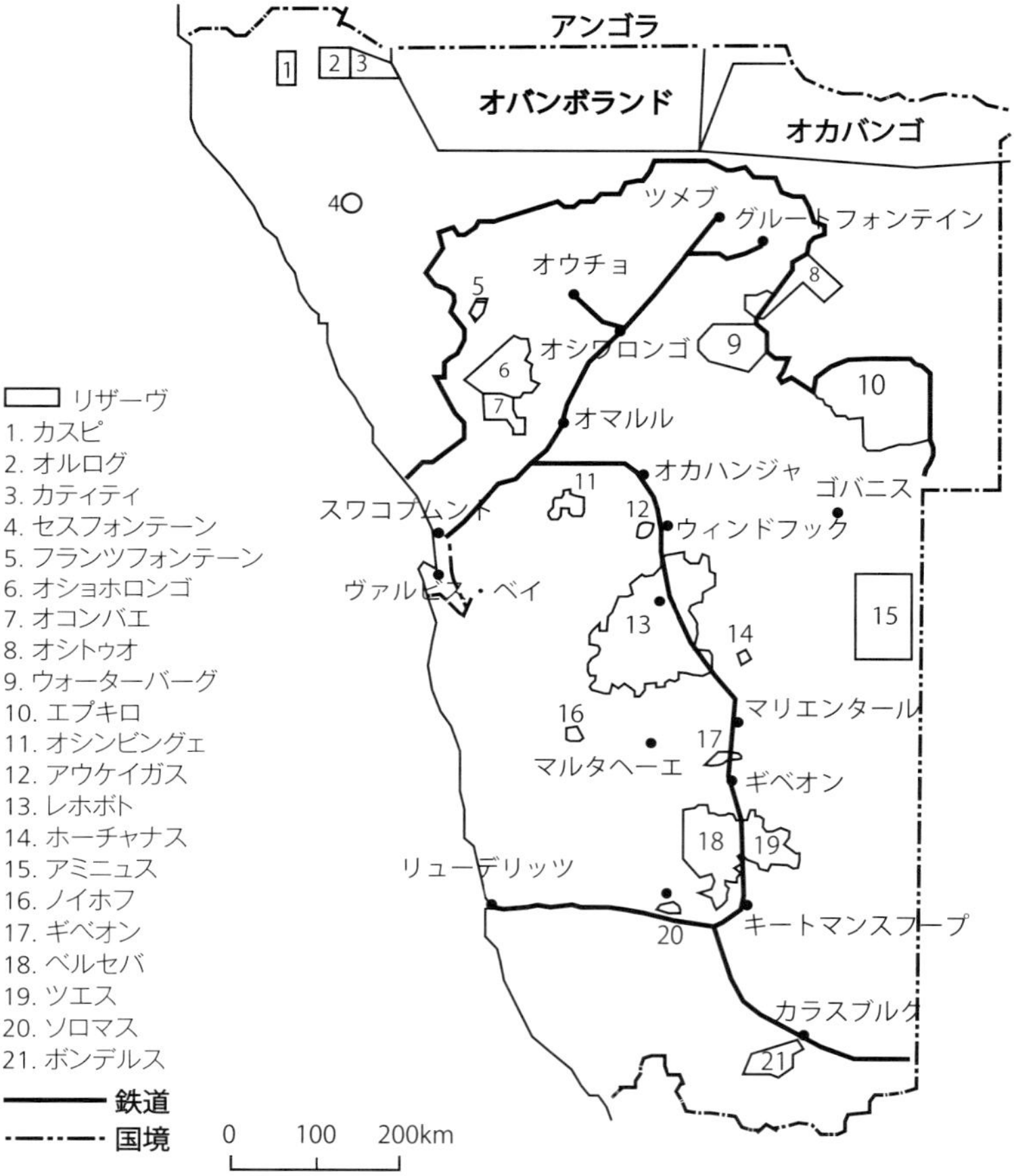

図3　ナミビア 1939年のリザーヴ

［Hayes, Silvester, Wallace and Hartmann 1998: xv］を参照し筆者作成

の集団への強い帰属意識をもっていたのは、統一を試みていた「ナマ」を別とすれば「レホボト」だけで、その他は既存の集団が分断されたり統合されたりして作り上げられた観念としての「部族」であった」［永原 1992: 28］とされる。第2節で示したように、ヘレロの間にはそもそも単一の求心力を持った人物はおらず、集団としての中心や帰属意識は政治的・宗教的・経済的ないかなる形でも存在しなかった。

ドイツ植民地時代と同様、南アも新たなリザーヴを設けて現地住民を強制的に居住地に移動させるという政策をとったが、警察管理地帯外である北部のオバンボランドやカバンゴランドにもリザーヴを置いた点が異なっていた。南アはリザーヴ政策を原住民政策の中心に据え、入植者のための居住地や農地の確保、現地住民の賃労働者化を進めたのである［cf. Werner 1998: 94-95; Gewald 2007: 98］。

アパルトヘイト政策の根底には、ひとりの人間はひとつの揺れ動くことのない固有の民族的アイデンティティや文化的アイデンティティを有するという、アマチュア民族誌家としての宣教師やその後の専門化された国家民族学者によって培われてきた本源主義的民族概念がある。この本源主義的民族概念を背景としたドイツと南アの植民地政府による政治的介入を受け、「ヘレロ」は初めて単一の政体として形成されたのである。

一九二五年、南アの「原住民問題局」（South Africa's Department of Native Affairs）に現地住民についての知識を提供し、現地住民に対応する植民地行政官の訓練を助けることを目的とした民族学部門が設置された［Friedman 2011: 36］。南ア統治政府の出資により民族誌的調査が行われ、フェッダー、C・H・ハーン、フーリーらによる詳細な記述『西南アフリカの現地諸部族』が出版された［Friedman 2011: 36］。同書の記述対象は、オバンボ、ベルグダマラ、ブッシュマン、ナマ、ヘレロというナミビアの五つの「部族」であった[7]。この著作が現在まで、ナミビアの人々の民族的分類の基盤となってきたことは先述したとおりである[8]。

さらにその後、南アが専門的民族学者を制度の中に取り込んだことで、民族誌的知識と政策がより強固に結びついていった。南ア植民地政府のために働いた民族学者たちは「国家民族学者」や「政府民族学者」と呼ばれた。たとえば、一九三〇年に雇用された南アの国家民族学者であり、カオコランドの民族誌的記述で有名なファン・ヴァルメロが任命した民族学者たちは、西南アフリカ事情調査委員会に研究知見を与えたとされる［Gewald 2002b: 19］。「原住民問題局」のチーフ民族学者に任命されたファン・ヴァルメロは一九四九年、ドイツのハンブルグで同僚であったワグナーを呼び寄せ、「原住民問題局」の管轄下で共に働く民族学者に任命した［Gewald 2002b: 23］。ワグナーは個々人の人種を分類し、公的に登記する一九五〇年の「住民登録法」（Population Registration Act）の成立に関わっている。また、北部のオバンボランド構築には、『西南アフリカの現地諸部族』で「オバンボ」の章を記したC・H・ハーンが、「オバンボランド原住民局」（Native Commissioner of Ovemboland）として重要な役割を果たした。オバンボランドはドイツ植民地支配の対象から外れていたが、オバンボランドにも植民地政府を築こうと試みた南アの企てに、オバンボに関する膨大で整然としたハーンの知識が活かされたという［Hayes 1996］。

具体的政策に関し、一九一五～四六年までのヘレロの牧畜の変遷を研究したヴェルナーは以下のように論じた。

ヘレロに限って述べると、リザーヴの割り当てと家畜所有権に関する公的な規制の基盤はドイツ植民地政策によって開始された。割り当てられた土地が周縁的であったにもかかわらず、「土地の割り当ては」「自己農民化」（self-peasantation）の過程に乗り出すための手段をヘレロ社会に提供した。［Werner 1998: 219］

ヘレロは一九一〇～二〇年代に入植者の農場で労働者として牧畜を行いながら家畜数を増やし、一九三〇～四〇年代にはリザーヴ内での牧畜経済を発展させ、さらに家畜を増やした。リザーヴが労働者の供給源とされたこと、そしてリザーヴの確立が大規模な移住と移動の制限を伴ったことが牧畜という経済基盤の獲得へとつながったのである。移動を制限された政治的・人工的な牧畜生活が、特に田舎のヘレロに一体感をもたらしたという。そして、ヘレロの「民族意識」［Werner 1998: 108］が創造され、高まったのはこの時期であったことが指摘されている。へレロの人々は、本書第5章に登場するオマヘケ県エプキロなどに移住させられた。

加えて、一九三〇年代のブッシュマン・リザーヴの構築においては、ライン宣教団の長であったフェッダーやブッシュマンを「生きた化石」として南アの博物館展示に利用したバインら民族学者の科学的関心があった。フェッダーは南ア植民地政府によるリザーヴ政策、およびリザーヴの中での現地の人々のキリスト教化、教育、労働の促進を通した「発展」のための活動を行ったという（さらに、次段落で述べる「ホームランド」のひとつとしてのブッシュマンランドの構築にアフリカーナー人類学者のショーマンが関わった）［Gordon 1992: 147-167］。

そして一九六八年、オーデンダール計画[9]（ホームランド計画）が実施され、人々をいずれかの「エスニック・グループ」に帰属させて居住地域としての「ホームランド[10]」を割り当てる、いわゆるアパルトヘイト体制が開始された［永原 1992: 21-24］。人々は一〇の「エスニック・グループ」に分けられ、一〇の「ホームランド」が設けられた。一九六〇年代に始まるオーデンダール計画で分類された「エスニック・グループ」のうち、六つがドイツ植民地当局に「部族」として認識されたものと対応していた［永原 1992: 28］。

こうして従来極めて緩やかな連帯を成していたにすぎなかった人々が、ドイツ植民地政府によって「部族」としてとらえられ、アパルトヘイト政策をとおして「エスニック・グループ」化された。

> アパルトヘイト体制とは、黒人（および有色人）と白人とを区別し隔離することによる差別支配の体系である。その根幹は、住民をいずれかの「エスニック・グループ」に帰属させ各グループに居住地域を割り当てる「ホームランド」政策にあった。この政策は南アにおいては一九五九年の「バントゥー自治促進法」によって本格的に開始され、ナミビアにおいては一九六八年から「オーデンダール計画」として実行に移された。……『オーデンダール報告』は、ナミビアにおいては様々な「エスニック・グループ」が独自のものとして定着しており、そのアイデンティティは依然として維持されている、との認識から出発している。その際、一つのグループを他から区別するのは言語、文化、身体的特徴、

および現に定着している地域である。〔永原 1992: 21-22〕

南アの民族学は文化を単一体や不変の統一体として概念化した。そして宣教師民族誌家たちによって培われた文化観が民族学として専門化され、アパルトヘイト政策の素地をつくりだしたのである。アパルトヘイト政策とホームランドの割り当てには国家民族誌学者の働きが大きく関与していた。一九九〇年の独立まで、民族誌は原住民についての政府の重要な知識源でありつづけたと考えられる〔Friedman 2011: 36〕。

一方、ヘヴァルトが、ナミビア首都のヘレロを調査したワグナーの記述に人種的カテゴリーに分類できない人々の実生活を読み取っている点は興味深い。首都での調査中、「民族」を「人種」としてとらえていたワグナーは、「人種」が異なるために生活様式が異なるはずの人々が何の垣根や意識もなく、共に踊り、スポーツを楽しんでいる姿を目撃したという。人々は民族的背景にかかわらず、共に働き生活していたのである。しかし、このような光景はワグナーが推進する人種的分類と相いれないものであった。ワグナーの死後、首都でもエスニック・グループごとに居住区が細かく定める方策がとられ、共同生活を享受していた人々は分断された〔Gewald 2002b: 28-29〕。

5　おわりに

本章では、アパルトヘイト政策がドイツ出身の宣教師たちによる民族誌とその根底に流れる人種主義的想像力を起源としていたことを明らかにした。「オバンボ」や「ヘレロ」といったカテゴリーは、現在ナミビア人一般によって当たり前のように用いられており、自然化されている。しかし、これらのカテゴリーは入植者によって想像、発案、形成された政治的アイデンティティ〔Mamdani 2002; cf. 太田 2012〕である。

言説が歴史的固有性を持つように、想像力は口頭・文字・視覚的手段を通してとりとめなく現れるだけでなく日常的行為や実践においても現れる。そして言説という概念と同様に、想像力は権力と複雑に結びついている。[Friedman 2011: 62]

想像力は特定の歴史の中で養われ権力と結びついたとき、単なる思いつきや幻想ではなく人々の社会・政治構造や日常生活を左右する政治的制度として支配力を発現する。ナミビアの人々に関する民族誌的知識は、ドイツ植民地政府とその後の南ア統治当局の政策として用いられ、人々に対する実際的な拘束力を発揮してきたのである。

ヘレロの場合、強く美しい外来のハム系牧畜民であり支配的人種であるというイメージがカテゴリー化の指標となっていた。ゲルマン人の「民族大移動」とヘレロのウシを引き連れた移動が結びつけられ、コーカソイドの血をひくハム人や支配者、そして、ドイツ人入植者と張り合える力を持つ外来種として描写された。そのイメージは入植者に共感を与え、ヘレロとみなされた人々が植民地政策の協力者や好敵手として位置づけられてきた。ドイツ人たちはヘレロに西欧的優美さや理想を見出し、ひとつの理想的人種像を当てはめていたと考えられる。

現地の人々を人種的集団として想像する入植者の思考は、その人種を絶滅させるべきだという思考へと転換し、一九〇四年のジェノサイドへと帰結した。このナミビアにおけるジェノサイドをナチスのホロコーストの原点とする見方は多い。特にナミビアの強制収容所でヘレロの頭蓋骨や身体が集められ、ベルリンでの実験対象とされていたことは、二〇世紀初頭のドイツ学術界における人種主義の潮流を示しているとされる［Zimmerman 2001］。

その後、ドイツ植民地主義に端を発する人種主義は南アによって引き継がれ、さらに強固な隔離政策が施行された。進化論や優生学を基盤とした民族学や言語学を学んだドイツ人民族学者によるナミビアの現地の人々についての記述が人種主義に科学的根拠を与え、アパルトヘイト政策という人種主義の政策化が発展したのである。現在のナミビアの人々の生活に見られる差異は、居住空間を分断され「閉じた」生活を強制されることで創り上げられた政治的産物であるといえる。移動が制限されたリザーヴの中で牧畜を発展させたことで、ヘレロの牧畜民としての生活様式は維持されてきた。

アイデンティティのあり方が政治的に左右され構築されてきたナミビアにおいて、文化や民族という言葉を中立的に用いることは不可能である。現在のナミビアの人々自身が語る民族的アイデンティティは、「原初的愛着」や帰属意識が形づくる「内側からの境界」や自然的連帯からのみではなく、入植者や植民地政府の政治的操作、政策の基盤となった民族誌的記述と入植者の想像力によって構築されてきた。さらに、分割し統治する（divide and rule）植民地主義の実践とその過程で創出された「最高首長」の正当性や権威をめぐる争いは現在も植民地的遺産として残っており、ヘレロの人々に政治的衝突をもたらしている。ヘレロ社会には現在も複数のチーフが認められ、各人が「自分たちのチーフ」に従っているが、彼らの上にヘレロ全体の「最高首長」を置くやり方に、多くのヘレロが違和感をあらわにしている。

本章では、現地の植民地化に伴い生じた現地の人々に対する入植者の想像力に焦点を当てた。しかし第1章で考察したように、エスニシティや文化や伝統は入植者の設計どおりに生産され再生産されてきたわけではない。それらは入植者、現地の人々、その他の現地の人々、さらにその他の人々というように、支配者と被支配者間の相互影響に留まらない複数の人々の思考、イメージ、そして想像力によって合成されてきたと考えられる。次章ではヘレロが入植者をいかに想像したのか、虐殺によって社会生活を破壊されたヘレロが自分たちを成型し創造する際に、入植者の想像力によって形成された分類をいかに創り直したのかについて検討する。

第3章　衣服と色——記念式典における象徴的相互関係

1　はじめに

二〇〇九年、ナミビア中東部のエロンゴ県に位置する町オマルルで開催された文化祭[1]を観察していた私は、「ヘレロ文化」の出し物として登場した少年たちの行進に目を惹かれた（写真9）。彼らは白、もしくは赤の肩章をつけたカーキ色の軍服風ユニフォームを着て三列に整列し、マイクを持った先頭の少年の「右！　左！」という掛声に合わせて身体を前後に揺らしながら、機敏に足を踏み鳴らしていた。すると少年たちのパフォーマンスに触発されたように、数人の女性たちが「フュェロロロロ！」という高くうわずったような裏声をあげ始めた。[2]熱気が増す中、少年たちは行進を続け、テントに座るオマルルのチーフ、クリスチアン・ゼラエウア[3]の前にひざまずき三度敬礼をした後、叫び声と拍手を浴びながら舞台の裏側へはけていった。

ユニフォームを着た少年たちの動きは、一般にイメージされる軍隊の行進に似ていた。軍人でもない彼らがなぜいま軍服風ユニフォームを着るのか。「ヘレロ文化」と軍隊に何の関係があるのか。一方、彼らの行進が独特のユーモラスな動きとリズムから成り立っていたこと、そして、マイクを持った少年がステージに立ち観客を煽るラッパーのように周囲の人々をクールに圧倒していたことから、この行進は人々を楽しませる娯楽のためのパフォーマンスにも見えた。観客の少年たちは行進に釘付けになり、パフォーマーに憧れのまなざしを向けていた。

写真9　「文化祭」にて，少年たちの行進。周りでは少年たちが熱心に行進を見ている　2009年　オマルル

ヘレロ男性による軍人風のふるまいは、特別な「出し物」だけではなく日常生活にも見られる。以下は、私が調査中に遭遇した四つの場面である。口絵8(a)の少年は私がカメラを向けるとはにかみながら腕を大きく振り足を踏み鳴らし始め、行進のポーズをとってくれた。口絵8(b)の男性は、私が写真を撮らせてほしいと頼むと「ちょっと待て」といいながら屋敷の中へ一度引っ込み、Tシャツ、"Cuba"というロゴつきのキャップにトランクスという出で立ちから、赤い布が縫いつけられた軍服に着替えて出てきた。口絵8(c)の中年男性にユニフォームの撮影を依頼したとき、男性は赤い肩章がついたユニフォームを取り出しておもむろに着用し、勢いよく腕を振り上げ、笛を吹きながら敬礼を始めた。

そして、オゾンダティ村である女性の葬式に参加していたときのことである。私がエミィ・ヒンジョウと親族関係にある年輩女性と話していたら、ユニフォームを着て彼女の横に座っていた近所の青年マラカが私に、「この帽子いいだろ、サミュエル・マハレロみたいに片方のつばを留めているんだ。写真に撮ってよ」といってきた（口絵8(d)）。サミュエル・マハレロ（口絵8(e)）は前章で述べたように、一九〇四年にドイツ軍に反乱を起こした歴史的英雄として知られているヘレロの「最高首長」である。マラカは立ち上がり、サミュエル・マハレロの有名な軍服姿の写真を意識しながらポーズを取った。私は「かっこいいね」(*Mo munika naua.*)と言いながら彼を撮影した。彼の帽子にはチーフ・ゼラエウアの民であることを示す、紺地に白の水玉模様の帽帯が見えた。約九〇年前に死んだサミュエル・マハレロのポーズを青年マラカが嬉しそうに取る姿からは、サミュエル・マハレロがクールなモデルとして若者の間で一般化されていることが伺われた。上述の事例からは、ヘレロ男性にとって軍服が記念写真に適したひとつの正装の型であり、行進のポーズが「かっこいい」、誇らしい、高揚した感情と共に身体化されていることが推測される。

加えて、私が二〇〇九年にオマルルで開かれた白旗の記念式典を初めて調査した時のことである。私は一〇代後半の少年ジャシーと出会い、行進に沿って歩きながら話をしていた。彼はずっとオマルルに住んでいながら、行進には今回初めて参加したという。「今まではあまり関心がなかったんだけど、今回は参加してみようと思ったんだ」とジャシーは語り、同居する未婚の母親はヘレロ(赤旗)で、別の町で暮らす父親はオバンボであることを教えてくれた。二つの出自を持つものの、ヘレロの母親と暮らしてきたジャシーは自分をヘレロだと同定していた。彼は式典に出席していた各地のヘレロ有力者たちの顔と名前を知っており、記念式典でチーフ・ゼラエウアが参加者の顔に水を吹きかけて祝福を授ける儀礼的行為について私に説明してくれた。しかし、彼はユニフォームを着て行進するわけでもなく、部外者の私と行進の脇を歩き続けた。そして、この行進に沿ってとにかく歩くという行為が、今後彼がヘレロとして生きていくために重要な行為であるように感じられ始めた。行進に参加することと「ヘレロであること」、そして「ヘレロとして生きていくこと」が結びついているのであるならば、この行進はヘレロの人々やヘレロ社会にとってどのような重要性を有しているのだろうか。

洋服着用以前、ヘレロ男性は革のスカートで下半身を覆い、ウシを追う際に用いる杖を持つという格好をしていた(口絵8(f))。ヘレロの衣服はドイツ人入植者以前との接触から現地集団オルラムやナマの影響を受けていた。南部から移住してきたオルラムやナマは騎馬、銃、そして荷馬車を装備した軍事力を背景として、一九世紀ナミビアで強い政治経済的・文化的影響を有していた。一八四〇年代、交易品として需要が高かった衣服をいち早く取り入れていたオルラムやナマに影響を受け、ヘレロも銃や衣服を所有し始めたとされる［Hendrickson 1994: 45-51］。ヘレロの多くがヨーロッパ風の衣服を着るようになったのは、一八八〇年代頃だと考えられる［Kienetz 1977: 566-567］。キーネッツはスイス人植物学者ハンス・シンツによる一八八五年の観察を引用している。

「ヘレロに比べ、オバンボはより頑強に民族的習慣、民族衣装、そして伝統的信仰にしがみついている。［ヘレロが］一般的に西洋の衣服を着ている姿を好むのに対し、［オバンボは］自分たちの衣装に誇りを求め、ズボンとジャケットを彼らの尊厳を貶める贅沢な代物だとみなす」［Kienetz 1977: 567］

シンツの観察によれば、オバンボに比べヘレロは当時から西洋の衣服を好んでいたという。現在、ヘレロ男性は普段着としてTシャツやシャツにジーンズという組み合わせに代表されるいわゆる洋服を身につけ、正装としてシャツ、パンツ、ジャケット、ハット、杖という組み合わせのスーツを着用する。正装は葬式、結婚式、そして祖先との交流の場である「聖なる火」で行われる儀礼の場で身につけられる。

並んで、ヘレロ男性には「軍隊の服」（pl. *ozomvanda zoturupa*、以下、ユニフォームと記す）という、特有の装いがある。ユニフォームは、彼らが行進（*ondȩrera*, march）をする際に着用される。行進はドイツ植民地軍との戦争（一九〇四〜一九〇八年）の歴史を偲ぶ記念式典や、チーフ一族の葬式の場で騎馬隊を交え行われる、赤、白、緑の旗を持ったユニフォーム着用者が列を先導する大規模な行事である。南ア軍の軍服を真似たと考えられるキルト風衣装を着用する者もいるが、ヘレロ男性のユニフォームはドイツ植民地軍の軍服を真似た衣服だといわれる。写真9の少年たちは、この行進を演じていたのである。また、オマルル小学校の生徒たちは、学校の制服をアレンジして、左胸と肩に記章のような赤い布か、白い布を縫いつけていた（口絵8(g)）。

写真10
（右） 革のドレスを着たヘレロ女性（ナミビア国立公文書館所蔵, No. 20169）
（左） ドイツ人入植者のマネキン（ナミビア国立博物館，2012年）

ヘレロ女性はというと、従来、革のエプロン、手首、足首、頭部に装身具をつけた革のドレス（写真10右）を着用していた。ヘレロ女性がロングドレス作りを学び始めたのは、ライニッシュ宣教団C・H・ハーンの妻エマ・ハーンが一九世紀中頃に開いた縫製学校であったとされる。授業は一八四六年に始まり、一八五〇年には四〇人の現地女性が受講していたという。エマはドレス作りが現地の人々の日常的習慣の文明化を促進すると考え、ヘレロ女性に一八四〇～六〇年代の英国風ドレス――固い胴着、締まったウエスト、靴までの長さのロングスカート、重ねられたペチコート、ショール、帽子――の縫製を教えた[4] [Hendrickson 1994: 45-51]。エマの手紙などの資料から、「ヘレロ女性が布の衣服を着たがり、ロングドレス作りにかなりの労力と資源を使っていたことは明らかである」[Hendrickson 1994: 46] とされる。一九世紀後半、徐々に衣服を着用し始めたヘレロであったが、西洋風ドレスをヘレロの多くが身につけるようになったのは一九〇四年に始まったドイツとの戦争にヘレロが敗北した後だともいわれる [Vedder 1928: 199-200; cf. Durham 1999: 406]。

オルラムやナマといった現地人との相互関係の中で洋服

は普及しつつあったが、男性のユニフォームと同様にロングドレスの受容と形式化はドイツ人入植者との交流を通して進んだ。一九四〇年代には、ヘレロ女性が他の現地集団よりも清潔できちんとした身なりをしており、より多くの布をドレス作りに用いていたと報告されている［Gewald 2002b: 24-26］。

記念式典やチーフの葬式で女性が着用するドレスはオテュルパのドレス（*ohorokweva yoturupa*）、記念式典のドレス（*ohorokweva yokujambera*）、または赤旗・白旗・緑旗のドレス（*ohorokweva yotjiserandu/ yotjiapa/ yotjigirine*）と呼ばれ、ヘレロは自分が属する旗隊の色の衣服を一着は所有しておかねばならない。ユニフォームとロングドレスを着たヘレロによる行進がドイツとの戦争とジェノサイドの歴史を喚起していることは確かである。しかし、彼らは歴史を学ぶだけではなく、それらの衣服を着て行進し、演じることを楽しんでいるようにも見えた。さらに、軍服や行進のポーズは突発的な写真撮影といった際に反射的に思い出され、ふるまわれ、人々の心身に染みこんでいる身振りであるように見えた。

なぜヘレロは祖先を虐殺したドイツ植民地軍や移住者の衣服を原型とするユニフォームとロングドレスを熱心に着用し続け、軍隊風のふるまいに魅了されてきたのか。また、ユニフォームとロングドレスに赤、白、緑のいずれかの色があしらわれているのはなぜか。本章ではこれらの問いを手がかりに記念式典の正装である男性のユニフォームと女性のロングドレスに用いられる三つの色に着目し、前章では検討できなかった現地の人々による集団的分類の再想像について論じる。

軍事活動とは関係なさそうにみえる集団が急に軍人や政治家の模倣やパロディを始めた事例は他のアフリカ地域にも見られる［Kramer 1993; Ranger 1975］。これらの現象は、現地の人々と入植者たちとの相互的・即興的・政治的な接触（contact）［Pratt 1992］をきっかけとして世界中で生じてきた。本章ではまず、模擬軍隊運動（the *Truppenspieler* movement）と呼ばれてきた行進に関する先行研究を検討する。同運動には女性も参加していたが男性中心的であったため、本章の記述は男性のユニフォームを中心としたものとなる。ただし、旗隊と色に関する歴史と規範は男女に共通するものであり、男性も女性もいずれかの旗隊に属している。次に、ヘレロの衣服がどのように色分けされ、語られ、意味づけられ、どのような実践の中に位置づけられてきたのかを明らかにし、ヘレロ社会における衣服と歴史の関連性を探る。

2 オテュルパの活動と記念式典

(1) 記念式典の始まり

ヘレロの衣服の大きな特徴になっている三つの色はまず、オテュルパ（*oturupa*, troop）というヘレロの模擬軍隊組織によって形式化された。多数のヘレロがドイツ植民地軍による虐殺と強制労働等によって殺され、生き残った者も離散し、ヘレロが「社会的絶滅に限りなく近い状態に陥った」［永原 2009: 228］のちの第一次世界大戦後、ヘレロはドイツに取って代わった南ア統治下で家畜を再収集し、複数のチーフを中心とした社会を築いてきた。その時期、ヘレロのエスニック・アイデンティティ形成と自己表象の要となったのが、ドイツ人入植者の衣服に由来するユニフォームとロングドレスであったとされる。

一九一五年以降、南アがナミビアへ侵攻した時期に乗じて、ヘレロは一九〇四年以前に居住していた祖先の土地への帰還と家畜の収集に着手した[5]。人々の帰還により、現在のヘレロの中心的居住地であるオカハンジャ、オマルル、ホバビスに居住地が形成された［Werner 1990: 479］。これら祖先の遊牧地への帰還と家畜の収集は、ヘレロが「農村共同体」として社会を構築する第一歩となったとされる。前章で触れたように、その後ヘレロは南アが画定したリザーヴへの移住を強いられ、そのリザーヴの中で牧畜経済を発展させ牧畜民化した［Werner 1998］。

同時期に形成されたのが、オテュルパである。祖先の放牧地で自分たち自身を（再）確立していく過程に力を与えたのは、このオテュルパの活動であったと考えられている。メンバーたちは軍服風のユニフォームを着用し、ドイツ植民地軍の階級を流用した組織を作った。オテュルパは現在のユニフォームと行進の原点であり、彼らを虐殺したドイツ植民地軍の組織構造をモデルとしながら発展してきた点に特徴がある。しかし、その軍事的な見かけにかかわらず、制服を着て行われた訓練はむしろ娯楽で、その目的は会費を集めて、虐殺によって夫を失った寡婦の生活や葬式の際の供犠費用を援助することにあったとされる。そのためオテュルパは自治組織的な互助ネットワークとして理解されてきた［Werner 1990］。さらに、彼らはこのときヘレロの祖先との交流の場である「聖なる火」や割礼といった、キリスト教の布教やドイツとの戦争によって廃れていた信仰や慣習を見直し復活し始めたとされる［Gewald 2000: 30-33; Katjavivi 1990: 25-26］。

ヴェルナー［Werner 1990: 480-481］によると、オテュルパについて最初に記述した人物はドイツ人宣教師イルレ［Irle 1906: 299-301］である。一八九〇年代半ば、イルレはオカハンジャでドイツ軍人を真似して行進する「反抗的」若者たちを観察しており、彼らがサミュエル・マハレロが配ったとされる赤い帽帯をまとっていたと記した。ただし、ヴェルナーは一九二七年に役人がヘレロと行ったインタビュー内容から、彼らの活動が互助組織として始められたのは一九〇五年だと推測している［Werner 1990: 482］。

その後、公文書においてオテュルパの活動が確認されるのは一九一六年だとされる。同文書によると、軍隊を模した組織がヘレロの間に存在し労働者たちが夜中に訓練を行うという農場主たちからの訴えを受け、オカハンジャの軍執政官が調査を行っている。そして、近隣の労働者たちはみなこの訓練に関係していたという報告がなされている。当時、オテュルパはすでに広範囲に展開しており、一七の隊が確認されていた［Werner 1990: 482-483］。

オテュルパは南ア支配下の行政地区ごとに部隊（*okomando*, commando）を結成した[6]。各隊には皇帝、総督といった階級が設けられていただけではなく、「ロイトヴァイン少佐」というような有名なドイツ役人や軍人の名前までが用いられていた。農村部での訓練は定期的に行われ、農場労働者の孤立を和らげ、分散した労働者たちを集合させる契機になったという。メンバーは都市と農村の両方から集まり、主に男性が占めていたが女性の加入も許可されていた。彼らは基金をつくり、貧困者の埋葬、祝宴の際のウシの屠殺の斡旋、兵士の寡婦の生活、罰金、葬式費用などの補助を行った［Werner 1990］。

ドイツとの戦いの後、分散していたヘレロの人々が大規模に結集する初の機会となったのは、一九二三年八月二六日に行われた「最高首長」サミュエル・マハレロの埋葬と葬儀であり、約三千人の参列者が集ったと考えられている（写真11）。南ア政府の許可を得て彼の遺体はボツワナからナミビアへ移送され、サミュエルの祖父シャムアハと父マハレロ・シャムアハの墓地があるオカハンジャに埋葬された。各地から集結したオテュルパは初めて大勢の公衆の前に姿を現し、行進しながら棺を墓地まで運んだ。葬式には一五〇名ほどの騎兵と一、五〇〇名ほどの歩兵、そしてヘレロの女性たちが参列したという［Gewald 1999: 274-282］。

その後オテュルパは三つのチーフ一族に対応する隊に編成された（表2）。まず一九二三年にオテュルパのメンバーたちは、オカハンジャのシャムアハ／マハレロ一族の墓に集う、ヘレロ語で「赤」や「赤いもの」を意味するオシセランデュ（*otjiserandu*）（以下、赤旗）[7]を組織した。次に、一九二〇年代、ゼラエウア一族に集うオシヤパ（*otjiyapa, otjivapa, otjizemba*）（以下、白旗）が組織された（写真12）。白旗独自の記念式典の第一回開催年には諸説あり、一九二四～一九二七年頃に始まったと考えられるが、ゼラエウアが白を自分たちの色として採用したのは一九世紀後半だったともいわれる［Hendrickson 1996: 257-258, 233, 244］。さらに一九三〇～一九四〇年代[8]には、ヘレロのサブ・グループとされる東部のンバンデルがカヒメムア・ングヴァウヴァの式典を行い始め、ングヴァウヴァ一族に集うオシンギリネ（*otjingirine*）（以下、緑旗）が組織された［Krüger and Henrichsen 1998: 160］。その結果、大きく三つの記念式典が各旗隊によってナミビア各地で開かれるようになった[9]（口絵9(a)(b)）。

ヴェルナーはサミュエル・マハレロによって一八九〇年代に導入された赤いスカーフと帯を「統合と忠誠の象徴として」ヘレロたちが身につけ始めた重要性を指摘した［Werner 1990］。このときオテュルパは、歴史的英雄サミュエル・マハレロとその一族を自らのチーフとみなす人々を中心とした隊を形成した。ジェノサイド後の離散状

写真11　1923年，サミュエル・マハレロの葬式（ナミビア国立公文書館, No. 10829）

写真12　ユニフォームのヘレロ　1929年オマルル（ナミビア国立公文書館, No.09899）

表2　三つの旗隊

名称／記念式典開催年	リーダー
赤旗／1923年 (*erapi rotjiserandu*)	シャムアハ／マハレロの子孫と親族を中心に構成（現在のマハレロ・ロイヤルハウス）。
白旗／1924年頃* (*erapi rotjijapa*)	ヴィルヘルム・ゼラエウアの子孫と親族を中心に構成（現在のゼラエウア・ロイヤルハウス）。
緑旗／1930〜40年代 (*erapi rotjingirine*)	カヒメムア・ングヴァウヴァの子孫と親族を中心に構成（現在のングヴァウヴァ・ロイヤルハウス）。

筆者作成，結成年は Krüger and Henrichsen 1998 を参照

＊白旗について，「宣教師クールマンは1924年9月，故チーフ・マイケル・ゼラエウアの寡婦がベチュワナランドから訪れた際に，オマルルのヘレロが大規模な『民族的祭典』を催したと報告した」［Krüger and Henrichsen 1998: 160］とされる。ただし，ナミビアでは2016年に第90回式典が開催されたと伝えられている。緑旗について，「オカセタとその後のオシュンダで開かれる例年の式典が初めて報告されたのは1947年であるが，1930年代にはチーフ・ングヴァウヴァとカヒメムアの記念式典に関して，東部のリザーヴに住むンバンデルの間で同様の展開が生じていた」［Krüger and Henrichsen 1998: 160］とされる。また，Hinz, Manfred O (ed.) 2016 *Customary Law Ascertained*. Volume 3. University of Namibia Press, p.287 によると，白旗は1925年以降，緑旗は1947年以降に開始された。

況において、オテュルパたちの活動はチーフたちへの忠誠を明示し、人々の結束と共同を築くことに貢献したという。一九二三年の葬式以降、オカハンジャでは毎年、マハレロ一族や祖先を偲ぶ記念式典が行われるようになった。

サミュエル・マハレロの葬式は、「(再) ヘレロ化 ((re-) Hereroisation)」［Hayes 2000: 513］として言及されるヘレロ社会の構築、あるいは再構築の動きを大きく促進した。一度解体されたヘレロが、第二次世界大戦では対南アの主要な政治力となっていたことから、オテュルパの運動は「新たなヘレロ・アイデンティティの (再) 構築と強力なナショナリズムの意識創造において極めて重大な役目を果たした」［Krüger and Henrichsen 1998: 152］とみなされている。

記念式典（二〇〇九年、オカカララ、男性［赤旗］）

われわれは記念式典へ行き、戦争によって死んだ多くの祖先と英雄たちを想起し、彼らを記憶し続ける。だからこそ式典は重要なのだ。先週の八月一一日、われわれは人々を招き、オハマカリで式典を設けた。そこで祖先たちを想起し、その［戦いの］日何が起きたのかについてのスピーチを聴いた。「ヤー！」といった掛け声や、隊の行進も行われた。白

を着ている人もいれば赤の者や緑の者もいた。ヘレロは三つの色を持っている。赤はマハレロの、緑はンバンデルの、白はオプウォ地域のオシゼンバ［オシャパ］のための色である。この地域［オカカララ］の人々は赤を着る。

現在の記念式典は、有力者たちによるスピーチと祖先と英雄の墓地を巡礼するオテュルパの行進、食べ物の共有、賞賛歌、乗馬、祖先たちへの祈りと近況報告を中心に構成されている。これらの行事はナミビアとボツワナの特定の場所と期間にて週末に三日間かけて行われる。人々は各自が属する旗隊の色をまとって式典に参加し、戦いで死んだ祖先たちを想起する。各式典には各色の「伝統的指導者」[10]たちが参加する。式典には自分のチーフを一目見ようとやってくる者もいる。記念式典では虐殺の歴史や戦いの様子についてのスピーチが行われ、参加者は「自分のチーフ」の色をまとい祖先が埋葬されている墓地へと行進する（口絵10）。墓地へ入ると、祖先の恩恵を墓の側で求めるために参加者たちは墓に触れ祖先に話しかける。騎馬隊を従えた大規模の行進は華々しく、観光客が集まるイベントになっている。軍服風ユニフォームを着た男性の後、記念式典用のロングドレスを着た女性、通常のロングドレスを着た女性の順に並び、彼らの周りを馬に乗った旗手たちが駆ける。

彼らは巡礼に向けて自分たちが住む町や村、学校と連携した行進を組織する［cf. Hendrickson 1996: 217-218］。私はオカハンジャ（二〇〇九年八月、二〇一七年八月）とオマルル（二〇〇九年一〇月、二〇一〇年一〇月）でこのことを確認した。本書で詳しく検討することはできないが、記念式典の目的や意義は時代と共に変わってきたと考えられる。

記念式典はナミビア各地や他国で離れて暮らしている人々が親戚や知人と再会する場でもある。スピーチはラジオのヘレロ語チャンネルで放送され、式典に参加できない各地のヘレロはラジオで式典の様子を知ることができる。ラジオでは現場の中継のほか、当時の戦いや虐殺の経緯、そして虐殺の後ヘレロがどうやって暮らしてきたのかといった歴史が語られる。このように、ヘレロは記念式典を通してジェノサイドや植民地支配の歴史的記憶と経験を想起し、共有し、語り続けてきた［cf. Kössler 2007］。その歴史性は彼らの人生や生活、そして身体の一部になっている。

オテュルパは現在も機能しており、主に葬式の互助ネットワークとして人々に認識されている。ヘレロの各居住地の男女メンバーたちは各々のユニフォームとドレス、そして「オテュルパ手帳」を持っている。彼らは旅行の際などにその地の「将校」を訪れて「部隊」のスタンプを押してもらい、自身がメンバーであることを手帳に書き添えてもらう。この手帳が隊員である証となり、旅先で何か不幸が起きた時や、葬式の際に人的・経済的助けを必要とする時などに他のメンバーが補助するという仕組みになっている。

人々はみな自分がどのチーフ一族に属するのか、つまり、何色に属するのかを認識しており、式典当日に向けてユニフォームの綻びを繕ったり、自分のチーフの色の布を帽子に縫いつけたりと、熱心に準備を行う[11]。ただし、人々は時と場合に合わせて衣装や色を選び、組み合わせることもできる。

マハレロに魅かれて（二〇一〇年、オゾンダティ、男性［赤旗?］）

ある異母兄弟の旗への帰属を調査していた時だった。彼らの父親は白旗に属しており、兄は「白」であったのに対し、当時二三歳だった弟ルアルアは「赤」と答えた。なぜ「赤」なのかとルアルアに尋ねると、彼は「サミュエル・マハレロがかっこいいし、赤が好きだから」と答え、自前の赤旗のユニフォームと軍帽を見せてくれた。そのような弟に兄は、「こいつは変わってるんだよ」といっていた。

ルアルアの事例においては、帰属の原則を超えて、自分がかっこいいと思う歴史的チーフの色をまといたいという願望を第一の理由に旗への帰属が選択されていた。「変わっている」と評するものの、周囲の人々はその選択を許容している。そして赤のユニフォームを好むルアルア自身も、例えば本来の帰属先である白旗のチーフ・クリスチアン・ゼラエウアの葬式の際には赤いユニフォームに白い胸章を縫い付け、赤と白を組み合わせたユニフォームを着用していた（口絵11）。

（2）サミュエル・マハレロの二面性と植民地主義の遺産

ドイツ植民地時代、ヘレロ社会は小さな集落ごとに長が存在する分権的社会から、「最高首長」と複数の有力チーフを中枢とするより集権的な社会へと変化した［Gewald 1999: 10-28］。宣教師の後押しによりヘレロが初めて選んだ「最高首長」はマハレロ・シャムアハだといわれるが、彼は帝国主義的な首長ではなかった。植民地化の進行と共に台頭してきたヘレロのリーダーは常に複数存在し、マハレロをはじめとするチーフたちは協力と対立の中で各地域を治めていた。そして人々は、各地域の各々のチーフに属していた。しかし、サミュエル・マハレロが一九九一年にドイツ植民地政府から「最高首長」に任命されて以来、「最高首長」制度はヘレロ社会における権力抗争の火種となり続けた。

サミュエル・マハレロはマハレロ・シャムアハの息子ではあったが、チーフの資格を十分に持っていなかった。父系と母系両方の出自をたどるヘレロの慣習法によると、オカハンジャのマハレロの屋敷の相続権は母系エアンダの権利に属していた[12]。さらに、サミュエル・マハレロは宣教師に教育を受けたキリスト教徒であった。そんな彼がチーフ権とマハレロの屋敷を獲得できたのは、当時のオカハンジャがオルラムとナマの襲撃にさらされていたからというだけではなく、屋敷がキリスト教地区に位置していたからだとされる。チーフ権の相続後、他の有力者は土地を去り、宣教師やキリスト教徒、貧しいヘレロ（チンバ）のみがオカハンジャに残されていた。困窮したサミュエル・マハレロは、ドイツ軍との連携による火器の入手とヘレロの共有地の売買という独自の方法により、ヘレロ社会内での勢力を強めようとした。サミュエル・マハレロのこのようなやり方に他のチーフたちは反発していたとされ、財産や民の信頼の面からもサミュエル・マハレロがどの程度実質的なヘレロの「最高首長」であったかは疑わしい［Gewald 1999: 29-60］。

サミュエル・マハレロは自らの苦境をドイツ帝国の助けを借りて解決しようとした。そしてドイツに対するヘレロの忠誠を確認してもらえるよう、一八九六年にドイツ帝国で開かれたベルリン植民地展覧会に長男フリードリッヒを含む五人を外交使節として自費で送り込み、皇帝ヴィルヘルムとの面会を手配している［Zimmerman 2001: 27-29］。一般的にはドイツ植民地軍に反乱を起こした英雄として語られるものの、前章でも触れたようにサミュエル・マハレロが率先して反乱を計画し人々をドイツとの戦闘に導いたのかどうかは定かではない[13]。だが、彼の埋葬に多くの人々が集結したのは事実である。サミュエル・マハレロはヘレロ社会とドイツ植民地政府との中間に自己を位置づけた両義的な人物であり、ドイツ軍の「臣下」であると同時に君主であるドイツ軍に反乱を起こした「英雄」という二面性を持つ［cf. Pool 1991］。

オテュルパの経験は、ドイツ植民地軍とヘレロ社会の双方と接触することで地位を築こうと試みたサミュエル・マハレロの経験と重なっている。すなわち、オテュルパはドイツの臣下としての姿を有すると同時に、ヘレロの復興を導くリーダーでもあった。

一部のヘレロはドイツ植民地軍に訓練を受けてドイツ人と共に戦ったことがあり、ドイツ人を強大で尊敬すべき主人としてみなしていた。ヴェルナーによると、第一に、比較的小規模だったドイツ植民地軍は訓練や模擬襲撃といったパフォーマンスによってその力を意図的に誇示する工夫を行ったという。策は成功し、ドイツ軍は「ライオン」であるため、人間である自分たちにはかなわないというヘレロの証言が記録されている。第二に、一九〇四年以前のドイツ植民地軍は、隊員不足から現地住民を補助要員として用いていた。ドイツ軍人は彼らに古い軍服を与え、現地の人々もまたドイツ軍による雇用を大変な名誉だと考えていたという。第三に、ドイツ軍によって軍人として育てられたものの、戦争中に武器を持ったまま脱走したヘレロが初期のオテュルパを構成していたという報告がある。第四に、オテュルパのユニフォーム着用には、当時ドイツ軍の軍服が自由に手に入ったこと、そしてもはや着用に法的誓約がなかったことという要素が挙げられる［Werner 1990: 481-483］。

以上から、戦争前と戦争中に軍人としての活動を経験し身体化した一定数のヘレロの行いが他のヘレロにも広がったという推論が導き出される。ヘレロ自身による軍隊様式の身体化にドイツ軍服入手の容易さが加わり、オテュルパはサミュエル・マハレロのようなユニフォームをまとった姿で出現したと考えられる。そして、ドイツ植民地軍はヘレロを虐殺した敵ではあったが、「ライオンのように強く畏怖すべき存在」という肯定的イメージをドイツ植民地軍に対し抱いていたヘレロが、ドイツ軍服を憧れと共に着ていても驚くべきことではない。

3　オテュルパの形成に関する議論

ここまで、オテュルパの形成と彼らが着る衣服の時代背景を示してきた。本節では、ヘレロがユニフォームと行進になぜ魅惑され続けてきたのかを理論的に明らかにするため、以下の議論を順に検討する。オテュルパの形成と発展については、大きく三つの議論がある。第一に政治・経済的基盤の形成に向けたアイデンティティ・ポリティクス、第二に象徴主義的アプローチ、第三に社会の理念型の表現として理解する見方である。

（1）アイデンティティ・ポリティクス

第一のアプローチは、政治経済的状況を安定させたり改善させたりするためにエスニシティを活動の母体として利用するという、アイデンティティ・ポリティクスからオテュルパを理解する見方である。歴史学者の永原は以下のように述べている。

植民地支配が「伝統」を支配の根拠として持ち出し、擬似的な「伝統」を生み出すのに対し、支配される側もたえず自らの「伝統」を再発見し創造し、支配者とは別の集団形成の原理を生み出していった……。……「オティセランデュ」[14]の運動の場合にも、一つの「部族」や「エスニック・グループ」であることが行動を起こす根拠となったのではなく、政治的・経済的な現実に直面した人々が、「エスニシティ」を利用して運動の主体を作っていった。［永原 1992: 33］

一九三〇年代、南ア政府はリザーヴ政策を強化し、自ら任命したチーフやヘッドマンを中心にリザーヴを編成しようとした。いわゆる間接統治である。一九二八年の「原住民統治布告」は南アのバントゥー相（アフリカ原住民問題担当大臣）にチーフの任命と解任の権限を与えた。すなわちこの布告により、当該社会にとって重要な誰をチーフにするかという問題が、南ア当局によって決定されるようになったのである。これ以降、従来の社会政治構造にかかわらず、南アの承認を受けた間接統治下の「伝統的指導者」[15]、すなわち「最高首長」、「チーフ」、「シニア・ヘッドマン」、「ヘッドマン」といった地位が創り出され、任命された人々は南アから給料を受け取りながら土地の割り当てなどに関する決定権を与えられた［永原 1992: 21-24, 29］。「伝統的指導者」という名称とは裏腹に、植民地当局が定めた擬似伝統的な、従来の論理では指導的立場に立つことはなかった現地人たちが権力を握り始めたのである［cf. Werner 1998: 104-108］。

しかし、オテュルパのメンバーたちは官製の指導者を認めず、自分たちのやり方によって祖先崇拝の儀礼や割礼といった慣習を復活させた［永原 1992: 32］。オテュルパの活動と影響力はリザーヴの内外に広がり、植民地政府との共存を図るリザーヴの「伝統的指導者」とオテュルパ組織というふたつの対抗勢力の並存が第二次世界大戦後まで続いた。リザーヴにおける官製の「伝統的指導者」として官僚機構に吸収された人々は、オテュルパの活動から離れていった。

これらふたつの勢力の仲介者となったのは、南アに雇われた官製のヘッドマンであるホセア・クタコであった（写真13）。一九一七年、ホセア・クタコはサミュエル・マハレロの対抗権力として一部のヘレロから推薦され、選

写真13　ホセア・クタコ（ナミビア国立公文書館，No. 12452）
ホセア・クタコは1904年のドイツとの戦いに参加し，南ア統治下では統治の不当性を国連に訴える請願運動を導いたリーダーとして活動した。ヘレロのリーダーであるという認識に留まらず，現在ナミビアを独立に導いた「英雄」の一人として政府が建設した「英雄墓地」（Heroe's Acre）に石碑が置かれている（彼の墓はオカハンジャにある）。ナミビア唯一の国際空港，ホセア・クタコ国際空港は，彼の名から名付けられている。

挙の後にウィンドフックに住むヘレロのヘッドマンとして認定された。しかし一九二〇～二二年頃、ホセア・クタコはサミュエル・マハレロの息子フレデリク・マハレロから直々にサミュエル・マハレロの摂政（regent）に認定され、ヘレロ全体に実質的な影響を及ぼす地位を手に入れた。彼はヘレロの人々からも、南ア当局からも統治能力を認められていったのだ。だが一九二四年、南アのリザーヴ政策としてクタコはヘレロの人々をオマヘケ県アミニュスとエプキロに強制移住させる必要があった。そして、これらのリザーヴは放牧に適しているとはいえず、また、飢饉に襲われたり移動を制限されたりするなど、人々は不満を募らせていった。ただし、彼は南アに雇用されながらもヘレロの代表としてヘレロの生活環境の向上を植民地政府に訴え続けていた［Gewald 2007］。

一九四五年、南アの直轄支配に反対するという目的の下で「ヘレロ首長評議会」が設立された。そして対立していた両勢力の先導者たちが、南アによる直轄支配の不当性を国連に訴える運動に共に立ち始めるという変化があった。一九四六年、南アはナミビアを国際連盟の委任統治領として治めるのではなく南アへ併合することを宣言し、各「伝統的指導者」に協力を要請した。ホセア・クタコは新しく設立された国際連合に対して南アによる併合の不当性を訴え、ナミビアの指導者たちの意向を無視した南アの首相の決断を批判した。ホセア・クタコはその後一九六〇年頃まで、請願運動を先導した［永原 1992 32-33; Gewald 2007］。運動の中で、フレデリク・マハレロとホセア・クタコは共に国連を訪れている。クタコ勢力とマハレロ勢力の一体化は南アに対する抗議運動を通して強化されていったと考えられる［永原 1992: 32-33］。

そのような中、南アは一九六〇年以来ナミビアの独立闘争を指揮してきたＳＷＡＰＯ（西南アフリカ人民機構）に対抗させるため、ＤＴＡ（民主ターンハレ同盟、Democratic Turnhalle Alliance）を作り、首長評議会の設立を通してまとまりを見せていたヘレロをその中心に据え、他のエスニック・グループに対しヘレロを優遇する措置を取った。そしてヘレロは南アに対抗する立場を翻し、むしろ優遇される特典を積極的に利用することで生活を安定させようとしたのである。

永原は、このようなヘレロの転身と意思決定はオテュルパの活動や南アへの抗議運動といったヘレロ自身の集団形成の努力と経験の上に成り立っていたと述べる。ここでは、実際は政治的アイデンティティの問題であるにもかかわらず、集団原理を信仰、言語、そして親族体系といった文化的連帯に還元する文化的語り口（culture talk）［Mamdani 2005］が批判されている。

オテュルパを中心としたヘレロの動きを政治経済的側面から描いたこのような観点は、アイデンティティ・ポリティクス、つまり自分たちが疎外され周縁に置かれることに対抗するために「政治的な再帰属化」を果たし、「社会的、文化的、経済的、政治的に自らを動員する」［ホール 1999: 82］ような、ひとつの防衛的な集合的アイデンティティ形成としてその活動を位置づける議論に分類できるだろう。しかし、なぜ現在までヘレロ男性がユニフォームを、ヘレロ女性がロングドレスを着用し続け、自分たちの色にこだわってきたのかという理由は政治的・

経済的理由からのみでは説明できない。なぜそれらの衣服を着ることが運動の主体作りに貢献してきたのか。また、なぜ現在ヘレロがユニフォームとドレスに愛着を抱き行進を行うのかをさらに検討する必要がある。

(2) 身体と象徴

人類学者ヘンドリクソン［Hendrickson 1992, 1994, 1996］は、一九八七～八九年にナミビアとボツワナのヘレロ共同体で暮らしながら現地調査を行い、主にドレスの儀礼的着用とその歴史的意味を問う民族誌的記述を記し、ヘレロのアイデンティティと自己表象について研究した。まず、ヘレロの事例では虐殺によって社会経済的基盤を失ったヘレロの人々自身が自己を（再）組織する際、ドイツ人の衣服や色を自分たちに割り当ててきたことが確認されている。彼らは装いによってヘレロとしての固有性を創り出し、さらに複数の色を用いながら集団内部に存在する差異を可視化するという、色を各集団の象徴として用いた分類の実践を行ってきた。ここでヘレロが「ヘレロ」としてのひとつの色を掲げるのではなく、赤、白、緑という三色を用いながら集団内部の細かな差異を分類し、集団を（再）組織化してきた点が重要である。ヘレロの人々はこれら三色に関するオーラル・ヒストリーを有し、個々人が帰属する集団の色をまとうことで自身の政治的帰属を明らかにしてきたという。

その上で彼女は記念式典で着用される衣服をヘレロの非言語的な「歴史的イディオム」として考察した。集団における個人主義的な傾向やリーダーシップ、ヒロイズム、女性のふるまい、さらに政体や民族（nation）に関するヘレロの思考と実践は植民地時代を経て得られた新たな物質的象徴の使用によって再生産されてきたと彼女はいう［Hendrickson 1992: 287-345, 472, 1996: 244-246］。

ヘンドリクソンはまた、ユニフォームやドレスの着用がヘレロの集合表象の要となりアイデンティティと強く結びついたのは「植民地的まなざしの意図せぬ結果」［Hendrickson 1992: 16; cf. Silvester, Wallace and Hartmann 1998: 6］だと述べた。一九二〇年代の南ア植民地政府にとって軍服を着たヘレロたちの姿は反乱や抵抗を予感させるものであり、実際に警戒の対象となっていた［cf. Krüger and Henrichsen 1998: 171-172; Werner 1998: 57-58］。その警戒の視線がヘレロの新たな表象行為に過剰な意味を与え、ヘレロとしてのあり方を客体化する媒介として機能し始めたという。これは、軍服着用や行進といった「サイン」の使用に対する入植者たちの官僚的解釈がヘレロの自己意識を増幅させ、ヘレロというエスニック・カテゴリーが形成されたとするアイロニー論的解釈だといえる。

象徴主義において、「身体はその身体が居住する社会的世界の象徴やシニフィエとして「読む」ことができるテキストとして隠喩的にとらえられた」［Reischer and Koo 2004: 300］。衣服や装飾をまとう身体の美しさはそれぞれの社会におけるイデオロギー的価値を反映しており、身体がそれらの価値が書き込まれる場だと考えられたのである。[16]

しかし、ヘンドリクソンの議論には式典や衣服といった記号に過剰な意味を読み取り、過度の解釈を施しているという問題がある。たとえばヘンドリクソンは、記念式典における個々人の着こなしに細かな差異があることを重視し、結論部の「旗としての身体」と「身体的象徴」（bodily symbolism）において以下のように述べた。「［ヘレロ社会において］個人の道徳は共同体の道徳であり、個人の身体は社会の身体である。……ヘレロ政体という発想は、自己と共同性についての新たな身体的表象の出現と同時に生じたのである」［Hendrickson 1996: 240］。

式典における衣服の着こなしから個人と共同体の相互関係を指摘したとしても、差異の許容が式典で着られる衣服以外の日常生活でどのように行われているのかは不明であり、分析は象徴的な意味内容の世界に留まってしまう。式典での着こなしが示す意味の象徴的分析と解釈には限界があり、ヘレロ社会のあり方一般や式典以外の部分について説得力を持って語ることはできない。

地域的な視野を広げてみると、軍隊を模倣するようなヘレロと同様の動きはアフリカの他地域にも存在した［Kramer 1993; Ranger 1975］。たとえば一九二〇年代から一九五〇年代、ニジェールのソンガイ社会やガーナでは、ハウカ（*Hauka*）という精霊憑依儀礼が広まった［Rouche 1954; Stoller 1995］。ハウカ儀礼のメンバーには白人の入植者やその妻の霊が憑依し、彼らの姿を「模倣」するという［Stoller 1995］。憑依した人々はフランス軍を模した将軍や歩兵といった階級を持ち、霊媒たちは木製のライフルを持って行進を行った。また儀礼参加者は円卓に座り、ピジン語と現地語を用いて「アフリカ人」と「ヨーロッパ人」両方の考え方を表現し、問題を裁いたという。

ストーラーはこの運動が、「身体化された身振りを流用することで主人を征服する」［Stoller 1995: 113］ために生じたと述べる。彼によると、ソンガイ人はニジェールを占領したフランス軍を「模倣」することで他者であるフランス人を理解し、支配する力を取り込もうとした。議論の主眼は、憑依という儀礼的な力が実際的な政治的抵抗の力へと変容した点にある。ストーラーの見解によればハウカは、儀礼を通して外部の力を取り込み、リーダーシップを育むことでニジェールにおける植民地主義の抑圧に抵抗しようとする試みであったことになる。

同様にクリューガーとヘンリクセン［Krüger and Henrichsen 1998: 150］は、「支配体制に従いつつそれをまぬがれる」（escaping the dominant order without leaving it）［De Certeau 1984: xii］ような「日常的実践」をドイツ戦後のヘレロの人々が行ったと分析した。

植民地期以前の土地を印づけていた井戸や牧草地と同様に、墓地と行進の地は景観のランドマークを繋ぐネットワークになった。そのネットワークは中部ナミビアにおける土地返還要求の象徴的地図として、いまもなお機能している。「ヘレロ軍」としてのオシセランデュは、植民地的領域の［ヘレロによる］象徴的占領、つまり植民地主義による占領への継続的否定を表象しているのである。［Krüger and Henrichsen 1998: 160］

オシセランデュはヘレロの統合を促す「伝統的」儀礼と象徴の創造の中心的主体であり、そのメンバーたちは奪われた祖先の土地を要求する「団結した部隊」を象徴しているという分析がなされている。彼らはコマロフ夫妻［Comaroff and Comaroff 1991］の議論、すなわちボツワナのツワナ人の身振りや儀礼を入植者の支配に対する反応として解釈し、それらの記号を単なる服従ではなく、無意識的ではあるが動機づけられてもいる象徴的抵抗とした分析を参照している。同議論では、入植者の力を認識した現地の人々による入植者のやり方のアイロニカルな流用として軍服を着るといった実践が解釈される。衣服に抵抗を見ることは、「日常的実践」［De Certeau 1984］から構想されたソフト・レジスタンス［松田 1999］という概念からも考察されている。たとえば桜井は多数派と生活する中であえて民族衣装を着るという日常的実践を、武力的抵抗とは異なる弱者の抵抗、そしてエスニック・アイデンティティの生産や文化的表象の再領土化につながる実践として記述した［桜井 2011］。

象徴主義に対しては、証明することが不可能な観察者の恣意的な主観と解釈から成立しているという批判がなされており［Ortner 1984: 134］、人々の身振りを「一種の言説行為のようなもの」に見立ててしまい、当人たちが言葉で表明したわけでもない事柄や批判やコメントを彼らがさも実践を通じて何かを身体で表明するという大それたことをしているかのように人類学者たちが叙述した点が批判されている［浜本 2007: 119-127］。先述のヘンドリクソンの議論にも、この批判があてはまる。

とはいえ、ヘレロの人々は実際に色を用いた組織化を行ってきたのであり、象徴的抵抗でないとすればこの色の力をどう考えればよいのかという疑問は残る。

(3) 社会の理念型

コマロフ夫妻やストーラーによる象徴的抵抗論は、「歴史変化と宗教の動態性を重視しながらも、あくまで文化的・象徴的な形態をとるとされる『抵抗』の存在基盤を示すために、共時的な象徴分析に依拠せざるをえない」［石井 2003: 86］と批判される。ガーナのハウカ儀礼を民族誌的に撮影したジャン・ルーシュの著作と作品を再検討したヘンリー［Henley 2006］は、ストーラーがヨーロッパ植民地主義に対するカウンター・ヘゲモニー的パロディとしてハウカを解釈したことに異議を唱えた。

ヘンリーは、いかに人類学者たちがポストコロニアル的な感性に合ったストーラーらの解釈を無批判に受容してきたかに言及した。そしてハウカがあくまで従来のソンガイ人の宗教的現象の延長にすぎないことを示し、彼らは象徴的に主人を征服するためにではなく、日常的な問題解決と治癒のために霊的力を使っていたと結論づけた。人類学者たちがいかにハウカと西洋的様式を無理に関連づけてきたのか、またインポテンツの治療儀礼といった政治的な要素のない現象に政治性を読み取ってきたのかを議論したのである。加えて、ハウカだけではなく概してソンガイ人の精霊（holey）には、現地の他集団と強いつながりを持つという特徴があった。

レンジャー［1992; Ranger 1975］の議論を参照したヘヴァルトもまた、ヘレロは他者を模倣することを通して他者の力を流用し、植民地における主人に抵抗しようとしたわけではないという［Gewald 1998: 145-148］。東アフリカのベニ・ンゴマ（*Beni Ngoma*）ダンス結社を調査したレンジャーは、白人入植者たちこそが象徴的形式を重要視して「新＝伝統」という象徴と儀礼を新たに発明し占有しようとした張本人であることを指摘し、統治政府による「新＝伝統」に服従せず自ら儀礼を操作しようと試みたアフリカの人々の反応について記述している［レンジャー 1992］。

オテュルパと同様に植民地軍に由来する階級を持ち、時に軍服を着て行進したベニ・ンゴマは、単なるヨーロッパ人の猿まねではなく、古くからあるダンス結社に由来していた。そして、ある時にはダンス結社という枠を超えて葬式結社のような互助組織として機能し、別の時には都市労働者の新たな共同体の媒体となった。ベニ・ンゴマは、既存の集団的アイデンティティを表現しているというより、その時代ごとの変動する出来事を反映しながら共同体の新たなコンテクストを柔軟に紡ぎ出していた［Ranger 1975］。

レンジャーの議論を参照しながら、ヘヴァルトはオテュルパが他者を描こうとしたのではなく、むしろ自分たち自身を定義し描こうとしたのだと分析する。

記念式典の要素がドイツ植民地主義的存在からの流用であり続けてきたとしても、記念式典はドイツ人入植者の描写を伴ってはいない。……ヘレロの参加者たちは鋳型となる彼ら自身の社会の理念型を示そうとした。その鋳型によってヘレロのふるまいは知れ渡り、ヘレロ自身と他者の両方から定義されるのだ。……［記念式典は］パフォーマンスを通して、団結し調和のとれたヘレロ社会が提示される場所である。理念型はパフォーマンスの中にしか存在しない。
［Gewald 1998: 147-48］

理念型（an ideal type）の概念は現実と概念との断絶を認めたウェーバー［1978（1904）］によって、思惟的で非現実的な性格をおびる人為的虚構、つまり「ユートピア」として重要視された。すなわちヘヴァルトによると、記念式典を構成するユニフォームやロングドレスや行進といった要素は実在ではあるが、ヘレロの理念型の形成と因果的に連関しているというよりむしろ、自己に関する想像上の鋳型を作りあげるための観念的容器としてのみ用いられたということになる。ヘレロが衣服を自分たちの再興の印、あるいは白人に対する抵抗や攻撃としたわけではなかったという指摘は重要である。入植者の軍隊様式の模倣は、支配者に対する反撃や嘲りを意味しない。むしろ、ヘレロがジェノサイド後分散した自己の存在をとらえるために、自分たち自身の自画像を描こうとしたとき身近にあった適切な鋳型が軍隊様式だったと考えられる。

前述したとおり、ドイツ戦以前のヘレロはドイツ軍の補助要員として訓練を受けてドイツ側として戦い、ドイツ戦では団結してドイツと戦うという軍事的経験を蓄積していた。そしてオテュルパが出現した当時、ドイツ植民地軍の軍服は手に入りやすい衣装であったという。ベニ・ンゴマは入植者の軍服を着ることで既存の集団性を変化させ、新たな共同体の形と機能を創りだしていった。同様にヘレロ男性も、植民地主義がイデオロギーを支配した状況の中で、自身の経験を通してユニフォームを身にまとい、軍隊様式という集団モデルを利用しながらオテュルパを創出し、次世代の集団性を獲得したのだと考えられる。軍隊様式は有効な「社会的相互作用、ヒエラルヒー、統制」［レンジャー 1992: 375］を支配者にだけではなくアフリカの人々にも与えるという視点は、ヘレロにも適用可能であると考える。

4　三色の旗とチーフたち

しかしながら、もしドイツ軍の様式が彼らの理念型だったのなら、ヘレロはそれらの型を単に複製し、反復すればよかったはずである。だが、現在の彼らのユニフォームとロングドレスは三人のチーフに関する語りと結びつきながら三色に分けられ、原型とは異なる形に変化している。本節では、ユニフォームがドイツ植民地主義以降のヘレロの歴史的な英雄、すなわちチーフのイメージと結びつき、各々のチーフと土地への自己の帰属を可視化する媒体となったことを示す。三つの旗隊の色およびチーフに対する認識がオーラル・ヒストリーからどのように立ち現れるのかを検討する。

（1）三つの旗隊

オテュルパは三つの有力なチーフ一族に対応する隊に編成され、メンバーたちの帰属は細分化された。その結果、大きく三つの記念式典が各旗隊によってナミビア各地で開かれるようになった。

地区ごとに編成されている部隊に対し、旗隊への所属はどのチーフに帰属するかによって異なる。地域によって色の割合にばらつきがあるものの、各地区の部隊には三色のメンバーたちが混在している。現在、三つのチーフ一族は「ロイヤルハウス」（「伝統的権威」[17]）を名乗っており、これらのチーフと色への帰属がヘレロの現在的な社会的骨組みを成している。これら三者はそれぞれユニークなカリスマであった。そして彼らの性格とリーダーシップのあり方はオーラル・ヒストリーの伝承によって示されてきた［Hendrickson 1992: 7-12, 220-286; 1996; 228-234］。以下では現地調査から得た語り[18]とヘンドリクソンがまとめた複数の語りから、三つの色を媒介とした英雄像を簡潔に描く。

(2) 赤とマハレロ

赤い鳥（二〇〇九年、オゾンダティ、男性［白旗］）

マハレロ・シャムアハはナマとの戦争を経験しており射撃に長けていた。彼は赤い羽根を持つ鳥を撃つことができた。ヘレロの男性が正装の際のハットに赤い羽飾りをつけることを好むのは、マハレロと赤い鳥の伝承にちなんでいるからである。彼は血気盛んな闘士だった。ナマはヘレロと戦うときに白い旗を掲げていたため、マハレロは自分たちの色を選ばねばならなかった。そこで赤が選ばれた。

一八六〇年代にマハレロが打ち負かすまで、ヘレロはオルラムとナマによる継続的な襲撃を受けていた。ヘンドリクソンが収集したオーラル・ヒストリーによると、戦いの際には両陣営とも白い布を帽子に巻いていた。しかしある日、マハレロと共に戦いに出ていた彼の異母兄弟マイヌワが、仲間から誤って撃たれてしまった。彼がオルラムやナマのように明るい色の肌を持っていたことも一因だと語られる。この事故によりヘレロは、オルラムやナマと自分たちを見分ける印が必要だと考えた。そこで赤い布が帽子に巻かれるようになったという［Hendrickson 1996: 228-223］。加えて以下の語りを紹介したい。

敵との戦いから生まれた赤い布（二〇〇九年、オカカララ、男性［赤旗］）

ヘレロはドイツとの戦争より前の、ナマとの戦いの時に赤旗を用い始めた。ナマは明るい色の肌を持つ「白人」でヘレロは「黒人」であるため、戦闘の時に敵と味方を見分けることは容易であった。しかしドイツ植民地軍との接触後、彼らが銃、機械、衣服といったいろいろなものをヘレロに与えたことから、ヘレロはドイツの味方としても戦うようになった。そのときヘレロは色によって互いを見分けるために、赤い布を用い始めた。

ヘンドリクソンは、マハレロが他者と自集団を区分することで新たな道徳的秩序を持つ社会の構想を持ち始めたと分析した［Hendrickson 1996: 228］。私が行ったふたつのインタビューでも、マハレロがオルラムやナマ、そしてドイツ植民地軍からヘレロを区別するために赤色を選んだという点は共通しており、色という指標によって集団性に関する新たな意識が芽生え始めたことが推察される。赤色というモチーフは一九世紀後半にすでに存在していたようである。また双方においてマハレロは銃を持ち戦う好戦的なイメージによって語られている。

（3）白とゼラエウア

平和と白（二〇〇九年、オゾンダティ、男性［白旗］）

ヴィルヘルム・ゼラエウアはマハレロと違って平和主義者だった。「われわれに必要なのは平和である」。そこで平和をイメージさせる白が選ばれた。当時、銃を持つナマに対し、ヘレロは弓矢で戦っていた。勝てるわけがない。マハレロがナマに捕らえられた時、ゼラエウアは銃を入手して助けに行く決心をした。「銃を買わねばならない！」。そしてゼラエウアはナマに勝ち、マハレロを連れ帰った。オシンビングェで話し合いが行われ、はじめは年長者ゼラエウアが「最高首長」に選ばれた。しかし彼は高齢のキリスト教徒だったために、その申し出を断った。

白旗の歴史はゼラエウアがいかに火器の使い方を学び、オルラムやナマからマハレロを解放する手助けをしたかという点を説明する。そして複数の語りを参照すると、ゼラエウアが白を平和の象徴として自分たちの色に採用したのは一八六九年、もしくは一八七六年だったという［Hendrickson 1996: 257-258, 233, 244］。また一八六七～一八六八年頃、貿易商アンダーソンがゼラエウアにヘレロの「最高首長」として赤い色を渡したが、ゼラエウアはそれをマハレロに譲渡したという［Hendrickson 1992: 259, 568; Rudner and Rudner 2006: 60］。この二点は筆者のインタビューと概ね重複している。マハレロの場合その勇敢さが強調されるのに対し、ゼラエウアは平和を求める姿やサポートに回る副官としてのイメージによって語られる。

（4）緑とングヴァウヴァ

生命と緑（二〇〇九年、オゾンダティ、男性［白旗］）

緑は樹木の葉を連想させ、喜びと幸福をイメージさせる。それが緑旗の意味でありンバンデルの色となった。カヒメムア・ングヴァウヴァは預言者のような人物だった。カヒメムアがドイツ人に殺された時のことである。ドイツ人たちは一二発の銃弾を撃ったが彼は生きたままだった。それを見たカヒメムアは「額を撃て」とドイツ人にいった。ドイツ人が撃つと彼は地面にうつぶせに倒れ、右手で土をつかんで死んだ。彼はその土と共に埋められた。カヒメムアの死によってヘレロとドイツ軍の戦いが始まった。

緑、黒、白からなる緑隊の旗は、新たな生命、死、そして平和と尊敬を表していると言われる［Hendrickson 1996: 233-244］。緑旗のオーラル・ヒストリーの主題は、カヒメムアの死（一八九六年）と彼の超自然的力である。ヘンドリクソンは、上記の語りとほぼ同じオーラル・ヒストリーについて記している［Hendrickson 1992: 276-277］。加えて別のオーラル・ヒストリーでは、カヒメムアは処刑の瞬間に、「私の髪が頭から抜け落ちたとき牛疫がやってくる。私が乳を搾ったウシはすべて死にゆくだろう」とヘレロの土地を呪ったことが語られており、彼が預言者であったことが示されている。そして、処刑から一年も経たない内にナミビアに広がった牛疫によってヘレロはウシという経済基盤を失い、入植者に雇用された［Gewald 1999: 110-140］。

ヘレロとンバンデルの差異は歴史的背景の差異として語られる。一八九四年、サミュエル・マハレロとの跡目争いに負けたニコデムスは、ンバンデルのカヒメムアの下に逃げ込んだ。「チーフ［マハレロ］はドイツ人やイギリス人から王冠を授かるべきか？」［Gewald 2002a: 217］という疑問が人々の間で持ち上がる中、カヒメムアと彼の民はドイツ植民地軍との連携をよしとせず、最後まで反発を続けていた。そして一八九六年のナミビア東部において、ドイツ植民地軍との関係を深めるサミュエルとそれに反発したヘレロとンバンデル連合軍の間で戦いが勃発し、その戦いに敗北したンバンデルとヘレロの多くがベチュワナランドへ避難した。カヒメムアが捕らえられて処刑されたのはこの時である［Gewald 2002a: 216-219］。処刑の際、カヒメムアはヘレロの土地を呪ったというが、入植者側につき土地を明け渡したサミュエルと彼の民への怒りと反感を背景としていると考えれば納得がいく。このように、歴史的にはサミュエルを中心とするヘレロとンバンデルは敵同士だったのであり、現在のアイデンティティにも影響を与えている。

二〇年の隔たりがあるにもかかわらず、二〇〇九年の筆者のインタビュー・データと一九八七～八九年の間に行われたヘンドリクソンのデータには多くの重なりがあった。ヘンドリクソンもまた、彼女が集めた話が一九五〇年代に人類学者ギブソンが集めた話と似通っていたことを指摘している［Hendrickson 1992: 224］。したがって、ヘレロ社会におけるオーラル・ヒストリーはある程度定型化されて伝承されているといえよう。

これらの語りに支えられながら、人々はチーフへの敬意を表すために自身の旗隊の色を身にまとってきた。ヘレロの旗隊は現在のヘレロ社会の構造と人々の帰属、さらには土地との結びつきを示しながらそれらを再生産していると考えられる。三つの旗隊の地域は明確に区分されているため、原則としてヘレロ社会における地図は三色に色分けすることができる。赤旗のマハレロ一族の地はオカハンジャからウィンドフック、白旗のゼラエウア一族の地はオカハンジャからオシンビングェ、そしてオプウォまで、緑旗のングヴァウヴァ一族の地は東部からボツワナにかけてである。

5 おわりに

本章では、第一にヘレロの人々がなぜユニフォームとロングドレスを着用するようになったのか、その歴史的背景を示した。ドイツ植民地軍との戦争とジェノサイドによって社会・経済・文化的基盤を破壊され、繰り返し分散を経験したヘレロは自己を蘇生させる鋳型を必要としていた。そのとき彼らがまとった鋳型が、植民地化された日常の中に溶け込んでいたドイツ人入植者の衣服であった。ドイツ人はヘレロの「敵」となった一方、軍事的経験を共にし、有効な統制の手段としてヘレロに軍隊様式を提供した「隣人」でもあったと考えられる。このような経験はサミュエル・マハレロの二面的経験と重なってもいた。

第二に、チーフと旗隊への帰属と色の組み合わせにより、ヘレロが他者から課せられた一枚岩的エスニック・カテゴリーを再想像し、創造してきたことを示した。ヘレロはドイツ人の衣服を単に複製したわけではなく一九世紀以降のチーフに関するオーラル・ヒストリーを衣服と組み合わせることで色に関する物語を発展させてきた。彼らはまずマハレロの色とされた赤を軍服に取り入れた。そして赤旗の軍服を模倣しながら、ゼラエウアの民は白、ングヴァウヴァの民は緑というように、各色を用いた独自の衣装を創り出してきた。そして、ユニフォームとロングドレスの着用と行進を繰り返し実践することで、独自のスタイルを練り上げてきたのである。ユニフォームとロングドレスは自分が「何色の」ヘレロであるかということ、つまりどの歴史的祖先やチーフに帰属するヘレロなのかというヘレロ社会内部での立ち位置を示す媒体であり指標になっている。

ジェノサイド後、共同体を破壊されリーダーを失ったヘレロの人々にとって、記念式典は祖先や英雄を想起しヘレロ社会やチーフへの帰属を確認する重要な場であった。そのことは現在の「伝統的指導者」の葬儀においても観察された。彼らはヘレロ全体を統一する色を定めず、ヘレロ間の分裂的要素をむしろ明確に可視化しながら社会を創り上げてきた。儀礼においては、抗争中の党派の間の回復の見込みのない分裂を社会が承認し、正当化することで決着がつけられることもある［cf. Turner 1975］。記念式典は、普段ばらばらに生活している人々が会することで彼らの集合性が強烈に立ち現れる場である一方、個々が属する異なる色によってその内的分類が可視化される。ヘレロという集団に三つの色が存在する現象は、その分裂的要素が可視的な形で集団に内包されていることを示す。彼らはチーフの死といった危機的状況にこそ自分たちの色を身にまとい、自分がヘレロであることやンバンデルであることといった立ち位置を再確認するように思える。

ヴェルナーは、ヘレロはドイツ軍に敗北したが、その敗北の経験が彼らの未来につなぐべき肯定的な自尊心や誇りを残したという。そして、その軍事的経験は彼らの共同体を集合させ、新しいコンテクストを創るために転化され、新たなヘレロのエスニシティの統合や民族意識を形成したと論じた［Werner 1990: 485, 500］。植民地経験を経て反復されてきた他者の像は単純に模写されてきたわけではなく、次世代のアイデンティティや表象を形成するに足るほど、鮮やかで独創的な新しい別の何かを生み出す可能性を秘めていたのである［cf. Taussig 1993, 2009］。

緑旗のンバンデルが、ヘレロとしてではなくンバンデルとしての独自性を主張してきたように、ヘレロが一枚岩的でないことが色によって標づけられている一方で、人々は色を用いることで集団の一体性を表そうとする。二〇一二年、白旗チーフのクリスチアン・ゼラエウアの葬式の際、ゼラエウアの屋敷の入り口には三色の旗が掲げられ、白旗のドレスを着たロイヤルハウスのひとりの女性は赤、白、緑の布を用いた手作りの飾りを胸につけていた。これは白旗の行事がヘレロ社会全体に位置づけられるものであり、他の二色の旗隊と共に行われるべきものであることを示している。よって、ヘレロの色は対立を反映すると同時に、相互補完的であるとも考えられるのではないだろうか。ドイツ人入植者との遭遇と影響、そして複数のチーフ一族の確立といったように、ヘレロの集団性は単一的に立ち現れてきたわけではなかった。ユニフォームとロングドレスという型を手に入れながらも三色に分節し、時に節合するという複雑な歴史的過程の中で、彼らの集合的経験と自己が成型されてきたといえるだろう。

第4章　ロングドレスのふるまい方——他者との接触と日々の上演

1　はじめに

第3章ではヘレロの自己成型についての考察を通して、第2章で示した入植者による一方的な分類によってだけではなく、ヘレロ自身による衣服と色の利用から人々のアイデンティティが成型されてきた歴史を示した。本章と次章では、ナミビア現地調査で観察されたより日常的な女性の着こなし（口絵12）とふるまいに焦点を当て、彼女たちの生活においてロングドレスがいかに着用され、周囲の人々のふるまいといかに同調し、応答しているのかを検討する。ロングドレスのふるまいと技が体得され、維持される過程を具体的に描いてみたい。

第3章第3節で整理したように、ヘレロのユニフォームとロングドレスはこれまで、いかにヘレロが自分たちを虐殺した「敵」であり「加害者」の様式を自分たちの生活に適合しながら新たな社会と集団的アイデンティティを構築してきたのかという、他者の模倣的ふるまい（ミメシス）と自己成型に関する人類学的・歴史学的研究の対象になってきた［Hendrickson 1992, 1994, 1996; Gewald 1998］。「ファッションは心理と社会のふたつの領域を横断し、まとまりのある自己同一性をつくり出すための方法である」［フィンケルシュタイン 1998: 69-70］と言われるように、西洋近代において身体を装飾し衣服を着ることは、自己を成型することと同一視されてきたからである。衣服を着ることで人は社会における自身の位置づけや所属を表し、不安定な自己をひとつのアイデンティティに定め、あるエスニック・グループであることとや、ジェンダーであることを装い、自己と他者を境界づけてきたと考えられる。ヘレロのロングドレスにおいては、なぜヘレロ女性は自己を定める時期に「敵」を参照したのかが疑問視されてきた。

しかし、現地調査を進めるにつれ、ロングドレスには複数の相貌［ウィトゲンシュタイン 1976］があるようだ、ということに私は気づき始めた［Cf. Cole 2001］。各節で示すように、現地調査の過程で私は、ヘレロの人々が一枚のロングドレスをドイツとの歴史的関係を示す歴史として見たり、祖先やチーフ[1]とのつながりとして見たり、ウシとして見たり、美として見たり、ナミビアにおける現代的装いとして見たりしている場面に遭遇した。加えて、彼女たちは、ロングドレスを何として見るかによって、ロングドレスをどう語るのか、ロングドレスを着た女性になんと声をかけるのか、どのロングドレスを着てどのような動作をするのかといったふるまいを変えていた。

そうだとすると、ロングドレスはひとつの自己を成型する手段や、自分が何者であるかを表す媒体であるだけではなく、個々のヘレロ、他のナミビア人、そして研究者といったそれを見る各人に、時と場合によって異なる相貌（顔、面影）を読み取らせる衣服であると考えることができるかもしれない。ロングドレスを見る各人は、自分が読み取った「顔」に適している（と各人が考える）行動をとっていると推測される。すると、ヘレロ女性は自己をどのように定義しているのか、あるいは、ロングドレスは彼女たちにとってどのような意味を持つのかという問い［Durham 1999］ではなく、ヘレロ女性はロングドレスを何として見て、どのようにふるまっているのかという問いが生まれる。

モースは「道具を用いる技法に先立って身体技法の集合がある」［Mauss 1973: 76］と述べ、着用する人々のふるまい（身体技法の集合）へ着目することの重要性を論じた。本章も、ロングドレスというもの（道具）を理解するためには着用する人々のふるまいを理解することが重要であると考え、ロングドレスをそれらのふるまいと結びついたハビトゥスのあらわれとして位置づける。

以下、本章ではヘレロのロングドレスの複数の相貌と、それらの相貌を立ち現せる人々のふるまいを、四つの相貌――ドイツ人入植者、家畜としてのウシ、個々のヘレロ女性、隣接集団ヒンバの女性――として描くことを試みる。ひとつの自己やスタイルは自律的個人によってのみ成型されるわけではなく、他者との何らかのやりとりや相互行為を通して成型される可能性がある[Greenblatt 2005][2]。本章ではドイツ人入植者、ウシ、個々のヘレロ女性、隣接集団といった他者とのやりとりや相互行為を接触（contacts）としてとらえ、それぞれの接触が複数の相貌を生んできたことを示す。そして、これら複数の相貌がどのように関連し合い、一枚のドレスにどのようなふるまいが誘発されてきたのかを明らかにすることを目指す。

クリフォードはプラット[Pratt 1992]による接触領域の概念から、文化的活動やアイデンティティは全体性を有する境界づけられた領域ではなく、さまざまな接触を通じて維持される間文化的領域であると論じ、「文化」を複数の人々や事物が接触し、出会い、関係し合うことで形作られる領域として考察している。

> 文化の中心や明確に規定される地域・領土は、接触に先行して存在するのではない。むしろそれらは、さまざまな接触を通じて維持され、人びとと事物のたえまない移動を流用し、規律化するのである。……接触のアプローチが前提とするのは、複数の社会文化的な全体性がまず存在し、それがある関係へ投じられるというものではない。そうではなく、諸々のシステムはつねに関係の中で構築されており、歴史的な転地のプロセスを通じて新たな関係に参入するのである。[クリフォード 2002: 13-17]

ヘレロのロングドレスもまた、永遠に定まった型が先行して存在するのではなく、さまざまな接触を通じて維持され、規律化され、異なる形を生成しているのではないか。このことは、「エスニック」ドレスを日常的に着る人々が減少している現代世界において、ヘレロ女性が現在も夢中になっているロングドレスの魅力の謎を解明することにもつながるだろう。本章では、ロングドレスの歴史的変化と並び、いかに現代のヘレロ女性がロングドレスをめぐるふるまいを学び、身につけているのかを探る。

2 ヘレロ文化としてのロングドレス

ヘレロのロングドレスは西洋に起源を持つが、当のヘレロもまたドレスの流用性や変化を自覚しているだけではなく、むしろ入植者との交流や混淆性をその特徴として語る傾向にある。彼女たちは外来性を厭うどころか、入植者との交流がナミビアの他の人々よりも頻繁であったという歴史的混淆性を特徴として語る［cf. Durham 1999: 399-402］。例えば、オカカララで職業訓練学校に通っていた二〇代前半のヘレロ女性は、「［昔の革の衣服は］私たち特有の衣服ではなくアフリカ人一般のもの」だと述べ、現在のロングドレスこそがヘレロ固有の衣服であることを強調した[3]。外部の者にしてみると昔の革の衣服こそがヘレロ固有の衣服であるように思えるし、そのように語るヘレロもいる。しかし彼女は、「ロングドレスこそが自分たちの固有の衣服」だと考えており、それがヘレロの歴史における「敵」の衣服であったことや真正性を問題視していなかった。

このような語りは、私が「ヘレロの衣服の変化やロングドレスが外来であることについてどう思うか」と彼女たちに尋ねたときに出てくるのであり、日常生活ではロングドレスの歴史や外部起源であることは背景化している。さらに、別の女性は世界が変わっているのに自分たちが変わらないのはおかしいといい、ロングドレスを「生かし続ける」ためには常に新しい形に変えねばならないと述べた[4]。近年の発明であるにもかかわらず、ヘレロの人々は現在のロングドレスに愛着を持ち、祖母や母の代から受け継いできた伝統や文化としてロングドレスを誇っている。

「ドレスに対してヘレロ女性が抱いている考えは、［西洋以外の］伝統についての概念、すなわち、不変で、不可避的にローカルであり、自然発生的なものとして表象される伝統に対するカウンター」［Durham 1999: 399］であると指摘されるように、従来の革のドレスをヘレロ固有の衣服として外来のロングドレスと区別し、ロングドレスの真正性を疑問視する考えは、研究者や部外者の視点から生じてきたものである。一方、ロングドレスを自分たちのドレスとして創り直してきたヘレロの人々はドレスの継承と創造、外来であることと固有であることといった部外者にとっての矛盾を問うことに価値を見いだしておらず、自分たちの文化であるということが自明視されている。

ヘレロ女性によるロングドレスの日常的着用状況を一般化することは難しいが、概して年輩の村の女性、年輩の首都の女性の順に着用者が多いといえる。ただし、最近ではナミビアの各エスニック・グループの文化を学ぶ小学校低学年の授業でロングドレスが着用されることもあり、着用に厳密な年齢制限はない。ロングドレスは従来、初潮を迎え、胸が発達し、結婚できる程度に成熟した女性が着用する衣服だとされてきた［cf. Hendrickson 1994: 37］。そして、初潮を迎えた女性は"*okusaneka otjikaiva*"と呼ばれる、初めてオシカイバを被りロングドレスを着用する祝福の儀礼を行った。現在、同儀式は初潮の時期にかかわらず、初めてロングドレスを着用する少女や女性のために家族で行われており、ロングドレスを着用しオシカイバを被ることがヘレロ人女性としての重要な通過儀礼となっている。先述したとおり、ロングドレスの所有枚数と素材の質は本人と家族の経済状況によって大きく異なる。比較的裕福な家庭で育った娘は小学生頃の早い時期からロングドレスを所有・着用するが、貧しい環境で育った娘は本人が働くようになって初めて購入する、結婚式の際にウェディングドレスとして初めて着用するなど、二〇歳を過ぎてからロングドレスを着用し始めることもある。したがって、すべての女性がオシカイバを被る儀式を経験するわけではないが、同儀式は年輩者だけではなく一〇代のヘレロの少女たちにも広く知られており、ロングドレスとオシカイバの着用が現在もヘレロ女性としての自己成型と結びついていることが伺える。

ヘレロ女性は冠婚葬祭に参加する際、原則としてロングドレスを着用せねばならない（口絵13）。つまり、ロングドレスを持たなければ儀礼的な場に参加することができず、社会の一員としてふるまうことができない。花嫁は真っ白なロングドレスを仕立てて着用し、姉妹や従姉妹といった花嫁の付き添いはオレンジや黄緑などの同色で仕立てたロングドレスを着用する。

ロングドレスを持たない少女（二〇一七年、ウィンドフック、一九歳女性）

筆者：なぜロングドレスを持っていないの？
女性：誰も私にロングドレスを作ってくれなかったし、買ってくれなかった。誰がそうできたっていうの？
筆者：結婚式や葬式に行くときは何を着て行くの？
女性：冠婚葬祭に参加したことはないし呼ばれたこともない。参加したことがないのは、ロングドレスを持っていないのが理由のひとつかも。来年結婚するときに着るウェディングドレスが私の初めてのロングドレスになるわね。彼（結婚相手の男性）が買ってくれるの。白のドレスの他にどんなドレスがいいか、フェイスブックで色とデザインをチェックしているとこ。

この女性は、ロングドレスを作るお金を与える余裕のある親族を持たなかったために、ロングドレスを一枚も所有したことがなかった。ロングドレスを親戚や知人に借りて儀礼に参加することもできるが、彼女は借用も着用もしたことがないという。

では全く興味がないのかというとそうではなく、二〇一八年一一月現在七、七〇〇人ほどが登録するフェイスブックの公開グループ〝Herero Dress Making 400〟上で人々が公開しているロングドレスの写真をスマートフォンで確認し、どのようなドレスを作るかを考えていた。このフェイスブック上のグループではロングドレスだけではなく、バッグ、エクステンション、布地や鏡といったファッションアイテムの情報が頻繁に流され売買されている。ロングドレスは着用者の身体のサイズにぴったりと合う寸法で、着用者の好みを反映して作られるオーダーメイドである。そのため、借りたものと自分のものでは着心地が全く異なる。ヘレロ女性にとって、自分の身体に合う、自分の好みを反映したロングドレスを所有することは、自立した存在として堂々と公の場に自分の身体を参加させる社会的行為なのである。

加えて、現在すべてのヘレロ女性が結婚と同時にロングドレスを毎日着用し始めるわけではないが、既婚男性は妻がロングドレスを着ることを好む傾向にある。ある三〇代女性は、結婚すると夫のいうことを聞いて毎日ロングドレスを着用せねばならないことを未婚の理由として挙げていた。ロングドレスはウエストと胸部を強く締め付ける作りになっており窮屈で、ペチコートを数枚重ねるため重く、着用には拘束感が伴う。そのためヘレロ女性は、自分のドレスを持つ満足感と誇り、そして着用せねばならないという矯正と抑圧、両方の感情を抱いていると考えられる。以下では、ヘレロ女性たちのロングドレスのふるまいを具体的に示す。

3　ドイツ人入植者との接触と軍隊的ふるまい

ヘレロ研究における「メジャー」[5]な物語は、ドイツ植民地主義とジェノサイドに関する物語である。たとえば、大阪府吹田市の国立民族学博物館に展示されているヘレロのロングドレスは、他のアフリカの衣装とは別の「歴史を掘り起こす：植民地の経験」を紹介する場所に配置されている（口絵14）。それは、ロングドレスがヘレロを虐殺したドイツ人入植者の衣服に由来するという、ねじれた植民地的経験を顕著に示しているからである。

上述のとおり、ロングドレスは入植者によってヘレロ社会に導入され、縫製技術の普及とともにヘレロ女性に受容されたといわれる［Hendrickson 1994: 45-51］。植民地的遭遇の瞬間に入植者たちが着ていた衣服が、形を変えながら現在まで継承されてきたのである。ヘレロの人々は日本人や西欧人から見ると時代錯誤に感じられるロングドレスに愛着を持ち、固有の文化として誇っている。第3章で示したように、ヘレロは単にドイツの様式を取り入れ

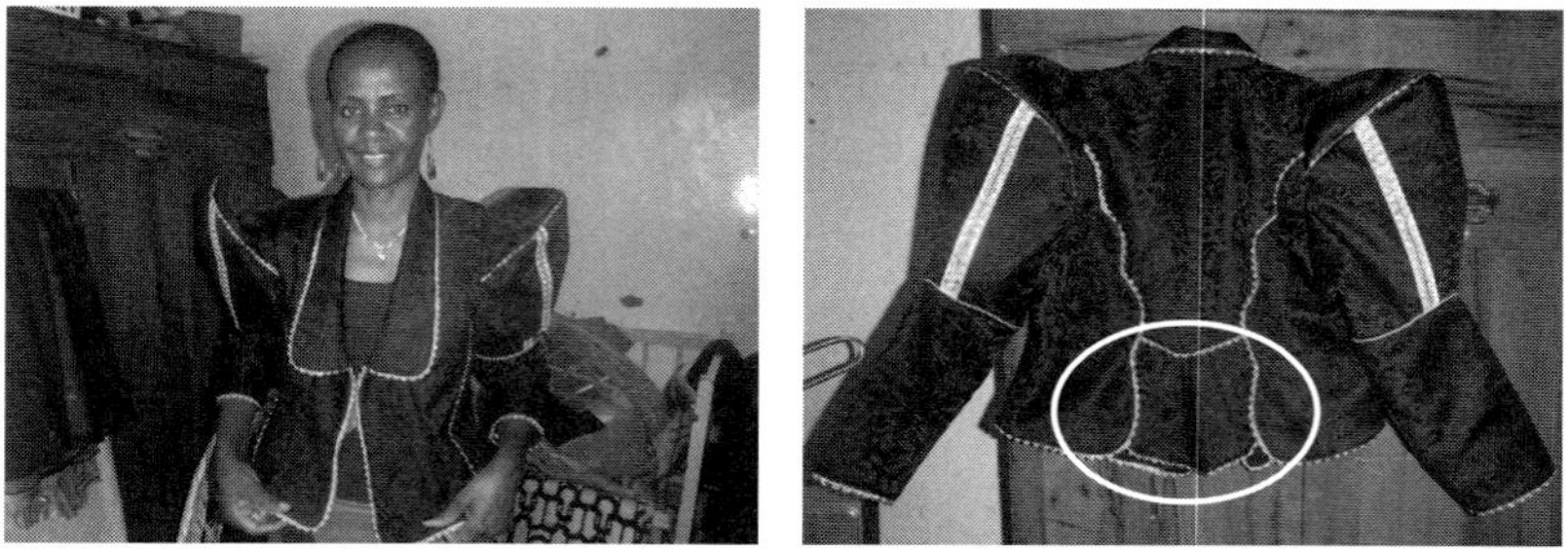

写真14　現代的な型の白旗用ジャケット
肩部が上方に突き出し袖口が締まっている。部分のデザインは変えてはならないとされるが，現代的なデザインを追求する仕立屋の中にはそのデザインを変える者もいる。ウィンドフックのカトゥトゥーラの仕立て屋ベイビィの自宅兼仕事場にて。

たわけではなく衣服に独創的なアレンジを施してきた。

ヘレロ女性は記念式典に参加する際、自分の旗隊の色をあしらった式典用ロングドレスを着用する。[6] 式典用ロングドレスの特徴は、記念式典や冠婚葬祭の場でのみ着用されるジャケット（*ejaki*）である（写真14）。仕立てさえすれば、チーフ一族だけではなく誰でも着ることができる。ジャケットの着用は祖先への敬意を表すと言われ、他の場で着回すことは禁じられている。赤旗のジャケットには黒を基調とした生地に金色の縁取りが施され、白旗と緑旗のジャケットには黒に白、もしくは銀色の縁取りが施される。記念式典用ロングドレス（基本色は赤、白、緑）は色や生地を自由にデザインすることが許されている。ジャケットの色や生地も変えてよいが、ジャケットの背中部分のデザインは変えてはならない。

行進はチーフや有力者の葬儀でも行われる。二〇一二年一月八日、調査地域一帯のチーフ、クリスチァン・ゼラエウアが亡くなり、彼の屋敷がある村とゼラエウア一族の墓地があるオマルルで葬儀が行われた。三色の旗が屋敷に掲げられ、人々が各地から集まってきた。ゼラエウア一族の色は白であり、彼らは白旗を組織している。葬儀の参列に向けて、村の人々は熱心に衣服を準備し始めた。女性たちは記念式典用ロングドレスや白い色の入ったドレスを庭に出し、風にあてて干していた。

エミィの家にも親族が数名集まってきた。エミィの従兄弟である一九六四年生まれの男性は、チーフを弔うために葬儀の一週間前から迷彩柄の短パンと白のタンクトップに軍帽を合わせた格好をしていた。葬儀当日、彼は白旗の肩章のついたカーキ色のジャケットとパンツ、黒字に白のドット柄の帯を巻いた軍帽、白と黒の毛糸で編んだネクタイに着替え、呼子笛を身につけた。そして葬儀へ出発する前、私たちの家の前のムパネの木の下で、彼が唯一唱えることができるという馬の歌（*ombimbi*）を聴かせてくれた。この掛け声にも似た歌は記念式典でも詠唱される賞賛歌であり、過去の偉大な統率者、英雄、祖先、現在の伝統的指導者たち、そして、彼らと共に暮らしてきた家畜やヘレロたち自身を鼓舞し、讃えるものである。

その他の男性も、白い羽のついたハット、カーキ色のジャケットとパンツ、白のシャツを準備していた。衣服に丁寧にアイロンをかける、白と黒、または黒地に白いドットがついた柄の布地を三角に切り胸に縫いつける、帽子の帯として縫いつける、手首に巻きつける、車のアンテナに結びつけるなど、各自が用意できるもので装うのである。エミィは洋裁を得意としており、布地を多く所有している。葬儀用の衣装がない近所の人々は彼女の家へやってきて、白黒の端切れをジャケットの肩、胸、帽子に縫い付け、葬式へ出かける準備を手伝ってもらっていた。村人に布や服を準備すれば、少なくとも亡くなったチーフの弔いに貢献できるとエミィは語った。

ヘレロは旗、ユニフォーム、そして行進といった入植者との接触以前にはなかった軍隊的様式とふるまいを取り込み、形式化してきた。ヘレロの身体に息づくのは現在のナミビア社会で生きるドイツ人入植者の子孫との関係というよりも、植民地時代にヘレロと交流した入植者との接触の歴史であり、植民地経験なのである。

4　ウシとの接触、およびヘレロ女性同士の接触と美的ふるまい

私は先に触れた、国立民族学博物館に展示されていたロングドレスの写真（口絵14）を村の人々に見せたことが

ある。写真を見せることで、植民地時代の歴史についての彼らの見解や過去と現在の生活との関連についての会話が始まることを期待したからだ。しかし彼らが写真を見ながら指摘したのは、展示されているドレスがあまり美しくないことであった。オシカイバが左右対称ではないし、用いられている布地の質も悪そうだという。博物館では植民地時代の歴史を来館者に示し、伝えることを目的に展示が設けられていた。ところが当のヘレロたちは写真に写ったロングドレスの歴史を語るのではなく、審美的に批評し始めたのだ。

このような反応は、ロングドレスの歴史性や記念式典での着用に留まらないより日常的で「ローカル」なロングドレスの世界があることを私に気づかせた。ヘレロ女性はロングドレスを変化させることで魅力を保ち、生かし、「進化させてきた」と語る。[7] ロングドレスは私たちにナミビアにおける植民地主義についても教えてくれるが、同時に日常におけるファッションとしてヘレロ女性に楽しみをもたらし、彼女たちの美的感覚を養ってきたのである。ロングドレスの楽しみは、記念式典や冠婚葬祭といった儀礼的場にヘレロ女性として参加するためにロングドレスを着用せねばならないという規範と規則とは別の原理で、人々を動かしていた。

本節ではロングドレスの美的相貌に焦点を当て、ヘレロ女性のより美しいロングドレスとふるまいへの欲望を探る。経済的・社会文化的に価値づけられているウシを参照したヘレロ女性の美の後に、個々のヘレロ女性間の美的感覚を見ていきたい。

（1）家畜であるウシとの接触

胸の下が締めつけられるロングドレスの着用感は着物と似ている。着物の帯を外した時の久しぶりに大きく息を吐く感覚を思い出してもらえばよい。女性たちの多くは普段、ジーンズ、Tシャツ、スカート、スーツといった洋服を着ており、結婚式や葬式でのみロングドレスを着用する。都市部のオフィスや商店などで働く女性たちによれば、ロングドレスを着ることは好きだが動きにくく、街での仕事には適していないという。また、ロングドレスを着た時の圧迫感や締めつけによってできるあざを嫌い、ロングドレスを着たがらない女性もいる。

ロングドレスを作り着る苦労を知れば知るほど、なぜ従来のシンプルなドレスから現在の手の込んだものに変化したのか不思議になってくる。ロングドレスを日常的に着用する首都のカトゥトゥーラ在住の年輩女性に着用の苦労を尋ねたところ、慣れた（*Mba irirre.*）ので苦にならないという回答が返ってきた。また他の女性たちも、初めは大変だがだんだん慣れてくるのだと主張する。私が村の葬式に参列するためにロングドレスを着る際に苦しがっていると、「ヘレロになりたいなら耐え忍ばねばならない」（*Mo hihamua tjimovanga okurira omuherero.*）とエミィにいわれたこともあった。ヘレロに「なる」ことは簡単ではなかった。

なぜ彼女たちは苦しみながらもロングドレスを着るのか。その問いに対するもっとも率直な答えは、ロングドレスが自分を女性らしく、また美しく見せてくれるからだという。私は結婚式[8]に参列するため水色のロングドレスを借りて着せてもらったが、そのとき、あろうことかオシカイバを頭から落としてしまった。私はオシカイバの作り手エスト（五〇代、女性）とネイリストのレイチェル（四〇代、女性）がカトゥトゥーラの平屋建て長屋の一室を借りて共同で開くサロンに通い、ヘレロ女性たちと仲良くなり情報を集めていたが、あるときその経験について話したところひとりの中年女性客が会話に入ってきた。

ロングドレス着用時のヘアスタイル（二〇一二年、ウィンドフック、四〇代女性）

筆者：ドレスはきれいでいろんな人に褒められたけど、私の髪はオシカイバをつけるには柔らかすぎてオシカイバが落ちてしまって。

女性：エクステンションをつけるべきだったわね、そっちの方がしっかり固定されるわよ。もし自分の髪がいいのなら、ピンでしっかり留めないとね。でもやっぱり、あなたの場合は、まず髪を短く切るべきでしょうね。そして［エクステンションを］編み込むのよ。あなたみたいなストレートヘアではきれいに見えないのよ。ほら、ヘレロの女性この失敗の後、私はロングドレスを着るとき彼女のいうとおり髪を編み込むか、強めにカールされたボブスタイルのウィッグをつけるようになった。着衣を手伝ってくれた多くの女性たちも、そうするよう強く私に勧めた。自分の髪があるのになぜウィッグをつけるのかと子どもたちは笑っていたが、大人の女性たちはそのスタイル作りに極めて真剣であったため私は従うことにした。オシカイバにはカールボブが一番似合うというのが定説になっており、女性たちはウィッグをつけるか自分の髪をカーラーで巻いていた。

ヘレロ女性がロングドレスを着ているときにオシカイバが落ちて自分の頭が露わになることは、考えられないことであるという。私のオシカイバが落ちた時、一番焦っていたのは結婚式の様子を案内してくれていた青年であり、それは恥ずかしいことだからすぐ誰かに直してもらうようにと勧められた。それが恥ずかしいことだと知らなかった私は驚き、ロングドレスを着つけてくれた知り合いの女性のところへ小走りで向かおうとしたがそこでまた呼び止められてしまった。ロングドレスを着た女性は決して走ってはならず、ゆっくりと優雅に「ウシのように」歩かねばならないという。

このように、ロングドレスの着こなしやふるまいには美的規範があり、ロングドレスを着る者はまずその規範を学ばねばならなかった。私はロングドレスを着てはいたがそのふるまいが体得できていなかったのである。特に他人のオシカイバを借りてつけたときに感じる違和感と落下への不安は大きく、私は最終的に自分の頭のサイズに合ったオシカイバを作ることにした。加えて、オシカイバは地面と水平でなければ美しくないとされる。「角」は水平に伸びているため、オシカイバ同士、人の顔、家のドアといったさまざまな障害物にぶつかり、しばしば位置がずれてしまう。そのため女性たちは互いにオシカイバを直し合い、鏡でチェックすることを怠らない。

袖やスカート部の膨らみや切り替えの位置など、ロングドレスのデザインは時代による変化を遂げてきた

［Hendrickson 1994: 30-35］。そして、最も大きく変化したのはオシカイバである。ヘレロ女性はオシカイバをロングドレスの一番の特徴として語る。ところが、当初のオシカイバには「ウシの角」のような出っ張りはなく、ヘレロ女性は頭の形に沿って布を巻いていただけだった。なお「ウシの角」という比喩がいつごろどこから出てきたのかは不明である。だが現在ではヘレロ女性自身がこの比喩を頻繁に用いており、単なる部外者によるラベルづけではないことが現地調査からわかってきた。ヘレロ女性はウシの角や動きを身につけ、牧畜生活の中で養われてきた美的感覚をファッションに昇華させてきた点でユニークである。

なぜオシカイバが「ウシの角」と称されるようになったのか、首都在住の女性に聞いたところ以下のような話が出てきた。

ヘレロ女性とウシ（二〇一二年、ウィンドフック、四〇代女性）

ヘレロ女性はオウシナを歌うとき、頭の横で両手のひらを外側に向け、リズムを取りながら外へ押し出すような仕草をするの。その手の動きはウシの角を表しているのよ。ヘレロとウシには密接なつながりがあるから、オシカイバがウシの角だという意味づけがなされていてもおかしくないわね。

結婚式や葬式の際、ロングドレスの女性たちが立ったまま火を取り囲み、手を打ち鳴らし、身体を揺らし踊りながら歌うパフォーマンスをヘレロ語でオウシナ（*outjina*）という。牧畜を主な生業としてきたヘレロにとって、ウシは経済的・社会文化的に重要な家畜である。西欧のものが流入する以前、ヘレロはブッシュの中で放牧しながらウシの乳を飲み、ウシの肉を食べ、ウシの皮を身にまとうというウシとの共存生活を送っていたとヘレロの人々はいう。儀礼でウシを屠り、聖なる火のそばで祖先との交流を行い、式典でスピーチをするのは男性である。総じて、女性は儀礼における権力を持たない。しかし、シングルマザーが多いヘレロ社会では女性もまた放牧の担い手

写真15　墓の横に立てられたウシの頭の模型

であり、牧畜は経済的自立の手段でもある。

現在でもウシは葬式の供犠や結婚の婚資に用いられるなど儀礼に欠かせない家畜であり、ヤギや羊といった他の家畜とは区別される。墓の横にウシの頭の模型が立てられていることもある（写真15）。農村では人々は朝早くから放牧に出かけ、乳を搾る。資産として多くのウシを柵に「貯蓄」しておき、必要な時に各地で定期的に開かれるウシのオークションでウシを売り、現金を得るのである。ウシはヘレロが住民の多数を占めるオカカララ地区のロゴマークに用いられるなどヘレロのシンボルとしても用いられている。

二〇一二年、私はエストのオシカイバ・サロンでオシカイバの作り方を教わっていた。エストは私に、ウシの角に見えるように角の形を真似てオシカイバを作っていることを教えてくれた。女性たちはしばしば、オシカイバを被った女性をウシに喩えてふざけあう。インタビューで女性がヘレロとウシの象徴的つながりについて語ったように、「ウシの角」という比喩はヘレロ女性にとって納得できるものである。それだけではなく、彼女たち自身が意識的にオシカイバとウシの造形を重ね合わせ、デザインの参考にしていることが分かった。

この「ウシの角」がいつどこからきたのか、その経緯や明確な年代、変化の理由を示すことは難しい[9]。だが、ナミビア国立公文書館所蔵の写真、個人所有の写真、そしてインタビュー調査[10]から、現在のオシカイバの特徴的な「角」の原型が見られ始めたのは一九六〇~七〇年代頃だと考えられる。一九五〇年代には角のない丸い形が作られていたが、一九六〇年の記念式典では現在の細長い形につながる四角い布の巻き方がなされている。一九八〇年代には、幅は広いものの水平に伸びた形が確認される。エミィ・シランバはヘッドドレスが四～五段階の変化を遂げてきたことを、ヘッドドレスを被ったヘレロ女性の顔を描きながら私に示した。彼女が描いたヘレロ女性は、第一段階で泣き顔、第三段階で無表情、第五段階で笑顔であり、現在のヘッドドレスの形が一番優よいと考えられていた。

写真からは、オシカイバが五段階の変化を遂げてきたことが確認できた。第一段階（一九世紀末）は簡単に布を巻くか、被り物をつけないスタイル（口絵15ⓐ）、第二段階（二〇世紀初頭～一九五〇年代頃）は布が小高く丸く巻きつけられたスタイル（口絵15ⓑ）、第三段階（一九五〇～一九七〇年代頃）は完全な曲線ではなく、やや台形に近いスタイル（口絵15ⓒ）、第四段階（一九八〇～一九九〇年代）はより長方形に近いスタイル（口絵15ⓓ）、第五段階（二〇〇〇～二〇一〇年代）は厚い台形から細長い水平なスタイル（口絵15ⓔ）である。第一段階から第五段階を比べてみると、最初は頭に沿った形だった布が、小山のような上方向へ伸びた形、そして、上ではなく横へ突き出した形に変化している。

以下、首都にオシカイバ・サロンを持つヴェヴァンガとエストへのインタビューから、オシカイバの作り方の変化をまとめてみたい。オシカイバの形を保つことは容易ではなく、ヘレロの人々はこれまでさまざまな工夫を凝らしてきたという。現在のオシカイバは基部（*ohore*）、そして基部と組み合わせて形を決定する上部（*oruzunga*）から構成されている。基部は額や頭に直接触れる部分であり、主に綿布が用いられる。上部はドレスの外見を左右する部分であり、ロングドレスと同様のサテンやタフタといった生地が用いられる。まず、基部を頭に被り、その上に上部を成す布を小さなピンで留めながら巻きつける。角部分の形を整えたら、丸めてガムテープで留めた新聞紙を角部分に入れ、見えないように布で包み込む。つまり、現在見られるオシカイバの長さは実は新聞紙の長さで決まっている。熟練した作り手であれば約一〇分でひとつのオシカイバを完成させる。しかし、大多数のヘレロ女性はオシカイバ作りをヴェヴァンガやエストら専門の作り手に依頼する。オシカイバ作りは誰にでもできるものではなく、熟練の技が必要とされるからである。

従来、上部はなかったといわれ、オシカイバに革新をもたらしたのは上部だと考えられる。たとえば第一段階のオシカイバは基部のみの状態である。ヘレロの人々は上部の形を保つために、布だけではなく木の棒や角材、ときに溶かした砂糖までも利用してきたという。砂糖に布地を浸して用いることで固く扱いにくかった布地を柔らかくし、形を作りやすくしたのである。さらに、当初は高さと形を保つためにふたつの基部が重ねて用いられた。

このように苦労が多かったオシカイバ作りだが、近年は柔らかい布地が手に入るようになったこと、そして一九九〇年にヴェヴァンガが固く丸めた新聞紙を角部分の型として用いる方法を編み出したことで、オシカイバはより軽く作りやすくなったという。新聞紙を用いる彼の技術革新は多くの女性に取り入れられ、今では一般的な方法となっている。以前は厚く幅広かったオシカイバの「角」も、現在では縦五センチメートルほどと細くなっている。新聞紙の利用はオシカイバの型をより標準化したと考えられる。

(2) 個々のヘレロ女性間の接触

第5章で見るように、ヘレロ女性たちは国内外でのロングドレス・ファッションショーを複数成功させることで、グローバルな世界における知名度と機動力を高めてきた。背景には個々のヘレロ女性による、美を追求する活動がある。ロングドレスはオーダーメイドであり、全く同じロングドレスを着ている人はいない。個々人が好みの布を買い、望んだデザインを実現してくれる仕立屋を探し、自分のドレスを仕立てるからである。また、ロングドレスの美しさは男性に対するアピールでもある。ヘレロ男性は背が高い女性を好むといわれ、若者たちはロングドレスを着る際に、五センチメートル以上のハイヒールを好んで着用する。

そして、痩せている女性が美しいとされる西洋ファッション業界の価値観とは異なり［cf. Reicher and Koo 2004］、ロングドレス・スタイルではペチコートを何枚も重ねて着用し、女性の体型をひとまわりかふたまわりほど大きく見せる。原則として、ペチコートは三～七枚程重ねられるが、その数は個々人が持っているペチコートの数やどのようなスタイルを作りたいかによって変わる。近年、若者のドレス離れが進んでいる理由として何枚もペチコートを重ねるため暑く、着心地が良くないことが挙げられる。そのため、ペチコートの数を減らしたり、素材を綿からポリエステルに変えたりといった工夫が凝らされてきている。

ロングドレス・スタイルでは、腰周りと臀部（*omatako*、以下、オマタコと記す）をふくよかに見せることが重視されており、痩せ形の女性はしばしばひもつきのクッションを背中の下の腰部分にあてがい、落ちないようにウエスト部分で結びつける（口絵16）。痩せているか太っているかは、ヘレロの人々が女性の体型について語るときの語り口のひとつになっている。私が久しぶりに村の人々と会ったときも、「太ったね」あるいは「痩せたね」と実際の変化にかかわらず挨拶のように言われる。この場合、特に見られているのはオマタコであり、会話の中ではオマタコが大きくなったか小さくなったかへの言及が続くことがよくある。ある程度「大きなお尻」（*omatako omunene*）を持っていることがヘレロの大人の女性の美として肯定的に語られるが、大きすぎると批判の的になる。オマタコがヘレロ女性の美における審査対象のひとつになっているといえよう。

整理すると、ロングドレスを着た美しいヘレロ女性の典型とは、地面に対して水平に、しっかりと頭に固定されたオシカイバ、カールボブのヘアスタイル、靴が隠れるくらい長い裾、体型に合ったロングドレス、ウエストと胸下のくびれ、ペチコートとクッションで強調されたふくよかなオマタコ、ハイヒールで高くした背丈で、決して急がずゆっくりと「ウシのように」優雅に歩く女性ということになる。さらに、デパートやドラッグストアで売っている香水をつけることが多い若者層に対し、特に地方の中高年層は乾燥させた香りの良い木の枝や根（口絵17㊦）を身体やロングドレスに擦り込み、小袋に入れたりして持ち歩く。このようなファッション能力を身につけることで、ひとりの人間はヘレロ女性に「なる」ことができるのだ。

いわゆる洋服と同様、ロングドレスもすぐに「時代遅れ」になってしまうため、ヘレロ女性はこれまでロングドレスの形を積極的に変化させてきた。中でも、ロングドレスの正装に位置づけられる記念式典用のドレスは若者たちから「流行遅れ」で「ダサい」、「年輩の女性が着るもの」といわれ、好まれない傾向にあるという。若者が特に注文をつけるのが記念式典用ジャケットのデザインであり、仕立屋たちは重要だと考えられている背中部分のデザインを保ちつつ色や素材を変えるなどの工夫を凝らし、顧客のニーズに応えようとしている。

たとえば、首都で自分の店を持ち、各地でロングドレス作りのワークショップを開く一九七七年生まれの仕立屋グレースは、赤旗用のジャケットとして、花の模様が薄く入った光沢のある黒い生地に赤と黄色の縁取りを施したカジュアルな印象のデザインを考案した。一九六〇年代のジャケットと現在のものを比べると、袖が短くなり、ふくらんだ肩部分と締まった袖部分がはっきり対比的に形づくられている。新たな工夫をしなければ、仕立屋は若者からの注文を獲得できないと彼女はいう。

長い年月の末にやっとひとつのヘレロ・スタイルができ上がったと思われたにもかかわらず、そのスタイルは若者に「流行遅れ」と言われ変革すべき対象となっている。自分が置かれている時間、場所、そして文化的・政治的・経済的・宗教的状況に適合した衣服を選ぶ能力は常に揺れ動いているのであり、定義することができない。常に最新のスタイルを学ばない限り「ダサい」、「ずれた」格好になってしまう。ロングドレスはヘレロ女性同士や世代間の競合的感覚によって変化し、洗練されてきたといえよう。

5　ヒンバとの接触と現代的ふるまい

ロングドレスの着用の主体はヘレロ女性である。しかしインタビューでは、そのデザインを気に入ったドイツ系ナミビア人女性がロングドレスを購入したり、南アフリカから来た観光客が妻のために買っていったりなど、ヘレロ以外の人々が購入し着用する例も聞かれた。また、ボツワナや南ア、ヨーロッパに住むヘレロたちからの注文を受ける首都の仕立屋も多く、ナミビアのヘレロに留まらない流通が認められる。

本節では、ロングドレスを着るヒンバ女性のふるまいについて記したい。ナミビア北西部に居住するヒンバの人々はヘレロ語を話し、ヘレロと祖先を同じくするなど、ヘレロと多くの文化的重なりを持つ［太田 2001］。典型的なヒンバのスタイルは、体全体に代赭石（red ochre）を砕いた紅土と油脂やバターを混ぜたペーストを塗り、革製のスカートとオシカイバを身につけ、上半身は裸である（口絵18 左端に写るヒンバの少女）。彼らのいわゆる伝統的な姿はしばしば西欧化した先進的なヘレロとの対比によって語られる。[11]

革の衣装が取り上げられるヒンバであるが、彼女たちもまたＴＰＯに合わせて洋服を着たり、ヘレロのロングドレスを着たりと、その外見を変化させる。路肩でヘレロやヒンバの人形を売り生計を立てている口絵18の右ふたりはヒンバであるが、店頭に立つ際はヘレロのロングドレスを着用しているという。ヒンバ女性は洋服やロングドレスに着替えることで、現代世界と上手くやっていく方法を模索している。

ヒンバ・スタイルをやめる（二〇一二年、オマルル、二〇代女性）

ある日、私はカマンジャブからオプウォへ行きたくて、ヒッチハイクをしていたの。でもみんな私を乗せたがらなかった。なぜなら私は汚いし、私のスタイルは彼らの車を汚してしまうからよ。それで次の日、私は自分の伝統的な服を脱ぐことに決めたの。社会から認められていないような、社会の一部ではないような感じがしたから。今の私は現代的で、道端の民芸品店でヘレロやヒンバの人形を売っているの。それでいくらかお金を稼いでいるのよ。故郷の村へ戻ったときは、ヒンバの格好が恋しくなるけどね。

オマルルで出会ったこの二〇代のヒンバ女性（口絵19（下左））は、ナミビア社会の一員として生きていくためにヒンバの衣装を着ることをやめたという。彼女は町で活動するときはＴシャツ、パーカー、ジーンズといった洋服を着用し、民芸品店で働くときはヘレロのロングドレスを着ると言う。現代ナミビア社会で日常生活を送るヒンバ・スタイルのヒンバ女性は、ときに困難にぶつかる。そのとき彼女たちは目の前の状況を乗り切るために、洋服やロングドレスに着替え、ヘレロのふるまいを模倣するのである。

ヘレロの人々は男女ともしばしば、ヒンバの赤く塗られた肌やそのスタイルの美しさを讃え、自分たちの過去の姿を彼らに投影して語る。しかし、ヘレロ女性は西洋化したために、胸を出すことには抵抗があるという。ヘレロも前はヒンバのような格好をしていたが、ヨーロッパ人と一緒に暮らし始めてから洋服を着るようになったと彼らはいう。ヘレロたちはヒンバとの差異を語るとき、ヘレロの方がより入植者や西洋化された現地の人々と交流してきたという歴史的経験の違いを取り上げるのである。

ヒンバとヘレロは、伝統と現代、過去と未来に分類されるように見えるが、ドレスを交換することによってその時々の互いの望みや期待を満たし、よりよい人生を生きる可能性を互いに提供している。ヘレロ女性もまた、ヒンバが普段身につけているアクセサリーやオシゼと呼ばれる紅土入りの顔料を用い続けている。また、ロングドレスの着方を苦しみながら学ぶことで、私のような日本人や他国の人々がヘレロに「なる」こともできる。ドレスの実践はルーツが異なる人々との経験の共有や表面的な変装の可能性を広げ、カテゴリーを越えた飛躍の新たな手段を提供しているのである［cf. Cole 2008］。ヒンバとヘレロは状況に合わせてお互いを参照しながら、「生きやすい」方のカテゴリーへと自己の比重を移し［cf. シンジルト 2003］、複数のカテゴリーに自己を同一化しながら生きているように見える。すなわち、彼らの自己は単に「分岐している」［Van Wolputte and Bleckmann 2012］というよりも、迂回したり往復したりといった不規則な反復によって維持されているのではないだろうか。

6　おわりに

一般に、ある人々が特殊な衣服を着用するのはそれが規範や伝統であるからだと説明されがちである。そして、その衣服を着ることがなぜ重要なのか、そこにどのような意味があるのかを聞くことで私たちはその衣服が着用され続ける理由に納得するかもしれない。しかし、ヘレロ女性がロングドレスを着ることとそのふるまいには、知識や規範を超えた、美しさを貪欲に求める試行錯誤の中で磨かれた技法が確認された。彼女たちが重視していたのは、ロングドレスを着る意味と並んで、ロングドレスをいかに着こなし、ふるまうのかという実践であった。そしてロングドレスは他者の感性や他者に対する感性と混ざり合って生まれ、互いの想像力を媒介して創造されてきた。

ダーラムは論文「ドレスの窮状——文化的アイデンティティの多価性とアイロニー——」[Durham 1999] で、ボツワナのヘレロ女性の意識とアイデンティティが多重であることを論じた。彼女は、ロングドレスにおける「身体化された感性」[Durham 1999: 390] が、女性性の再生産やトランスナショナルな歴史や国家における民族的帰属といった多様な意味を構成する場になっていると述べた。その点で、ダーラムは本章と議論の方向性を同じくしている。

しかし、ダーラムの議論は、「身体化された感性」に読み取るべき意味が存在するということを前提としており、ロングドレスを観念として考察した点に問題があったと考える。ヘレロ女性はロングドレスが脱中心的な「民族衣装」であることをアイロニカルな主観からとらえたうえでロングドレスを着用しているとダーラムは述べ、嵩の大きいロングドレスを着たヘレロ女性による空間の占有を、ヘレロ社会における経済力と自己決定力と関連させて分析した。しかし、人は衣服を着るとき、そのようなことを毎回思考するものだろうか。衣服をめぐる行為にはより実践的・反射的な側面があるのではないだろうか。

第一に、なぜ「加害者」の衣服を「被害者」が着用し続けるのかという問いがヘレロにとって問題ではないのは、ロングドレスを着ることが記念式典などの儀礼の場で祖先やチーフへの敬意と帰属を表すという文化的再生産の行為であるだけではなく、どういう素材でどういう形を作り、どう動けばより美しくなれるのかを追求する長期にわたる挑戦的行為であり続けてきたからである。過去の歴史を振り返りながら自己の帰属を確認するふるまいと、時代性を反映した美しさを開発するふるまいは異なる志向（顔）を有している。複数のふるまいは、あひるとうさぎ両方を描く線と影によって成立している反転図形のように、反転しながら支えあい、共存している。

ロングドレスは極めて固有であると同時に、現代世界で生きる感覚が身体化された流動的衣服である。ロングドレスとそのふるまいは、人々が見る異なる相貌と、それに対する複数の反応から存在を成り立たせている。したがって、ロングドレスについて「包括的で本質的な物語を主張すること」［クリフォード 2002: 133］は不可能であり、文化の担い手であるヘレロ女性自身もまた、その形態やふるまい、さらには意味や文脈を完全に管理することができない。複数の相貌は、着用者すら予測しない価値の読み込みと別の価値への盲目を誘発するために、さまざまな人々との新たな関係性を可能にする。

衣服を着こなすことは、その衣服が「何であるか」を知っていることではなく、「どうするか」を知っていること、上演できることであった［Ferguson 1999: 98］。そして、本章で着目してきたロングドレスをめぐるふるまいとは、ある状況をどのようなものとして見てどう反応するか、何を着て何を脱ぐのか、その反応の技法であった。それは、音楽が流れたときにどのように身体を動かすのか、腰を振るのかという問題［岡崎 2009］に近いかもしれない。何をどういう組み合わせで着てどう動くのか、相手の衣服にどう反応するのかを瞬間的に判断するには、身体にその知識を刻み込むしかない。そのためには、その動作が必要とされる状況に参与する必要がある。参与することはそこに所属することでもある。そのため、そのようなふるまいができることは、結果的に特定のアイデンティティと結びつけられる。どう反応するか＝ふるまうかが、各人の位置づけの最終的な上演であるからだ。

第二に本章では、ヘレロはジェノサイドの「被害者」であるという「メジャー」な物語を日本女性と変わらず美的に競い合うヘレロ女性の姿、そしてウシや隣接集団との関係が編み込まれた「ローカル」で日常的な物語と並列することを目指したものでもあった。現代を生きるヘレロはジェノサイドの直接の「被害者」ではない。さらに、ドイツとナミビアの関係も一部のヘレロによる補償要求やドイツ政府による謝罪などによって複雑化していることが指摘されている［永原 2009］。現在のヘレロの意識と生活を描きなおそうとする試みは歴史学を含め多角的に進められているのであり、相互に関連がないように見える複数の接触もまた、ヘレロ女性の日常生活と経験を織り成す縦糸と横糸として交差している。ロングドレスは極めて歴史的であると同時に、グローバルなファッションと矛盾しない「顔」を併せ持つ。ロングドレスの複数の「顔」は予期せぬ人々を惹きつけながら、ヘレロ女性を新たな接触へと導くのではないだろうか。ロングドレスを着こなすためのヘレロ女性による日々の鍛錬が、結果としてヘレロの植民地的経験の継承を可能にしているといえよう。

第5章　四つのファッションショー——媒介される複数の世界

1　はじめに

二〇一二年一二月一日、首都ウィンドフックで第八回「レジェンダリードレス・デザイナーズ」コンペティションが開催された。年に一度開かれてきたこのショーでは、ロングドレスのデザイナー十数名の新作が発表され一位が競われる。二〇一二年のショーのテーマは「レジェンダリードレス、オスカーへ行く」であり、黒と金を基調とした飾りが会場全体に施されていた。各テーブルの上には小さな金色のオスカー像が置かれ、中央にはランウェイ付きステージが設置されている。スーツ姿の男性と色とりどりのロングドレスをまとった女性たちで会場は埋め尽くされていた。

「ね、ヘレロってファッションが大好きでしょ！」、一時間遅れでやっと始まるという時に、会場入りした人々を満足そうに入り口で見やりながら、開催委員のひとりの女性が眼を輝かせながら私にこういった。彼女は黄色いロングドレスで着飾っていた。開催委員がデザインしたチケットには、アカデミー賞授賞式のレッド・カーペットを歩くアンジェリーナ・ジョリーと金色のオスカー像に並んで、ロングドレスを着たヘレロ女性が合成されていた（口絵20）。興味深いことに、ロングドレスをめぐる彼女たちの想像力はハイ・ファッションをまとうセレブリティが集まる米国のハリウッドにまで及んでいたのである。

本章では、ナミビアとドイツで開かれた四つのファッションショーで観察されたロングドレスの四つの相貌――牧畜民的ふるまい、都会的デザイン、起源との再遭遇、国家における「ローカル」ファッション――に着目する。ファッションショーやビューティーコンテストは、女性や男性に対する単一の理想像を作り出し、そのイメージを再生産する場であるとされる[1]［cf. Beetar 2012］。しかし、ロングドレスのファッションショーには、ショーごとに異なる診断基準と適切なふるまいがあり、「単一の理想像」ではなく複数の像が観察された。ロングドレスはそれ自体が美しく、「女性を美しくするもの」としてヘレロ女性を魅了するが、その魅力は彼女たちを思わぬ方向へ導き、新たな活動の場とネットワークへの参入を可能にしている。本章では四つのショーから見えてきた異なるロングドレスのふるまいを描くことから、ヘレロがどのようなロングドレスやふるまいを美とみなし、その美がヘレロ女性間や他者との関係においていかに現れ、創り直され、また別の価値へと導かれているのかについて考えてみたい。

第一に地方の農村部で開催されたモデリング・コンテスト、第二に首都で開催された「レジェンダリードレス・デザイナーズ」コンペティション、第三にナミビア在ドイツ大使館がベルリンで開催したドイツとナミビアの貿易交流一〇周年祝賀会におけるロングドレス・ショー、第四に国際的デザイナー数名を招聘して全国的に開催された「ナミビア・ファッションショー」を取り上げる。

2 地方のモデリング・コンテスト――牧畜民的ふるまい

二〇一二年一～三月、首都に住む仕立屋を対象とした調査を行うためにナミビアを訪れていた私は、東部のオマヘケ県ホバビス近くのエプキロでヘレロのモデリング・コンテストが開催されることを聞いた。そして三月三日、審査員として招聘された当時一九歳の人気デザイナー、マクブライト・カヴァリ（以下、マクブライト）と、モデルとして参加した当時四二歳のカペナ・ンジャヴェラ（以下、カペナ）に同行しコンテストを調査した。ヘレロの人々はナミビア各地で小規模のロングドレス・コンテストを開催している。[2]

さて、首都から東に約二〇〇キロメートル離れたホバビスからさらに北へ一二〇キロメートルほど未舗装路を進むと、会場であるエプキロ・ポスト第三中等教育学校が位置するエプキロに到着する。エプキロは人口六千人ほど[3]、人口密度〇・三人／平方キロメートルの町である。エプキロはアパルトヘイト時代にヘレロの居住地として多くのヘレロが強制移住させられた、極めて牧畜が盛んな地域である。エプキロへ向かう道中では多くのウシ、ヤギ、馬といった家畜が見られ、現在もヘレロの多くが牧畜に携わっていることが実感される。

コンテスト参加者たちが泊まったのは、観光客招致のためにナミビア政府が建設した「シリ・ロッジ」（Tjiri Lodge）という新しい宿泊施設である。ショーの組織者はエプキロ在住の女性デザイナー・カシャケ、スポンサーはナミビアの電気通信会社ＭＴＣ（Mobile Telecommunications Limited）であった。コンテストの優勝者は「ミス・シリ・ロッジ」の称号を得る。政府が力を注いだシリ・ロッジの完成と開業に合わせてコンテストが行われたこと、そして実質的に政府が所有する会社であるＭＴＣがスポンサーであることから、開催の背景に政府の働きがあったことが伺える。[4]

シリ・ロッジの目玉は牛糞で壁を塗り固めたヘレロの伝統的な方法で建設された藁葺き屋根の円形の小屋であった。黒のチューブトップに黒のパンツ、大きな紫のペンダント、頭にはベージュのスカーフ、サングラスと白のスニーカーを合わせてクールにコーディネートしていた洋服のカペナは、マクブライトに手伝ってもらいながら小屋の中でロングドレスに着替えた（口絵21）。

司会を務めたナミビア放送（NBC, Namibian Broadcasting Corporation）のＤＪがヘレロの音楽オヴィリシェに合わせて、「プキ、プキ、プキロ！！！」と会場に呼びかけると、観客たちも立ち上がって踊りだし、「ヒューヒュー！！」と長い裏声で叫び返した。会場には三〇〇人ほどの観客が集まっていたが、その内二〇〜三〇名ほどがロングドレスを着用していた。光り輝くネックレスや光沢あるドレスはモデルたちと見比べてみても遜色がない。ショーの間、観客たちは自分が応援するモデルに向かって声の限りに叫んでおり会場内は高いテンションで盛り上がっていた。エプキロの体育館を舞台に競ったモデルは三〇～四〇代の女性八名である。モデルたちは黄緑、オレンジ、水色、ピンクや白を自分の好みに組み合わせ色とりどりの個性的なロングドレスとオシカイバを着用した。エプキロはチーフ・ングヴァウヴァを自分のチーフとするンバンデルが多く住む土地であり、この夜の観客の多くがンバンデルだったと推測される。そして、観客の女性たちの約三分の二がングヴァウヴァ一族の色である緑系のロングドレスを着ていた。

ショーは三ラウンド構成で行われた。自分の番号を示すバッジをスカートにつけたモデルたちが皆揃って舞台に登場した後、一番の女性から順に舞台に登場してウォーキングが行われた。審査基準は「笑顔」、「外見」、「性格」、「ドレス」、「舞台でのパフォーマンス」の五項目である（口絵22）[5]。各項目の満点は一〇点とされ、その合計点数で勝敗が競われた。モデリングで特徴的だったのは、「ウシのように歩く」(*okukaondja tji muna ongombe*) パフォーマンスであった（口絵23）。第三ラウンドにおけるカペナのパフォーマンスを見てみよう[6]。舞台袖から出てきたカペナはまず優しげな微笑を浮かべ首をゆっくり左右に振りながら、小さな歩幅で足踏みをするように進んだかと思えば、後ろを振り返りながら少し戻ったり、後ずさったりしながら再び前進し、体育館の舞台をゆっくりと一周した。その間、約三分である。足や腰の動きと顔の振りに合わせて、目線も動く。ゆっくり頷いて再び顔を上げ、上目遣いで目線を投げかけるような仕草が繰り返される。腕は体の動きに合わせて軽く振られる。ドレスを広げてみせたり観客に手を振ったりといった動きは特にない。このパフォーマンスは前方を真っすぐ見据えて直線的に早足で歩く西洋的ファッションショーのウォーキング法とは全く異なっていた。

日常においても、ロングドレスを着用したヘレロ女性は決して走ったり、急いで歩いたりしてはならず、一歩ずつゆっくり歩を進めねばならないといわれる。これは日本舞踊のすり足に近い動きである。しかし、モデリングの場面ではヘレロ的「牛歩」がパフォーマンスとしてより定型化され、優美さの基準となっていた。

さらに、このショーの最中にうるさい観客の中年女性が舞台裏に乗り込み、モデルたちに歩き方を教え始めるというハプニングがあったと、ショーの後でカペナが笑いながら私に教えてくれた。自分たちなりに練習を積んできたモデルたちは、突然の乱入者による「踊っちゃダメ！　それじゃゆっくりすぎる！」という指導に驚き、やる気を削がれたという。舞台上でのウシ歩きに対する中年女性の思わぬ乱入は、歩き方にうるさいヘレロ女性が存在し、理想的なウシ歩きの会得にはかなりの修練が必要であることを示している。乱入した女性は（口絵24上）に写った女性のひとりだったが、彼女たちは単に余興を楽しみにきたというよりも、厳しい批評の目で舞台を眺めていたのである。

すなわち、ショーのモデルたちは「正しい」ヘレロ女性のふるまいの技法（第1章2（4）参照）を身につけることができていないと乱入した女性に判断されたのであり、舞台裏での「指導」と同モデリング・コンテスト自体がヘレロ女性のふるまいの規範が「正しく」模倣され続けるための場として機能していたと考えられる。

残念なことに、現代日本人である私には彼女たちのウシ歩きの善し悪しを判断できなかった。加えて私はモデルというと一〇～二〇代の若者を想像していたため、このモデリングに参加した女性たちがみな三〇～四〇代の大柄の中年女性であることに違和感を抱き、その理由をカペナに尋ねた。すると「若い子にはできないからだ」という。つまり、このコンテストでは単なる若い表面的な美しさではなく、ヘレロ女性としての成熟度や熟練度が試されていたのである。かといって五〇代以上の女性は参加しておらず、ヘレロの美を体現するのに相応しい成熟した身体を有するのは三〇～四〇代の女性であるという考えが伺えた。

このモデリング・コンテストでは、西洋的なモデルのウォーキングを思い描いていた私の想像を越えたウシを中心とした美が体現されていた。ヘレロは西洋風ドレスや現代社会における西洋的ファッションを単に受容してきたわけではなく、ウシと結びついた形や動きを美とみなす感覚を生み出している。ロングドレスの美と優雅さの基盤は「ウシの角」のようなオシカイバ、重ねられたペチコート、袖や裾の長さ、そして「ウシのように歩く」というふるまいにあった。加えて西洋ファッションにおいては痩せ形のモデルが標準であるのに対し、ヘレロ女性はふくよかな体型をペチコートでさらに一回り大きくするという豊満な肉体を美の理想としていた。生業としての牧畜、儀礼におけるウシの重要性、オウシナで歌われるウシのモチーフなどといった、ウシと共に生きる人々の日常生活が、ヘレロ女性にウシのイメージを投影させることの楽しさや、女性に対する尊厳の付与に関わっていると考えられる。

3 首都のレジェンダリードレス・コンペティション——流行デザインの希求と革新

二〇〇五年以来、ヘレロの人々は首都で年に一度「レジェンダリードレス・デザイナーズ」コンペティション（以下、コンペと記す）というロングドレスのデザインを競うコンペを開催してきた。スポンサーはＦＮＢ（First National Bank）である。コンペの目的はロングドレスの現代化とロングドレスの魅力をヘレロ社会内外に発信することである。

約二〇名のヘレロの男女が仕事の合間に協力し合ってボランティアで運営と開催準備を進めており、コンペは年々充実してきているという。本章ではコンペを企画・運営するこれらヘレロの男女約二〇名を組織者と呼ぶ。コンペの組織者の多くは首都ウィンドフックに住むいわばエリート富裕層であり、首相官邸、ジェンダー省、中央銀行、ナミビア航空、ナミビア大学といった安定した職場で働いており、一軒家が建ち並ぶ落ち着いた雰囲気の住宅街に住んでいた。[7] 近年、デザインが古くさい、暑い、締め付けがきつすぎるといった理由でロングドレスを着ることを好まないヘレロが増えてきたと彼女たちはいう。そこでコンペを開催し、ロングドレスのデザインや色の柔軟性を高め、ロングドレスの楽しみを広めることを目指してきた。

首都アカデミア地区の大きなプール付の一軒家に住むナミビア大学講師のエミィ・シランバは、同じくナミビア大学勤務の夫と共にコンペの組織と開催に携わってきた。ふたりともアメリカへの留学経験がある。ベルリンでのショーの成功を経て、組織者たちはアメリカ・アトランタとフランス・パリでのショーを企画し、具体的な交渉を進めていた。支援はナミビア政府である。二〇〇五年から始められたという組織者たちの打ち合わせが、エミィ・シランバの自宅やナミビア大学の会議室等で行われてきた。[8] コンペの性格を知るために、調査に協力してくれたエミィ・シランバと首相官邸に勤務する組織者代表のインゲ・ムランギ（以下、インゲ）のインタビューを取り上げる。

まずエミィ・シランバ[9]によると、コンペの目的は第一に文化や伝統を若い人々に伝えていくこと、第二にロングドレスの販売促進であるという。しかし、彼女はなによりドレスが好きだから、舞台上でドレスを観たいからコンペを開催しているといい、「売るためではなく、私たちの素晴らしいドレスをランウェイで見せること」への率直な欲求を私に示した。そして、ヘレロの重要な文化であるドレスを保全するためにはドレスの魅力を高め続ける必要があるという。彼女はシアトル大学に留学中、大学の文化祭でロングドレスを着用したときに受けた観客たちの歓声が忘れられないといい、そのときの写真をオフィスの壁に貼っていた。留学先でロングドレスに歓声を受けた経験が彼女とロングドレスとの関係を深めたのである。

ロングドレスとファッション（二〇一二年、ウィンドフック、四〇代女性）

私たちはオホロクェバ［ヘレロ語でドレス］が大好きなのよ。オホロクェバを守っていきたいし、生きたまま、おもしろいままにしておきたいの。もしドレスを新しいファッションと混ぜたら、それを着ない人はいないでしょ。ヘレロドレスは女性を美しく優雅にするの。デザイナーたちは揃っているのだから、美しい素材を手に入れさえすればヘレロドレスにファッションを持ち込めるの。私たちはとにかく楽しんでいるのよ。

コンペにおける魅力的なドレスとは、それを着ていたら一目でヘレロだとわかるインパクトを持ち、かつ、現代的な形に変化し続けている、流行（*omode*）を作り出すドレスである。そして、組織者が考えるドレスの魅力や楽しみは若者のドレスへの欲求を刺激する目的と合致し、コンペのチケットは毎年完売し若者たちの参加も多いという。ヘレロのドレスを「生きたまま、おもしろいまま」にしておく試みは、人々に広く支持されているといえよう。たとえばコンペから流行りが生まれる現象として、二〇一一年のコンペティションではインド風スタイルが二点発表され、その内一点が優勝した後、二〇一二年に私がナミビア調査に訪れた時にはヘレロ女性の間でペーズリー柄の薄い綿で仕立てられたインド風ロングドレスがデザインとして定着していた。中にはインド女性のビンディを真似して額に赤い点をつける女性もいた。

次にインゲ[10]は、第一にドレスの現代化を促進すること、第二に世に知られていない「草の根」デザイナーを社会的・経済的に後押しし、ファッション業界の主流へと導くこと、第三にドレスを店頭で購入できる店とドレス作りの素材や材料を売る店を増やすことをコンペの目的として強調した。二〇一二年当時、首都でロングドレスの既製品を販売している店は二軒[11]だけであった。彼女はメンバーであればドレスを割引購入できるといった、デザイナーと消費者を結びつける販売システムを構想し、デザイナーによる販売協会の母体作りを行ってきた。しかし、ほとんどの組織者は仕事の合間をぬって無償で活動しているため、実現の目処は立っていないという。ドレスをめぐる活動は彼女たちに金銭的利益をもたらすわけではなく、コンペも赤字にならない程度の料金設定がなされている。

私はインゲからチケット（四〇〇N$、二〇一二年当時のレートで約三、四〇〇円）を購入し、夫と子どもと共に首都で暮らすベラを招待し、二〇一二年一二月一日に初めて生でコンペを観た（口絵25）。組織者によると、チケット代は観客に出されるコース料理代にあてられるため、彼女たちや参加デザイナーは利益を得ないという。とはいえ、四〇〇N$はナミビア人の一般的感覚では安価ではなく、観客は主に富裕層のヘレロだと考えられる。

審査員は「観客が審査能力を疑うことがないような人物」であればヘレロでもデザイナーである必要もなく、会社経営者や社会に貢献している人物、あるいは信用できる人物が組織者によって選出される。[12] モデルは二〇〜三〇代の背が高く細身の女性たちであり、こちらもヘレロに限らない。エプキロのショーで見られたウシ歩きは行われず、モデルたちはランウェイを真っすぐ端まで歩き、ドレスの裾を広げて細かく縫われたプリーツを見せたり、セットアップのジャケットを脱いでノースリーブのロングドレスを見せたりと、観客にドレスの着こなしを提示した。

中でも、当時一〇代だったマクブライトのドレスは若者たちの絶大な人気を得てきた。私はマクブライトと一緒に街の布屋を訪れた際、彼を見つけたヘレロの女性たち数人が「マクブライト！　いつ私のドレスを作ってくれるの？」と次々に声をかけてくる場面に遭遇した。客たちは店内でマクブライトと電話番号を交換し、注文の約束を取りつけていた。若者は斬新で現代的なデザインを作る若いデザイナーに共感しているようだった。マクブライトの自宅の仕事場[13]には出来上がったドレスや洋服が五〇着ほど掛けてあり、彼は若くして経済的成功を収めつつある。

さて、コンペのテーマは組織者による話し合いで決定される。ロングドレスは主に年輩の女性を中心に日常的に着用されるほか、結婚式、葬式、そして記念式典といった儀礼的場の正装として着用される。しかし、彼女たちはこれらの正装を打ち破り、ヘレロの文化的・社会的規範を現代のナミビア社会やグローバルな国際社会に適合した形に変えるための挑戦的テーマをしばしば採用してきた。たとえば、二〇〇七年のテーマ「三色——黒、灰色、白」はヘレロ社会における色の規範への挑戦であった。このテーマは都市のオフィスで洋服を着て働くときの感覚や、ヘレロ以外の人々も含めた誰もが参加するパーティにおける装いへの意識を反映していたという。以下はインゲの話である。

色のタブーへの挑戦（インゲ、二〇一二年、ウィンドフック、四〇代女性）

ヘレロの女性にとって黒を着ることはタブーです。黒のロングドレスは夫に先立たれた寡婦が着るもので、純白のロングドレスは花嫁が着るものと決まっているの。とはいえ私はヘレロ女性だけど、夫のことは全く考えずにオフィスに黒のスーツを着てくることもあるのよ。それに、西洋諸国では黒や白のドレスを［特別なとき以外にも］着ることができるわよね。私たちは色のタブーについての考えを変えたかったからテーマとして取り上げたの。キラキラする飾りをつけるといった工夫をすれば、黒のヘレロドレスを作ってもいいのではないかしら。そして白のヘレロドレス、これもウェディングドレスに見えるけど他の場所でも着ることができるようなデザインに仕立ててもいいのではないかと考えたの。ヘレロドレスはすごく高いから結婚式のためだけにドレスを作るのは時間とお金の無駄なのよ。花嫁がそれを結婚式で着てウェディングドレスだとわかってさえいれば、何色でもいいのよ。デザイナーたちは［ショーの中で］たくさんの創造（creations）を見せてくれていますよ。

インゲの話からは、ヘレロの女性たちが西洋諸国におけるドレスの自由さやナミビア現代社会で生活する感覚をロングドレスに取り入れることで、日常感覚とロングドレスの折り合いをつけようと試みていることがわかる。彼女たちがいうロングドレスの現代化とは、ヘレロらしくありながらナミビア国内外のファッションとも溶け合うデザインを発展させる試みだと考えられる。

極端な例として、二〇一二年のコンペでオシカイバを被らずマクブライトが作ったドレスを着用していた司会者のヘレロ女性の姿がある（口絵26）。オシカイバは「成熟したヘレロ女性らしく」あるために重要だが、ヘレロの集まり以外で被ると特殊さが強調され、浮いてしまう場合がある。インゲたちは、ヘレロの集まり以外で着るときもオシカイバを外せば流行のドレスと同じように着ることができるデザイン、高いお金を払うに適当な着まわしのきくデザインを追求していた。

さらに二〇一一年度には「ディアスポラ」というテーマのもと、他国でディアスポラとして暮らすヘレロがどのようなドレスを着るのかが課題とされた。組織者はこの課題を通して、デザイナーと観客に他国について学ぶ機会を設けようとしたという。[14]

コンペの目的と影響（インゲ、二〇一二年、ウィンドフック）

コンペティションのために動いているのは、ドレスの魅力を人々に知らしめたいという心の底から純粋に湧き上がるなにかがあるからよ。私がドレスを着始めたときは何でこんなものを着なきゃいけないのと嫌だったけど……。でも「ヘレロの」女の子たちは自分たちのドレスが大好きなの。彼女たちは誇りを持ってそれを着ているし、「ヘレロではない女性たちであっても」誰もが着たくなってしまうのよ。コンペティションのモデルの何人かはナミビア大学の学生だけど、たとえばツワナと南アの混血の子は「ドレスを着るためにヘレロの男性と結婚しなくちゃ！」といっていたわ。それから、人気の若手デザイナーや若者たちの観点からヘレロドレスの外見を発展させることは、他の部族や人々へのアピールになるのよ。私たちは貿易産業省のオバンボ女性をコンペティションに招待したことがあったけど、他の文化やそこに込められた価値を知る事は有意義で、「ヘレロドレスのためのファッションショーを開催できるように、このドレスを北部に持って行ってトレードフェアの組織者たちに相談すべきだ」と彼女はいってくれたわ。

組織者たちは一般の人々に比べてナミビア国外の人々と接する機会が多く、政治経済的な物事を実際に動かす立場の仕事に就いている。首相官邸で働くインゲやエミィ・シランバら他の組織者は自分たちのコネクションを最大限に活用し、特にミラノやニューヨークといったファッションで有名な大都市における国際的ショーの開催を視野に入れて活動してきた。たとえば、日本から来た私を見ると「日本でも何かやれないか」と考え、その実現可能性を探るのである。彼女たちの社会的地位が、ロングドレスを通じて人々を教育するという発想に関係していると考えられ、縫製を専門学校で習ったり、大学教育を受けたりしたわけではない多くのいわゆる草の根ヘレロ・デザイナーに外部の世界を知ってもらい、さらなる活躍を後押ししようと試みている。

そしてオシカイバが単に布を巻いた形から現在の形に変化してきたように（第４章）、ヘレロのドレスは「ダイナミックに進化することができる」とエミィ・シランバはいう。ヘレロのドレスは既に美しいが、若者にも魅力が伝わるように現代化しながら新たな流行を生み出し、その存在と魅力を国際的な場で示すことで、ヘレロ女性は楽しみながらヘレロ文化を継承することができるのだという。組織者たちの活動の力となっているのはドレスの美しさを他者に見せたい、認めさせたいという率直な欲望である。そしてその欲望がコンペを単なるデザイン向上の場ではなく、ヘレロ社会における規範への挑戦や教育の機会に転じ、さらにはヘレロ女性たちをより広いグローバルな世界と繋げてきた。

しかしながら、最先端のデザインを目指す競争的ショーに対し、「競い合いたくない」、「自分のペースで知り合いの顧客のためにドレスを作ればそれでよい」という草の根デザイナーたちの声も聞かれた。首都のロングドレスの仕立屋は一〇〇人とも二〇〇人とも言われるが、ほとんどがコンペに出展するための最先端のデザインを目指しているわけではなく、決して裕福ではない固定客のために、限られた費用と技能で彼女たち好みのロングドレスやその他の洋服を作っている。コンペのために作るドレスは高価な布地を多く必要とし、製作には時間もプレッシャーもかかる。したがって、コンペは組織者たちが意識と実力の底上げを図ろうとする草の根レベルのデザイナーや仕立屋たちに全面的に支持されているわけではない。しかしながら、主に富裕層のロングドレスへの欲求を高め一部のデザイナーを鼓舞していることは確かであり、その努力が次節でのドイツでのショーの実現を可能にしていた。

4　元宗主国ドイツでのファッションショー――起源との再遭遇

（1）ドイツ人のドレスとの再遭遇

ロングドレスの国際的な展開の一例として、レジェンダリードレス・コンペティションの組織者とデザイナーが成功させたベルリンでのショーを取り上げたい。ヘレロのコンペの知名度や影響力は年々増し、ナミビア政府による国家的事業に組み込まれながらナミビアのローカルな特産品のひとつとして新たな価値を付与されつつある。

二〇一〇年、貿易産業省（Ministry of Trade and Industry）はナミビア独立二〇周年およびドイツ・ナミビアの貿易関係一〇周年を祝うトレードフェアと祝賀会（*Gala Abend*）を開催し、そこでロングドレスのショーが行われた。[15]ナミビア在ドイツ大使館ＨＰによると、祝賀会におけるショーの最大の目玉はヘレロのロングドレスであり、当時一七歳だったマクブライトのドレスに注目が集まった。ショーに参加したヘレロ人デザイナーは二〇〇五～二〇一〇年までのコンペ入賞者六名であり、各自二着のドレスを出展した。

このショーの特徴は、ドイツ人入植者のドレスに由来するというロングドレスの歴史に焦点が当てられたことであった。そのため、ドイツ側は当時のドイツ風ドレスと現在の最新ロングドレスを並べて歩かせるショーを演出した。ただし、ここでは植民地主義やジェノサイドの歴史に直接光が当てられたわけではなく、ファッションを介した両者のつながりが提示されていた点に留意しておきたい。

ベルリンでのショー（インゲ、二〇一二年、ウィンドフック）

他のファッションが登場した時、観客たちはそれらをただ普通に眺めていたけどヘレロドレスが出てきた時はもう……。ドイツ人が行ったショーでは、すごく素敵なオレンジのドイツ風ドレスをドイツ人モデルが着ていたの。彼女の髪型は昔のドイツ風スタイルにセットしてあってオシカイバはつけられていなかった。その姿はまさに「ヴィクトリア風」ドレスだったわ。それから彼らはこの女性をランウェイに立たせて、別のヘレロ女性、太ってはいないけれどモデルみたいではないヘレロにふさわしい体付きをした女性を登場させて、そのドイツ人女性と一緒に歩かせたのよ。オシカイバつきの新しいヘレロドレスは「ヴィクトリア風」スタイルといわれているでしょ。もうこれは…私は泣いてしまったわ。本当に素敵だったから。

ショーにドレスを出展したデザイナーのクリスタ・バウケス[16]とのインタビューでも、昔のドイツ風ドレスを着たドイツ人女性と現在のロングドレスを着たヘレロ人女性が並んで舞台に出てきた場面が回想され、変化したドレスを見たドイツ人たちの驚きが強調された。この演出を観たドイツ人とヘレロ人の双方がドレスの変化に驚き、インゲは涙まで流したという。

インゲが泣いたのは、目の前に突如回帰してきたロングドレスの起源としてのドイツ風ドレスに、強く惹きつけられたからではないかと推測される。ロングドレスは、ドイツとヘレロのスタイルという、水と油のようなあり得ないもの同士のねじれた合成［Comaroff and Comaroff 1997: 222］から始まった。合成という語は、外来のものを受け入れて取り込むという意味の「受容」とは異なる。ヘレロ女性はドイツ人の衣服を単に受け入れ着用してきたわけではなく、ドイツ人から見ると奇妙なオシカイバをつけたり、身体を豊満にするペチコートを重ねたりと、自分たちなりの着こなしを工夫してきた。ヘレロ女性にとってかつての入植者の姿とのつながりを感じることと、ロングドレスを斬新なものに変えていくことは矛盾しないのである。そして、現在改めて見た、自分たちのドレスの起源の美しさ、その起源に対する美的欲望が満たされたことで、ヘレロたちは自分たちのドレスへの自信を向上させ、心が動かされたのではないだろうか。

現地の人々に入植者の衣服を着せることは支配の一形態であるが、それと同時に、入植者のドレスはヘレロの人々にファッションの快楽をもたらした。このショーでは、ロングドレスの起源の美しさと、自分たちに適した形に洗練された現在の美しさが並ぶことで、二者の歴史的関係をファッションの観点から再構築していた。このことは、ヘレロがドイツ植民地時代にドイツ植民地軍が行ったことを赦すか赦さないかという問題や、ヘレロによるドイツ政府に対する補償訴訟に関する問題と直接関係しているわけではない。しかしながら、共にランウェイに立つという時間と空間の共有は両者にドイツとナミビアの対立関係を想起させながら、現在においても政治経済的問題で時に対立する両者の間にファッションを媒介とした共通性を築いてもいる。

ナミビアの元宗主国ドイツでショーを開催するにあたり、ドイツ人は植民地時代の歴史を想起し、ドイツ風ドレスを起源に持つという歴史を現在のロングドレスに反映させようとした。しかし、ヘレロ人組織者とデザイナーたちはドイツとの歴史的関係に焦点を当てたわけではなく、最先端のロングドレスを世界に見せたいと考えていた。両者はロングドレスを異なるものとして見ており、異なる価値や魅力をドレスに投影していたことがわかる。このショーの最大の盛り上がりがドイツ人とヘレロ人が並んでランウェイを歩いた瞬間であったことは、植民地時代の歴史が負の関係だけではなくファッションを介した肯定的関係も生み出してきたことを示している。両者の意識にはズレがあったが、そのズレが互いに新たな感動をもたらしていた。

(2)「サプール」に見るコンゴとフランスの遭遇の事例

ヘレロだけではなく、「サプール」と呼ばれるコンゴ人男性集団がコンゴの宗主国であったフランスや欧米諸国や日本のハイブランドスーツを着こなしている事例もある。そして近年女性版サプールである「サプーズ」[17]が出現し、男性支配的だったそのファッションに一石を投じている。サプール／サプーズはカトリック信仰に基づく平和主義と紳士的ふるまいを核とし、衣服に関する細かな規範を養ってきたことで知られ、現地の人々に娯楽と安らぎを与えている。彼／彼女らの行いは元宗主国フランスの首都パリへの憧れ——フランスから戻ったコンゴの社会活動家アンドレ・マツワのパリ・ファッションへの憧れ――から始まったものであるとされ、その成り立ちは入植者の衣服を着るヘレロのファッションと通じている。

「コンゴ人にとって、パリは父親みたいなものです。その父親が、たとえ悪い父親であったとしても、常に愛さないといけない。だから、パリのファッションを取り入れているんです。彼らが私たちの入植者であり、私たちを先導していたから。コンゴとフランスの関係は、親子の関係のように、良い父親じゃなくても憎まれないんです。彼らは色々なことを教えてくれたし、スタイルについても同じように教えてくれたんです。」(「大サプール」、ムイエンゴ・ダニエル氏、《インタビュー》世界一お洒落な男たちの「美学」:サプールは、なぜ高級ブランドに身を包むのか https://monoco.jp/article/sapeur-interview MONOCO jornal 最終アクセス日二〇一八年一一月九日)

上記インタビューからは、コンゴ人サプールのフランス人に対する両義的意識が読みとれる。フランスはかつてコンゴを支配下に置き「悪い」ことも行ったが、その関係性をなかったことにすることはできない。コンゴの人々がフランスから学ぶこともあった。そして、フランス人の文化やファッションは自分たちが教わったことであり、もともとあったファッション性にパリのハイ・ファッションを取り入れたのは自分たちであるという語りがなされている。自分たちの姿を単なるフランス人のスタイルの流用ではなく、歴史の中に位置づけたうえで「父から教わったスタイル」であるとし、さらなる洗練を加えてきたことを自負しているのである。さらに、近年の女性版サプールであるサプーズの台頭は現地社会における規範を変革する潜在力を有するかもしれず、他者のファッションの「模倣」から始まった文化的現象が独自の展開を遂げている。西洋からコンゴへもたらされた衣服は、現地で独自に発展したファッション性の高さゆえに西洋や日本で大きく注目されており、さまざまな場所で新たな遭遇をもたらしている。

5　首都の国際ファッションショー——国家における「ローカル」ファッション

本節では国際的に活躍するアフリカ各国のデザイナーが参加した第一回ナミビア・ファッションショーにおけるマクブライトのドレスに焦点を当てる。ヘレロのドレスを「ナミビアン・ローカル」として売り出す政府、およびヘレロの人々自身による試みは「ナミビア・ファッションショー」[18]でより明確になった。ここでは歴史は再び後退し、ロングドレスがファッションとして、そして、ナミビアを代表するローカルな伝統として紹介されている。私は再びベラを招待しショーの観覧に赴いた。

広報担当者ティム・エカンジョによると、このショーの第一の目的はナミビア国内で活動するデザイナーたちに国際的活動の基盤を与えることであった[19]。開催者は「国内で国際的なプラットフォームを」と唱え、十分に組織された世界クラスのイベントを開催することを目指した。ショーは西洋的・現代的デザインを国内に紹介するだけではなく、ナミビアの伝統的デザインやローカル・デザイナーを外部にアピールする試みであった。

そしてナミビア国内から五名、国外から六名が新作を発表するデザイナーとして選出された[20]。ナミビア代表のひとりに選ばれ、作品を発表したマクブライトのドレスは、「優雅な伝統と現代的衣装の融合」と各紙で報道され高い評価を得た。彼はローカル・デザイナー、あるいは伝統的デザイナーとして、ショーの企画意図に見事に応えたのである。マクブライト自身も有名デザイナーのトラレとの競演を「夢が叶った」と語り、トラレや他のデザイナーから多くのことを学び刺激を受けたことを紙面で語っている[21]。

ここでマクブライトが発表したドレスを見てみたい（口絵28）。ショーのために新たに作られた二〇着はコンテストの後、買い手がつき次第、客に直接売られている。ドレスを着用するモデルは長身の痩せ型であり、ペチコートも一〜三枚ほどしか用いられていなかったため、一般的なヘレロ女性よりもシルエットが全体的に細く薄かった。もちろん、エプキロで観察されたウシ歩きは見られなかった。観覧席の片側には三〇名ほどのロングドレス姿の観客が集まって座っていた。彼女たちは気に入ったロングドレスが出てくると「ホゥー！！」と叫びながら立ち上がり、腕と腰を振っていた。

前述したふたつのショーとの大きな違いは、第一にデザインの自由さである。たとえば、このショーで見られた肩や腕を出すデザインやテールカットは前述のふたつのショーの審査員に許容されない可能性があり、実際に見られなかった。ノースリーブのデザインは人気だが、多くの場合ドレスと同じ素材でジャケットが仕立てられ、TPOに合わせて羽織られる。五〇代以上の女性がマクブライトのドレスを着用できるかどうかは難しいという。たとえばオゾンダティ村のエミィに私が録画したナミビア・ファッションショーにおけるマクブライトのショーの動画を観てもらったところ、ショーのきらびやかさやドレスの美しさを賞賛する一方、「これはちょっと袖が短すぎるね」といったように袖や裾の長さの適正さへの言及がなされていた。ドレスの現代化に伴い、このような年輩者の不満は年々高まっており、斬新なデザインがすべてのヘレロに受け入れられているわけではない。

第二にヒンバやナミビアの多数派オバンボの衣装がロングドレスに取り入れられていた点である。ナミビア・ファッションショーはナミビア全国に向けられたショーである。したがって、ナミビアのローカル・デザイナーとして招聘されたマクブライトはヒンバやオバンボの衣装をデザインに取り入れるよう開催委員から要請されており、ナミビア全体のことを考える必要があったと私に語った。その点が、ヘレロに限らずナミビアの伝統と現代を表現することを任されていたマクブライトと西洋ファッションで勝負しようとする他のナミビア人デザイナーたちとの違いであり、その要請にうまく応えたため彼は賞賛を得たといえる。

マクブライトに政治的意図はなく、ヘレロにとっての絶対的美であるロングドレスを最大限美しく示すことに力が注がれていた。しかし、その美的欲望を主催者側が共有していたかは不明であり、マクブライトの招聘は彼の純粋なデザイナーとしての力への評価と期待というより、国内の「ローカル」な「文化的伝統」を内外へ示すための枠であったともいえる。無茶振りともいえる国内他文化のロングドレス化も、ナミビアの「ローカル」な文化をまとめて示すにはうってつけである。製作者の政治的志向にかかわらず、審美性を追求して生み出された美が権力として政治的に用いられる可能性と危険性は常に存在する［Sontag 1975］。ある美的スタイルは、その担い手の意図にかかわらずさまざまな人々の目にさらされるのであり、たとえ最も統制された表象的実践であっても、それを認知する他者によって、または物質的記号の意味が読まれ方によって意図が反覆されることで、しばしば行為主体の意図は再構成される。すなわち、本人たちが意図するかしないかにかかわらず、あるいは別のことを意図したにもかかわらず、他者の読みは全く別の解釈を生むことがあり、その読みを行為主体が操作することは困難である。

ジル・コールはヒンバが開催したファッションショーの事例から、そのショーが服を売るという商業的意図だけではなく政治的価値を持っていたと述べ［Cole 2012］、ナミビアのローカルな文化を現代的な視点から読み直し再構築することで、ナミビアの人々自身にとっての文化の魅惑や政治経済的価値を再発見することができると論じた。マクブライトのショーはナミビアン・ローカルを国内外にわかりやすく示すという政府の思惑に利用された部分があったかもしれないが、ヘレロのロングドレスの存在感を国内外に明確に示すことに成功した。ロングドレスがナミビアのローカルな衣装の代表として紹介されたことから、ロングドレスはナミビアの衣装としてますますグローバルな舞台へ出ていく可能性がある。そのとき、西洋ファッションというヘゲモニーにロングドレスがどれほどの影響を与えるかはまだ不明である。しかし、固有の魅力があるからこそ国の代表に値するスタイルとして国際的に認められるという逆説的可能性［Van Wolputte and Bleckmann 2012］をロングドレスは有している。「西洋支配的なオートクチュールの領域と同様に、［アフリカのファッションにおいてもまた］デザイナーたちは国際的スタイルからアイディアを得るが、極めてローカルに留まってもいる。［すなわち］土着のファッション経済にもグローバルな姿が現れているのである」［Rovine 2009: 134］と論じられるように、単にローカルでもグローバルでもなく、その間でロングドレスを創り続けることが、新たなロングドレスの形と道を決定していくと考えられる。

以上、四つのショーにおけるロングドレスの諸相を考察してきた。第一に、エプキロのモデリング・コンテストではウシと結びつけられた美的ふるまいが見られた。ウシのように歩くパフォーマンスが重視され、その動きと「ウシの角」と称されるオシカイバの造形が重なり、私にもヘレロ女性がウシのように見えてきたという発見があった。第二に、同じくヘレロの人々が開催するレジェンダリードレス・コンペティションでは、都会的な最先端ロングドレス・デザインが披露された。このコンペではロングドレスの規範を限界まで崩すことが試みられ、現代ナミビアの首都圏で暮らすヘレロ女性の社交の場におけるスタイルや日常的感覚に合うドレスの創造が目指されていた。第三に、旧宗主国であるドイツで開催された祝賀会ではロングドレスと共にその起源であるドイツ人入植者のドレスがランウェイに登場し、ドイツ人とヘレロ人双方に新鮮な驚きをもたらした。第四に、ナミビア・ファッションショーでは、伝統的でもあり現代的でもある、ナミビアのローカル・ファッションの代表としてロングドレスが発表された。

6　おわりに

一般に「民族衣装」というと、ひとつの固定された衣服の型が思い浮かべられる。しかし、誰によって、なぜ、いかに舞台が整えられ、誰が演じるのか、誰が演じさせたのかといった権力構造［Giddens 1993; cf. Ferguson 1999: 98］、そして演じられる場所や誰が観客なのかによって、着られる衣服の種類や着用者のふるまいは変わってくる。本章では、ファッションショーという限定された空間に発現したふるまいと美的感覚に着目しながら、ロングドレスの複数の相貌（顔）がいかに多様な人々によって描かれ、とらえられているのかを描写した。

文化スタイルは「旗」といった共有された象徴や共通の形式的実践への参加と同じく、差異を統合する。「しかし同時に、彼らは極めて多様な動機、価値、あるいは世界観を持っているかもしれない。……スタイルとそれを養った人々との関係は、特有の諸アイデンティティ、価値、あるいは志向の「表現」としてスタイルの概念をとらえることよりも、さらに複雑である」［Ferguson 1999: 97］と論じられるように、ある人々が同じように見えるスタイルをまとっていたとしても、それぞれの人々が全く同じスタイルをしているとは限らないし、着用者の動機や思考も単一ではない。ロングドレスのスタイルはヘレロの若者と年輩者、ヘレロとドイツ人、ヘレロとナミビア人といった集団的他者との関係の中で多様な形で発現しており、美や価値自体もその時々に対峙する他者とのやりとりの中で強化され、創り直され、調整され、生成していた。

このような調整を哲学者の鷲田清一は着くずしや「非風」[22]と呼び、自覚的な抵抗ではなく自分が誰かを確認したいという「ぎりぎりの行為、のっぴきならない行為」［鷲田 2013: 54-55］として提示した。

「制度と寝る服」などという物騒ないいかたをしたけれど、たいていの服というのは個人のイメージについての社会的な規範（行動様式、性別、性格、モラルなど）を縫いつけている。その着心地がわるくて、ぼくらはそれを勝手に着くずしてゆく。どこまでやれば他人が注目してくれるか、どこまでやれば社会の側からの厳しい抵抗にあうか、などといったことをからだで確認していくのだ。……ファッションという、このからだの表面で起こるゲームは、社会の生きた皮膚なのであって、そこに各人がそれぞれ〈わたし〉になっていくプロセスが露出しているのだ。［鷲田 2013: 54-55］

鷲田の議論、あるいは「モードとは無秩序に変えられるための秩序である」［バルト 1972: 410］というロラン・バルトの言葉はまさに、どうすれば西欧人のロングドレスをヘレロ女性の身体に美しくフィットさせることができるか、そしてどのデザインなら「ヘレロのドレス」として許容され、どこまでいくと「ヘレロのドレス」でなくなるのかを自らの身体で確認してきたヘレロ女性たちのふるまいに当てはまる。そうだとすると、ロングドレス・

ファッションはロングドレスのふるまいをいかに理解し模倣し習得しながら、いかに着くずすかの実践だといえる。

また、鷲田の「社会の生きた皮膚」という表現と、本章第3節で記したロングドレスを「生きたまま」にしておきたいというエミィ・シランバの言葉の重なりも興味深い。ロングドレスは日々の反復の中で何度も着用されることでヘレロ女性の身体に合う型として創りあげられる一方、着くずしやずらしという異化の動きを誘発してきた。ロングドレスは相反する動きを生む両義的過程としてのファッションであり、自分を確定したいがそこからはみ出したいという矛盾を抱えた人間の生の不均衡な運動なのである［cf. 鷲田 2014: 8-16］。ロングドレス・ファッションはヘレロ女性であることを着用者に強く感じさせると同時に、世界中のファッションと積極的につながってきた。それは、「ヘレロ女性らしさ」とは何かを着用者に考えさせながら、誰も見たことがないスタイルを作り出す刺激をヘレロの人々に与えている。既知の自己と未知の自己が揺れ動く運動が、ロングドレスのふるまいのさらなる上演へと彼女たちを導いている。

ヘレロ女性にとって、ロングドレスを着て放牧することと西洋ファッションの世界に憧れることは矛盾していない。美しいロングドレス作りに励みウシのように歩く女性たちが、次の瞬間にはレッド・カーペットに立ってアンジェリーナ・ジョリーの隣で歩き、かつて敵であったドイツ人と手を取りランウェイを歩き、また別の瞬間には国際的デザイナーたちの西洋ファッションと並ぶナミビアを代表する姿として歩いている。そして、これら共存する美への欲望が他のナミビア人やドイツ人、そして他国のデザイナーとのつながりを生むエイジェンシーになり、複数の関係性を創り出している。彼女たちにとってロングドレスは既知の着古された衣服ではなく、ヘレロ女性が直面する現代社会のさまざまな状況に対応する応用力を有した衣服なのである。そして、ロングドレスを着ることはヘレロ女性を国際社会における特異な存在として「浮かせる」と同時に、ヘレロ女性たちのみならず、そのドレスを着た人々が自己と他者の距離を測り、相互関係を調整し、自己を創り直す場でもある。身体的イメージは意図的であれ非意図的であれ、何らかのメッセージとして読まれてしまう。言葉を変えると、身体的イメージは幾通りもの意味づけを受け入れる余地のある場でもあり、極めて不安定で不確定な場なのである。

ロングドレスは単に再生産されているわけではなく他者との先読みできない関係や他者の視線の中で常に変化し洗練されてきた。ロングドレスのファッションは既存の社会構造や規範を表象するだけではなく、着くずされ、着こなされ、また着くずされるという運動の過程でそれらを打ち破り、生成する力を有している。そして、ヘレロ自身も想像しなかった現在のドイツ人や人類学者を含む他者とのつながりを生み、新たな未来を切り拓いている。ロングドレスは固定されておらず、他者のまなざしを反映しながら変身し続けるのであり、ヘレロ女性もまた彼女たち自身の姿を再帰的に変化させ続けている。

終章　共にある未来へ

本書ではナミビア共和国で暮らすヘレロ女性のロングドレスに着目し、植民地期以降の経験を通して生成され現在まで継承されてきた美的ふるまいを描くことで、ヘレロの歴史的・日常的創造性の解明を目指した。本書はアイデンティティの歴史的構築の表れとしてロングドレスの意味を分析するのではなく、また先行研究で着目されてきた記念式典でのドレスの着用のみに焦点を当てるのではなく、日常生活やファッションショーにおける実践からヘレロの人々を魅了するファッション的相貌を描き、ロングドレスを複相的に理解する試みであった。ヘレロの美的ふるまいがどのように生まれ、反復され、規範化され、形を変えてきたのか、ヘレロの人々を熱中させるロングドレスの魅力とはどのようなものなのか、ロングドレスの美はどのように変化しながら継承されてきたのかを、ロングドレスの歴史的相貌とファッション的相貌から描いたつもりである。

ロングドレスの着用はときにアイデンティティを表象し、植民地主義の記憶を喚起し、祖先やチーフへの敬意と帰属を表す。それだけではなく、ロングドレスの着こなしは審美的嗜好の追求、純粋な娯楽や遊び、消費の欲望であるばかりか、元宗主国ドイツとの共同作業を生み出し、グローバル・ファッションに参入する手段にもなっていた。ヘレロのロングドレスの事例において、着用の動機をひとつに集約することは不可能である。加えて、人がいかなるスタイルを養い、身につけるのかには、創造的即興にゆだねられた社会生活における他者や環境［Ferguson 1999: 100; Hallam and Ingold 2007］が影響すると考えられる。本書で考察してきた文化スタイルは、ヘレロ人とドイツ人の過去のある時点における結びつきを現代の日々の実践の中で読み替え続け、演じ続ける実践であった。

ヘレロの人々を最も積極的に製作と着用に誘う魅力の源泉は、多元的な動機を持つヘレロ女性たちの欲望を複数の「顔」によって叶えている点にあると本書では考える。一民族や「エスニック・グループ」のドレスという、一見、固定された領域における複数のイメージの揺らぎと柔軟性が、ロングドレスを生きさせている。ロングドレスは常に変化してきたという意味で連続的同一性を持たないにもかかわらず、自分たち特有のものとしてヘレロ自身によって育てられてきた衣服なのである。ロングドレスは今後も生成過程にある完成型のないドレスであり、ヘレロが他者や世界の動きに反応し応答する即興的日常の中で変化し続けるだろう。

ロングドレスは「アフリカらしい」格好と「ヨーロッパらしい」格好という、両極端にステレオタイプ化された既存イメージのどちらにも当てはめることが難しい存在であるため、私たちはロングドレスに「ちぐはぐさ」を感じる。それは「スマートフォン（＝「現代的」）で話す革のドレスを着たヒンバ（＝「伝統的」）がシュールに見えるのと同じ構図かもしれない。しかし、ヘレロのロングドレスが複数の想像力の交錯から生まれたのであれば、既存のイメージに収まらない「ちぐはぐさ」が生じるのは当たり前だといえ、人々の接触自体が複雑かつ特有な存在を創造してきたと考えることができるだろう。

ロングドレスをどのようにとらえふるまうのかは、時、場所、機会、年齢、居住地域、各々の関心によって異なり、個々のヘレロ女性によってロングドレスの習熟度合いや習熟するふるまいの型にも違いがあった。さらに、ロングドレスを見る者はその場に合った相貌を自分なりに読み取りながら、見られる側はそれら他者の視線に応え、ときに反発しながら各々にとっての適切なふるまいをしていた。ロングドレスのふるまいにおける即興的反応は学習された身体感覚であり、人々は衣服を着こなすためのふさわしいふるまいを反復し、習得する。そしてヘレロ社会では、衣服のふるまいを学習する過程で行われる売買、交渉、商品開発、アイディアの実現を通して、親族、知人、地域社会、国家、世界との関係が築かれているのである。

ヘレロによって洗練された西欧起源のドレスとドイツ人、そしてさまざまなものとのねじれた交錯は、次の事例でさらに複雑なものとなる。二〇一四年、ナミビア・ナショナルアートギャラリーで開かれたThe Earth Inside展でドイツ系ナミビア人のマルチメディア・アーティスト、ニコラ・ブラントが発表した写真「スペクトル」と映像「インディファレンス」は、デリダが憑在論(hauntology)と呼び考察した亡霊を私たちに突きつける[cf. Demos 2013; Fumanti 2015]。写真「スペクトル」では、白い肌をした金髪のニコラ・ブラント自身が緑色の光沢のあるロングドレスを着て、壁に落書きがされ荒れた建物の部屋の隅を向き立っている。ドイツ人とドイツ系ナミビア人の姿が重ねられているであろう、顔を見せない彼女が着ているのは自分たちの祖先が殺したヘレロの衣服であり、自分たちの祖先がナミビアへもたらした服である。その表情の見えない後ろ姿からは彼女がなにを考えているのかは分からず、画には謎めいた不気味さが立ち込めている。

ブラントは表現の素材として、ナミビアの植民地化の歴史を色濃く残す風景とヘレロのロングドレスを着た女性のイメージを組み合わせ、「白人」女性だけではなくロングドレスを着たヘレロ女性の写真も発表している。「語られないことの背景に関する主観的、そして集合的なナラティヴの並置された複雑な性質を捉えるがゆえに、[ブラントの作品は]観るものに取り憑くのだ」[Fumanti 2015]という彼女の作品に対する評は主に、歴史的暴力から生じたトラウマ的過去が現在、そして未来へと未解決のまま、語られぬまま憑く様を視覚的・芸術的に表現したことに向けられている。その表現は、ヘレロの間だけではなく、ナミビアで生まれ育った戦争を知らないドイツ系住民の意識においても、過去が未解決のまま語ることが避けられたまま、語りつくされていない問題として、自分たちが日々暮らす土地に残されているということを示している。言葉で語り解消することが不可能な過去と向き合うことを、ロングドレスの着用が可能にしており、その身体的イメージに触発され新たに言葉が紡がれていくのである[cf. 野矢 2013[2011]: 358–361]。

ドイツ系ナミビア人のブラントが「ヘレロ女性」固有の衣服であるはずのロングドレスを着ることで、映像を見るものはナミビアにおけるアイデンティティに関するより複雑な思考へと導かれる。

> 彼女のイメージは植民地主義の遺産と未来の可能性についての間テキスト的で文化相互的な対話の必要性を強調する。私たちは過去が現在に突然噴出するさまざまなあり様に気づかされる。……彼女の作品は、苦しみが集合的に経験されるさまざまなあり方についての批判的対話を促す試みである。ドイツ人が遺したナミビア人としての、誰がポストコロニアルなナミビアにおける「私たち」を構成するのかという問いへの彼女の参与は、ナミビア人アイデンティティの対位法的性質を理解しようとする努力である。ドイツ人、ヘレロ人、そしてナマ人にとっての複数の歴史は、分離発展（separate development）からではなく、絡まり合った共同的性質（co-constitution）の観点から視覚化されており、それはアイデンティティの複雑な性質を証している。［Lim 2018］

分離発展というアパルトヘイトを示す用語が用いられているのが興味深い。脱アパルトヘイトと脱植民地主義の時代におけるナミビア人のアイデンティティを理解するには、分離されていると想定されているそれぞれのアイデンティティを分けて考えるのではなく、互いに絡まり合いながら存在しているようなものとして考える必要性を、上記の評は示している。それはヘレロだけの問題ではなく、ナミビアで暮らす「白人」たちの問題でもある。ドイツ系ナミビア人という、ヘレロから見たら「加害者」の子孫がヘレロの衣服を着ることは、ヘレロから反発があってもおかしくない行為である。しかし、そもそもロングドレスがドイツ系の人々の衣服であったという経緯を含めると、誰が何を流用しているのかが混線した状態であり、まさにアイデンティティの重なりと分離不可能性が立ち現れている。はたしてロングドレスは誰のものなのか、再びわからなくなってくる。

ブラントが撮ったイメージは絡まり合った歴史の産物であり、単なる個人の想像力から生まれたものではない。そして彼女の映像はデリダが「正義」と呼んだ、もはや、あるいはまだここに生きていない他者たちへの「責任＝

応答可能性」だといえる。

その彼らが、戦争や、政治的その他の暴力や、民族主義的、植民地主義的、性差別的その他の絶滅や、資本主義的帝国主義あるいはあらゆる形態の全体主義による圧制、それらの犠牲者であろうとなかろうと。生き生きとした現在の、自己に対するこの非−同時性がなければ、その現在の正確さをひそかに狂わせるものがなければ、ここにはいない者たち……への正義のための責任と敬意がなければ、「どこに?」、「明日はどこに?」(《whither ?》)という問いを立てるどんな意味があるというのだろうか。[デリダ 2007: 14]

亡霊としての他者と共に生きること、それがおそらくブラント自身のアイデンティティとナミビアで生きていく未来の成型につながるのだと考えられ、まだまだ終わらないアパルトヘイトと植民地状況の問題をナミビアやドイツ全体が思考せざるをえない、訴訟による補償や法的解決以外の和解の道のひとつでもあるだろう。ブラントの展示オープンセレモニーで、ヘレロ人歴史家のピーター・カシャヴィヴィは以下のように語っている。[1]「もしわれわれが国民的和解の方策を深めようとするのであれば、われわれは互いに手を差し出さねばならない。ニコラにとってこの作品は、ナミビアの景観を学び、彼女自身の国の過去と、いかにその過去が未来へとつながっているのかを探索する自己発見の私的な旅である」。ブラントによるロングドレス着用の試みはヘレロにも受け入れられており、ヘレロだけではなく、ドイツ系ナミビア人にとっても過去が問題含みであることをヘレロにも意識させる機会となったのではないだろうか。

ヘレロの人々はドレスの着こなしを学びながら、牧畜民としての自分、都会で生きる女性としての自分、ドイツとの歴史的つながりを持つ混淆的存在としての自分、ナミビアで生きる少数派としての自分といった、複数のスタイルを体得してきた。これらのヘレロ・スタイル(ズ)は「ヘレロ固有のアイデンティティ」という単一的アイデンティティに容易に回収されるのだが、実際はその時々における着用者の心身の揺らぎに左右されている。さらにはドイツ系ナミビア人に着用されることで、彼女たちのアイデンティティの複雑さを考えるきっかけにもなっていた。

この複数性は、「ひとりの人間はひとつのアイデンティティを持つ」、「ひとつの民族はひとつの衣装を持つ」といった、人間と単一的アイデンティティ、そして単一的な衣服（ファッション）との確固としたつながりを破壊し、むしろ衣服が脱節し続ける性質を示している。本書では複数立ち現われる相貌として考察してきたが、その相貌の複数性は「何らかのコンテクストという保証された節合関係のなかに何かを一緒にとどめおくことはまったくないというリスクを常にはらみ、節がはずれてしまったかのような」［デリダ 2007: 22］脱節した状況（out of joint）から生じている。亡霊は一つならずの姿をもって、現在を生きる私たちと共にあるのである。

ここで改めて本書が何を描きたかったのかを考えてみると、自分のものとは呼べない何かとの関係を確立してきたヘレロの人々のストーリーであったように思う。そもそも外部から来たことが誰にとっても明らかであるロングドレスを堂々と改造し着こなすヘレロ女性に、「それはあなたたちの文化ではない」「文化の流用である」「単なる模倣である」と述べてもその発言自体が的外れであるように、自分のものとは呼べない何か、他者が所有する何か、あるいは他者からもたらされた何かとの関係性をヘレロの人々は確立できているように見える。ヘレロの人々とロングドレスとの関係性は本書で示した歴史的過程と現在の日常の中で培われ、ロングドレスのふるまいは日々更新されていた。

ドイツ人植民者はヘレロを虐殺したが、双方が過去からのつながりを現代の視点から読み直した結果、ベルリンでのファッションショーは成功し、ヘレロ人デザイナーにショーの経験、よりグローバルな世界を活動の射程に入れる可能性、そして自信をもたらした。ファッションショーはそもそも、植民地期以降のナミビアとドイツの強い政治経済的関係が基盤となり計画されたものであった。一回のファッションショーで両者に心の底からの赦しと安寧がもたらされ、現在に続く政治経済における構造的不平等が解決するわけではない。しかし、過去の歴史はいつまでも形を変えずにそのままどこか手の届かぬ場所に置かれているわけではなく、奇妙なファッションに憑きまといながら、現在と未来によって常に読み直され、語り直され、新たな議論を呼び起こしている。

ファッションは自分を最も可視的に表現する「身体」と不可分であり、最も外界と接触している領域である。誰もが最初から自分の形をわかっているわけではなく、人々は多様な他者に出会いながら、社会文化的規範にもまれながら、自分の形を決定していく。まだその形を全く知らない人もいれば、自覚的か無自覚的かは別にして形が出来上がっている人もいるかもしれない。そして、出来上がった形はまた新たな何かや誰かとの出会いによって変化していく。その「〈わたし〉になっていくプロセス」［鷲田 2013: 55］はおそらく死ぬまでプロセスであり続けるのであり、ファッションが世界中の個々人による実践を反映し成り立つ大衆的な領域であることからも、決して個人や特定の集団に閉じたままではいられない。そして、流れゆく他者の姿、その他者と共に生きる自己の姿を意識した時、変化しながらも「私らしい」スタイルが洗練されていくのではないだろうか。

ストラザーンは著作『未来を再生産する』において、テクノロジーが発達した現代における家族や親族のあり方から文化概念について再考している［Strathern 1992: 3］。もし文化が異なる諸領域からの複数の考えの集合であるのなら、その新たな複数の組み合わせはそれぞれの領域における意味を拡張し並置するのではなく、「跳飛効果」(ricochet effect）をもたらすという。生物学的遺伝というヒトの再生産の仕組み――文化的事象で言えば「純粋」で「真正」な伝統の継承――、それ以外の生殖の方法が試行され、さらに人工知能の発達により人間と機械の区別すら曖昧になっている現在、生物も文化も単にそのままの形で再生産され、受け継がれていくのではなく、複数の異なるものの集まりから織り成されるのであり、どこへ向かうのかすらわからない。「自然」と「人工」がここでは、既存の物事が新しく組み合わせられることで、物事が別次元へと水切り石のように飛び跳ねていく、予測不可能な文化的創造性が考えられている。

変わり続ける世界と他者との接触によって、ヘレロ個々人も常に変化してきた。ロングドレスの色、形、素材も、ふるまいも、そこに込められ付与される社会文化的・政治経済的意味も永遠に変化し続けるだろう。「いまはウシの角みたいなオシカイバだけど、また小山みたいな形に戻る可能性もあるかもね。ロングドレスは常に変化しているから」とエミィ・シランバはいった。ロングドレスは誰にも先が読めない形なのであり、ヘレロの人々も今後ロングドレスが変わり続けていくことを予見している。そして、ドレスの変化に伴いヘレロ社会にも新たな想像力や意識が芽生え、新たな未来の中で人々はまたさまざまな他者とぶつかり合い、過去を調停しながらロングドレスを形づくっていくのである。ヘレロの「エスニック」ドレスは最新ファッションである、という一文がいま理解可能なものとなったことを期待したい。

ロングドレスはドイツ人やナミビア人による認知やヘレロ自身の変化する好みといった予測不可能な偶発的影響を受けながら創られる、不確定なドレスであった。さらに、ロングドレスは自己を他者から差異化するだけではなく、他者との相互関係［cf. Durham 1999］や新たな活動の可能性を切り開いてもいた。したがって、ロングドレスとそれを着てふるまう身体は社会に創られたものであり、社会を意味すると同時に、社会的リアリティーを変革するエイジェントでもある［cf. Reischer and Koo 2004: 307］。

ロングドレスは独自の規範を持つ「ヘレロの文化」になったが、彼女たちはその完成形を知らないしその限界を定めることもない。ヘレロの人々はロングドレスを完全に客体化し、使いこなしているわけではない。その形や着こなしはヘレロ社会内部で完結しておらず、むしろ世界中で日々開発されている新たな素材や、他者が創り上げてきた既存の型との偶発的・即興的組み合わせ、そしてさまざまな人々の見方とのいわば共同作業によって維持されている。想像力次第で素材やデザインの工夫ができる柔軟性と状況への汎用力こそがロングドレスの魅力であり、ヘレロの人々にさらなる欲求と探求心を生み出す要因となっている。

ロングドレスは、それを着用する人々とそれを見る人々に歴史や欲望に関する多様な「顔」を思い起こさせるが、どの顔が主なのか従なのかは定まらない。さまざまな顔、細部、意味が反転し続け、いずれかが永遠に優勢になることはなく、再び他に押しやられ、主にはならない［cf. 大倉 2017］。ロングドレスはそれを着る者にも見る者にも複数の相貌の可能性を開いており、相貌の反転から生じるエネルギーが歴史、政治、日常生活から創られてきた「ヘレロ」というカテゴリーの定義を押し広げ、ヘレロの生活における可能性や選択肢を未来に広げている。すなわち、衣服は人をひとつのエスニシティ、ジェンダー、世代、宗教カテゴリーに縛りつけるだけではなく、ふるまいを通して他者との無限の関係性を誘発する接触領域であり、裸の人間をきつく拘束するだけではなく、着用者すら予期せぬさまざまな方向へと解放する可能性を有している。

ヘレロのロングドレスは、入植者およびナマやオルラムといった現地の他者との接触、宣教や支配と戦いの経験を通して生まれた衣服であった。そしてロングドレスのふるまいは、ヘレロ、ドイツ人、ナミビア人といった複数のアクターの想像力と視線、そしてその視線が描く相貌を上演するヘレロ女性個々人の身体で養われてきた。自分たち自身を見るヘレロの目、現在自分たちは着用しない「ヴィクトリア風」のロングドレスを着るヘレロに自分たちの衣服のルーツを見るドイツ人の目、ヒンバらナミビア周辺の人々の目、ナミビアを超えた多様な地域の人々の目によって複数の相貌が日々読み込まれながら、ロングドレスの形状とふるまいは変化を遂げつつも、文化として継承されている。文化の習得と継承の過程は、儀礼、日常、ファッションショーといった自己と他者の接触領域で進行しているといえよう。

他者の衣服は自分たちの衣服として想像され、ヘレロの身体に似合う形に着こなされ、着くずされてきた。原型が誰のものであれ、ヘレロの人々が現在までロングドレスに積極的に関わり、作り、着用してきたこと、それを見るヘレロと他者がロングドレスをヘレロのスタイルとして認識してきたことが重要だろう。ヘレロの人々は入植者によって西洋の衣服を無理やり着せられたというよりも、衣服の着こなしと着くずしを積極的に行い続けることで、他者の衣服を自分たちの文化として洗練し、継承してきたのである。文化の習得と継承の過程は、儀礼、日常、ファッションショーといった場で上演される美的ふるまいという接触領域を通して進行している。

衣服を介した遭遇は、現代社会においてますます複雑になっている。その遭遇には、否定的な反応と肯定的な反応の両方が生じることが予測されるが、いかなる衣服ネットワークが生成されるのか、関心はつきない。本書で論じたヘレロの衣服に当てはまることを他の「民族衣装」にどこまで応用することができるかを解明するには継続的な比較研究が必要である。しかし、いかなる固有の衣服にもさまざまな相貌が読み取られている可能性がある。衣服から読み取られる視覚的情報は、その衣服と着用者を見る者に一元的イメージを植えつけるのではなく、着用者の多様な生き方と物語を喚起しているのではないだろうか。

あとがき

二〇一七年、私は調査のため久しぶりにナミビアを訪れた。首都の仕立屋たちに会いに行くと、ロングドレスをめぐる状況に変化が訪れていた。既成のロングドレス店が増え、ショーもさぞ盛り上がっていることだろうと話を聞いてみると、なんと第5章で取り上げた二〇一二年を最後に、レジェンダリードレス・コンペは行われていないという。スポンサーとの調整が難しく、組織者たちも多忙で開催できずということだった。さらに、首都に路面店を持っていた唯一の仕立屋（デザイナー）クリスタが店を閉じ、前職の看護師に戻っていた。

クリスタは、「女性たちの要求がきつすぎて。ストレスが溜まって体調を崩したから、ドレス作りをすっかりやめたのよ。特に裕福な女性は高圧的で、短時間で凝ったデザインを作れと強くいってくるし、求めるレベルが高い。その要求にこたえようと寝る時間やプライベートを削って仕事をしていたけど、もう無理。問題は客の好みに合ったデザインができる仕立屋が少ないこと。そのせいで私のような一部の仕立屋に仕事が集中してしまったのね」と語った。どうやら、首都のコンペで発表されたロングドレスのデザイン性が向上したことと、個々の仕立屋の人気度に差が出てきたことに伴い、ロングドレス市場における需要レベルと共有のバランスが取れなくなっていたようだ。注文が集中する人気デザイナーのマクブライトについても、「期限どおりにドレスを完成してくれない」「後回しにされる」と悪評が立っていた。彼は以前と同じく、店を持ち既成のロングドレスを店頭に並べる夢を語っていたが、首都の家賃相場上昇も相まって実現が難しそうだった。

現状を見ると、私が調査をしていた時期はちょうどロングドレスのデザイン競争が最高潮に達し、仕立屋たちのデザイン力と熱意が円熟していた時期であったようだ。元コンペ組織者たちに話を聞くと、「コンペを通して若い世代にロングドレスの美しさを広げることができた。ある程度の役目は果たしたのでは」という。元仕立屋クリスタの様子はまさにバーンアウトであったが、あの「ファッショナブル」にかける彼女たちの熱意はやはり一種過剰なものだったのだと納得させられもした。とはいえ、ファッショナブルを愛するヘレロ女性が「ダサい」ドレスに戻れるわけはなく、今後も仕立屋たちへの要求が納まることはないだろう。デザインを競う場であるコンペへの出場を嫌がっていたような仕立屋たちもまた、ときに支払い前の客に逃げられながらも変わらず多くの顧客を抱えており、注文の多い客たちのために今日もドレスを縫っていることと思う。

私がアフリカを調査地としたのは、大学三年生の時に博士課程までの指導教官である熊本大学の慶田勝彦先生の授業でケニアやアフリカの国々の事例に触れ、あまりに自分がアフリカのことを知らず、かつ無関心であることに驚いたからだった。数年後、私は授業で紹介された『幻のアフリカ』（二〇一〇年、岡谷公二・田中淳一・高橋達明訳、平凡社）の著者ミシェル・レリスの後を追うようにアフリカ大陸へ向かうことにした。

極端に述べると、当時の私の頭の中の世界地図上でアフリカは「暗黒大陸」のままだった。自分から一番遠い場所がアフリカ大陸であり、そこで暮らす人々が一番の「他者」であったといえる。その後、ゼミで民族誌を読み、人類学の先生方の話を聞く過程で少しずつアフリカが近くなり、自分の矮小な想像を超えた幾多の事例の面白さとわけのわからなさに惹かれていった。そして、アフリカの人々の現在の生活や政治経済的状況が、西洋各国による植民地主義と現地における植民地時代の経験抜きには理解できないことを徐々に理解するようになった。偶然にも人類学と出会わなかったらこのような思考を得ることはなく、このコンタクトが意識と人生の転回点だったように思う。

なぜナミビアを選んだのか。修士課程に入った私は、アフリカの脱植民地化の過程における人々の意識の変化、文化や生活様式の（再）形成、そして自己成型に関心を持つようになり、それらのテーマに関する論文を集めていた。その中のひとつが、ヘレロの記念式典と衣服に関する論文であった。その一本を読んだだけでは、なぜヘレロの人々がドイツとの戦いとジェノサイドから百年以上も経過した現在も歴史を想起するための大規模な式典を行い、ドイツ人入植者に由来する衣服を大切に着用しているのかわからなかった。しかし、ヘレロの人々の式典や衣服にかける熱量になにか惹かれるものがあり、その理由や現状を知りたいと思うようになった。

なぜ人間は過去の出来事を単に忘れて、なかったことにして、生きていけない、いかないのか。ヘレロの人々は過去の出来事と経験を現在の自分たちに憑依させせつつ、新たな形を創り出しているように見えた。私はドイツ植民地主義とナミビアの関係からなにか考えたいと思うようになり、ナミビアへ行く前にドイツを知るべしという指導の下、ドイツ・ボン大学で一年弱の語学留学を行った。このときできたドイツ人の友人とは今も仲が良く、今思えばドイツとナミビアの間で思考する回路はこれら両国で暮らした経験からきているのかもしれない。

ナミビアは一九九〇年に南アから独立したばかりの国であり、アパルトヘイト後の政治経済的な不均衡や社会的不平等に関する問題を多く抱えている。ナミビアで暮らす「白人」に対する拒絶感、「白人」と一緒にいたくないという態度、不意に始まるアパルトヘイト時代の居住区や嫌な経験についての語り、公用語がアフリカーンスから英語に変わって大変だったこと、生活の苦しさ、本書では触れることができなかった現実が多くある。そのようなナミビアでの生活で、私は過去と植民地的他者が取り憑いているようなヘレロの人々の実践の面白さ、その過剰でキャンプな姿に最も心動かされた。ドイツ植民時時代に端を発する権力をめぐる内部抗争は加速しているものの、その突き抜けた美学を貫き通すことで、ヘレロの人々は未来に対する新たな可能性の経路を切り拓いているように思える。人はどのような状況でも、どのような経験からも、何か「美しいもの」を創造することができる、そのような力強さをヘレロの生活から教わった。そして、人は現在ここにある自分一人で成り立っているわけではなく、さまざまな他者や、過去の出来事やかつて存在していた人々、そして未来のヴィジョンを見ながら存在しているのだろう。

様々な導きにより、奇妙で美しいファッションに出会うことができたことに感謝し、本書を通じて日本の方々にヘレロ・スタイルを紹介できることを嬉しく思う。そして、ヘレロ人、ドイツ系ナミビア人、ドイツ人の衣服を介した交流がさらに展開していくことを願う。「あとがき」を書いているいま、ロングドレスに関する細かな規範や男性の衣服との関係など、本書で描くことができなかった多くの事柄ばかりが頭をよぎるが、また別の機会にご紹介できれば幸いである。

本書の完成にいたるまで、多くの方々にご協力をいただいた。京都大学大学院アジア・アフリカ地域研究研究科、「ナミビア懇話会」（世話人：京都大学 永原陽子先生・水野一晴先生）のみなさま、高田明先生、大阪大学の米田信子先生、津田塾大学の丸山淳子先生、ナミビア大学のエクラ・カヴァリ先生、ヴィルフリッド・ハアケ先生、および、現地でお会いした研究者の皆様のご協力なしには現地調査を推進できなかった。東北大学・藤岡悠一郎先生には、第3章の元になった論文草稿に対して詳細なコメントをいただいた。永原陽子先生には研究会でのコメント、ヘレロ研究の動向に関する助言、メールでのやり取りなどで多くのことを教えていただいた。

「第十一回九州人類学研究会オータムセミナー」（二〇一二年）では、コメンテーターの岡崎彰先生と参加者の皆様から第4章執筆の下敷きとなった発表に対する多角的なコメントをいただいた。岡崎先生からは自分にとって嫌なものにこそ取り組めという言葉をいただき、思考と行動の殻を破っていく怖さと心地よさを教わった。九州大学の太田好信先生には第4章の元になった投稿論文草稿に対するコメントをいただいた。また、修士時代にはソウルフル人類学塾（ＳＡ塾）にて、厚い一冊の英語の本を読むことと、何が面白かったのかを議論することの苦（楽）を学ぶという、大変刺激的な経験をさせていただいた。いまだに言語と議論の壁は厚いが、壁に立ち向かう勇気をいただいた非常に大切な時間であった。博士論文の副指導教官になってくださった熊本大学のシンジルト先生と松浦雄介先生には、修士時代より多くの重要なご助言と叱咤激励をいただいた。博士論文の審査員になってくださった福澤清先生と中川輝彦先生には、有益なコメントをいただいた。共に過ごした熊本大学人類学研究室の院生の方々からは、いつも研究に対する率直な意見をいただいた。

何より、誰よりも人類学と哲学的思索を楽しんでいる慶田先生から、長年にわたる論文指導で言葉では言い表せないほどお世話になった。日々のやり取りの中で人類学や考えることの楽しさを教えていただかなければ、そもそも研究に関心を持つことはなかったし、洞察に満ちた刺激的なコメントと親身な励ましがなければ本書を完成までこぎつけることはできなかった。二〇一六年の熊本地震以降、日常の儚さを実感することも多かったが、ユーモアを忘れずにいられたのも先生のおかげである。これまでご指導いただいたみなさまに心より尊敬と感謝の念を示したい。

本書の執筆に関わる研究活動は、公益信託澁澤民族学振興基金「平成二一年度大学院生等に対する研究活動助成」、日本学術振興会科学研究費補助金・基盤研究（A）「ケニア海岸地方のスピリチュアリティおよび宗教性に関する人類学的国際学術研究」（代表：慶田勝彦・熊本大学、二〇一一～二〇一五年度、課題番号23242055）の若手アフリカ研究者に向けた助成、日本学術振興会科学研究費補助金・基盤研究（S）「「アフリカ潜在力」と現代世界の困難の克服：人類の未来を展望する総合的地域研究」（代表：松田素二・京都大学、二〇一六～二〇二〇年度、課題番号16H06318）の若手派遣助成により可能になった。関係者のみなさまに厚く御礼申し上げたい。

本書は平成三〇年度熊本大学学術出版助成を受けて出版された。九州大学出版会の永山俊二氏には、本書の編集について多大なるご助力とご配慮をいただいた。熊本大学慶田研究室・産学官連携研究員の佐藤睦氏には校正を手伝っていただいた。すべての方々のお名前をあげることができないことをお詫び申し上げるとともに、関係者のみなさまに深く感謝を申し上げたい。なお、本書の文責はすべて筆者にある。

本書でヘレロのドレスについて記述できたのはヘレロの人々、特にエミィ・ヒンジョウ一家とその親族、そして村人たちのおかげである。首都に住むエミィの娘べラは、私が首都で調査ネットワークを構築する際に彼女の家に宿泊させてくれただけではなく、多くの女性や仕立屋、デザイナーを紹介してくれた。同じく首都に住む娘で仕立屋のベイビィはロングドレス作りと顧客とのやり取りについて教えてくれた。村と首都を行き来する息子チーパとパウは、ナミビアの社会状況や自らの生活について多弁に語り、インタビューに同行し翻訳を手伝ってくれた。村に住む気まぐれな息子パンベは、突如彼の母親と暮らし始めた私に適度な距離で接し、村の若者たちの生活について教えてくれた。エミィの兄妹・親族であるマヴェイピ、カスヴァエ、ブッティ、カヴィイヴィ、オウマ、ババ、そして本書カバーを飾ってくれたカスピ・カリコをはじめとするご近所さんたちも、庭のモパネの木の下で私のたどたどしいヘレロ語に付き合いながら、新しい単語や言い回し、ヘレロの生活について教えてくれ、いつも面白い話を聞かせてくれた。ユーモア、知性、そしてそれぞれ全く異なる個性にあふれた彼／彼女たちと出会えたことは幸運であったとしかいえない。帰国時にマヴェイピからもらった木製ビーズの古いネックレス（*ozondao*）はいまも独特の匂いを放ち、オゾンダティの記憶を私によみがえらせる。

初期の調査拠点となった町オカカララではリチョ・カムトトらと友人になり、結婚式や葬式に連れて行ってもらった。ヘレロ文化や政治状況についても多くのことを教わった。同町では、青年海外協力隊（ＪＩＣＡボランティア）の方々にも多大なるご助力をいただいた。そして各地のロングドレスのデザイナーとコンペティションの組織者たちの快い調査協力により、私はロングドレスの思いもよらないファッションとしての相貌を見ることができた。彼女たちのようなおおらかで率直な人々が私を受け入れてくれなかったら、本研究は成り立たなかった。すべての方々の名前をあげることはできないが、ここに御礼を記したい。

謝礼に代えて、調査時に写真を撮らせてくれた方々には、可能な限り本人が写った写真を現像して手渡した。また、お世話になった村の人々には、彼らが欲しがっていた村のサッカーチームの試合用ユニフォームを製作し贈呈した。それから、日本の家族や友人たちの協力を得て、日本からオゾンダティへ古着を郵送した。最近では、高校卒業に失敗した親戚の女性から、子どもを養うにはネイリストになって稼ぐしかない、と説得されネイリスト資格講座参加をサポートした。服とファッションを介した交流はまだまだ続きそうである。

最後に、これまでの研究生活とナミビアでの調査、そして本書の執筆を長期にわたり支えてくれた両親、兄妹、夫、そしてヒンジョウ一家に感謝を込めて、本書を捧げたい。

香室結美

二〇一八年一〇月

初出一覧

本書は二〇一六年度に熊本大学大学院社会文化科学研究科に提出した博士学位論文「ふるまいの創造――ナミビア・ヘレロのロングドレスにおける植民地経験と美の諸相」に加筆と再構成を施したものである。また、本書の各章は筆者がこれまでに発表した論文を骨子として加筆・再構成した文章から構成されている。各章の初出原稿は以下のとおりである。

序　章　書き下ろし
第1章　書き下ろし
第2章　書き下ろし
第3章　「ナミビア中部、ヘレロ人男性の色分けされたユニフォーム」『九州人類学会報』39: 37–59, 2012
第4章　「ロングドレスのふるまい方――ナミビア・ヘレロ社会における他者との接触と複数の相貌」京都大学電子ジャーナル『コンタクト・ゾーン』7, 2015
第5章　「ナミビア・ヘレロのロングドレスにおける美の諸相――四つのヘレロ・ファッションショー」『熊本大学社会文化研究』12：129–151, 2014
終　章　書き下ろし

1960年代	カメルーン，セネガル，マリ，コンゴ，ナイジェリア，タンザニア，ケニアといったアフリカ諸国が宗主国から独立
1964	ホセア・クタコらがNUDO（National Unity Democratic Organisation）設立
1966	SWAPOの武装闘争宣言，南アとの戦闘開始 国連が南アによる委任統治終了を決定
1968	ウィンドフックの旧居住地（Old Location）が閉鎖され「黒人」は強制退去，カトゥトゥーラへ移住 ホームランドの導入（アパルトヘイトの開始） 国連が南アの西南アフリカ支配が不法であることを宣言，国名を「ナミビア」とする
1969	NBC（Namibian Broadcasting Corporation）ヘレロ語放送サービスが放送開始
1970	「最高首長」ホセア・クタコ死去 クレメンス・カプウオ（ヘレロ人）がヘレロの「最高首長」となる
1975	DTA（Democratic Turnhalle Alliance）設立，クレメンス・カプウオが長となる
1978	「最高首長」クレメンス・カプウオ暗殺される クアイマ・リルアコ（ヘレロ人）がヘレロの「最高首長」となる 国連安保理がUNTAG（United Nations Transition Assistance Group in Namibia，国連ナミビア独立支援グループ）の設置を決定（決議435）
1989	国連安保理決議でUNTAG派遣が承認され，任務開始
1990	ナミビア独立，サム・ヌジョマ大統領就任（～2005年，SWAPO，オバンボ人）
1993	ヘレロ人のボツワナ亡命者が帰還しツムクウェに居住
1994	南アがウォルビス・ベイをナミビアに返還
2001	「最高首長」クアイマ・リルアコを中心とするヘレロの市民団体がドイツ政府と企業に対して補償を求め，アメリカで集団訴訟を起こす（2007年に棄却）
2004	ドイツとヘレロの戦い勃発から100周年，ナミビアを訪れたドイツ経済開発相がドイツ帝国の行為を「ジェノサイドにあたる」と認め謝罪
2005	ヒフィケプニェ・ポハンバ大統領就任（～2015年，SWAPO，オバンボ人）
2011	ナミビア政府の要求を受け，医学研究所シャリテ（現ベルリン大学病院）が1904～1908年の戦時中に死んだ20人の頭蓋骨（ヘレロ人9，ナマ人11）を返還
2014	フライブルク大学が14の頭蓋骨，シャリテが21の頭蓋骨（ドイツ植民地期に現在のナミビアのさまざまな地域から集められたオバンボ人等の骨を含む）等をナミビアに返還 「最高首長」クアイマ・リルアコ死去 ベクイ・ルコロ（ヘレロ人）がヘレロの「最高首長」となる
2015	ハーゲ・ガインゴブ大統領就任（～現在，SWAPO，ダマラ人）
2016	ドイツ政府が1904～1908年のドイツ帝国の行為を「ジェノサイド」と認め謝罪する方針であることを表明
2017.1	ヘレロ人とナマ人がドイツ政府に対し補償を求めニューヨークで集団訴訟を起こす
2018.8	アメリカ地方判事によるヘレロ・ナマ代表者とドイツ政府代表者からの聞き取り（ニューヨーク）

ヘレロを中心とした関連年表

年月	内　　容
1790頃	シャムアハ（Tjamuaha ua Tjirue，ヘレロ人）生まれる
1820	シャムアハの息子マハレロ（Maharero ua Tjamuaha，ヘレロ人）生まれる
1840年代頃	ヨンカー・アフリカーナー（オルラム人）による支配の拡大
	ライニッシュ宣教団がナミビア中部に到着
1856	マハレロの息子サミュエル・マハレロ（ヘレロ人）生まれる
1857	ライニッシュ宣教団ハーンがヘレロ語の文法書と辞書を発表
1861	ヨンカー・アフリカーナー死去→　クリスチァン・アフリカーナーが後を継ぐ
	シャムアハ死去→　マハレロが後を継ぐ
1863–64頃	マハレロがヨーロッパ人貿易商らと共に火器を用いてアフリカーナーの居住地を襲撃，家畜と火器を入手する，クリスチァン・アフリカーナー死去
1868	ヴィルヘルム・ゼラエウア（ヘレロ人）がオマルルにチーフとして独立する
1876	ヴィルヘルム・ゼラエウア死去
1875	ライニッシュ宣教団ブリンカーが旧約聖書「詩編」を翻訳，出版
1879	ライニッシュ宣教団ブリンカーらが新約聖書をヘレロ語に翻訳，出版
1884	「西南アフリカ」としてドイツ帝国の保護領となる
1885	ドイツ帝国との「保護条約」にマハレロが署名
1887	ヘレロ語聖書完訳が出版
1890	マハレロ死去
1891	サミュエル・マハレロがドイツ帝国によりヘレロの「最高首長」に任命される，他のチーフからの反発が高まる
1896	カヒメムア・ングヴァウヴァ（ヘレロ人）がドイツ軍により処刑される
1897	牛疫の大流行
1904	ドイツ植民地軍とヘレロの戦い，トロータ将軍によるヘレロ「絶滅」命令
1905	ヘンドリク・ヴィットボーイ（ナマ人）死去
1908	ドイツ植民地軍による強制収容所の閉鎖
1915	南アが西南アフリカに侵攻，ドイツ植民地軍の撤退
1920	国際連盟が南アによる西南アフリカの委任統治を認める
–23頃	ホセア・クタコ（ヘレロ人）がナミビアにおけるサミュエル・マハレロの後継者であることをサミュエル・マハレロの息子フレデリク・マハレロが宣言
1923	サミュエル・マハレロがボツワナで客死，オカハンジャで大規模な葬儀
1945	ホセア・クタコがヘレロ首長評議会（Herero Chief Council）を形成
	南アが西南アフリカを国連の信託統治下に移行させることを拒否，不法統治開始
1946	ホセア・クタコがUNに対し南アの不法占拠を訴える
1957	OPC（Ovamboland People's Congress）がトイボ（オバンボ人）を議長として設立
1959	OPCがサム・ヌジョマ（オバンボ人）を議長としてOPO（Ovamboland People's Organization）へと再編成
	SWANU（South West African National Union）設立
1960	OPOが名称をSWAPO（South West African People's Organization，西南アフリカ人民機構）に変更，全国的な解放運動組織として結成される

終章　共にある未来へ

1　Nicola Brandt explores ‘The Earth Inside’. *The Namibian*. https://www.namibian.com.na/index.php?id=126953&page=archive-read（最終確認日：2018 年 11 月 9 日）

9　エミィ・シランバへのインタビューより（2012年，ウィンドフック）。

10　インゲ・ムランギへのインタビューより（2012年，ウィンドフック）。

11　ヘレロのロングドレスと西洋風ウェディングドレスを併売しているクリスタのブライダルショップと，CCN（Council of Church in Namibia）にあるグレースの店。2人とも仕立屋である。

12　ヘレロではない人物やファッションに詳しくない者を審査員に選ぶことを非難されることもあるが，組織者は選定基準を変えるつもりはないという。

13　マクブライトはカトゥトゥーラの実家の一室を仕事場として使っていた。

14　また，残念ながら実現しなかったものの，ヘレロ以外の人々にもロングドレスやデザイナーについて知ってもらうため，インゲたちはナミビアにある各国大使館の代表者を集め，各国の食事，衣装，旗といった事柄について学ぶ場を設けることを計画したという。デザイナーたちはインド，中国，南アといった国々で暮らすヘレロがどのようなロングドレスを着るのかを想像し，ドレスを製作した。

15　貿易産業省はヘレロのドレスの他，オバンボ人女性デザイナーによる衣服やナミビアの特産品として革のハンドバッグなどを出展した。

16　クリスタ・バウケスへのインタビューより（2012年，ウィンドフック）。

17　苦難の道を歩むコンゴの女性版サプール〈サプーズ〉LIFESTYLEOTHERS2017.11.09 Zing Tsjeng https://jp.vice.com/lifestyle/the-incredibly-dressed-lady-dandies-of-the-congo-are-here-to-ruin-you　最終アクセス日：2018年11月9日）

18　ショーの開催にあたり，スポンサーのNBCがテレビやラジオを通した全国規模での宣伝を行った（ナミビア・ファッションショー公式フェイスブック，“Namibia Fashion Show is Here-Belong!”，https://www.facebook.com/notes/namibia-fashion-show/Namibia-fashion-show-is-here-belong/39261　2787476554，最終アクセス日2013年1月5日）。その他のスポンサーとして，サンラム・ナミビア，ヒルトン・ホテル，ナミビア航空等，複数の企業が協賛しているが冠スポンサーは獲得できていない。加えて，ナミビアの生産力とサービス向上を目的に活動するNPOチーム・ナミビアによる支援も受けた（The Namibian紙，“Namibia Fashion Show world class”，2012年11月19日）。

19　The Namibian紙，“Namibia Fashion Show to give homegrown designers a much-needed platform”，2012年9月20日。

20　国内からはマクブライト，イタリアのミラノで衣服製作を勉強中のニコラ・コンラディ他3名，国外からは南アの有名デザイナーであるデイヴィット・トラレとスザーン・ヘインズ，カメルーン生まれでフランスに活動拠点を置くマーシャル・タポロ他3名の，南部アフリカと西アフリカから実績のあるデザイナーたちが参加した。

21　The Sun紙，2012年11月21日。

22　鷲田は能の言葉から「正しくない型」という意味で「非風」という語を用いている。

な確定には，ボツワナ国立公文書館での調査を含め，一般の人々が家に保管している写真の収集と聞き取りを進める必要がある。

10 筆者の質問に対し，オシカイバの作り手ヴェヴァンガは1955年頃，60代女性の仕立屋カメイシは1960年代頃に現在の形に近いオシカイバになったのではないかと答えた。

11 男性の衣服も対比的に語られる。ナミビア北西部の町オプウォで活動するヘレロ音楽（*oviritje*）グループのミュージックビデオには，ヒンバの「伝統的」衣服を着た男性とヘレロの「都会的」衣服を着た男性が交互に歌う姿が映されている。ヘレロ男性がジャケット，パンツ，ハット，杖という，スーツ・スタイルであるのに対し，ヒンバ男性は革のエプロンと牛追いの棒を持つ［Van Wolputte and Bleckmann 2012: 420-421］。

第5章　四つのファッションショー

1 ベーター論文では，南アのLGBTI（lesbian, gay, bisexual, transgender, intersex）の人々の理想像がこのようなコンテストによって画一化され，そのイメージが一般に広がることで，実像における多様性が認められにくい状況が生じているという問題が指摘されている［Beetar 2012］。

2 たとえば，2012年3月24日に西部のウォルビス・ベイでヘレロのモデリング・コンテストが開催された。また，ショーの調査のためにエプキロを訪れた際にも，別の日にエプキロで行われていたモデリング・コンテストの出場者と出会った。

3 ナミビア2011年国勢調査結果（Namibia 2011 Population and Housing Census Indications，http://www.nsa.org.na/files/downloads/95e_2011%20Population%20and%20Housing%20Census%20Indicators.pdf，最終アクセス日2013年1月5日）より。

4 MTCの収益の66％はナミビア政府が握っている。MTC・HP（MTC Vision& Mission，http://www.mtc.com.na/about/vision-mission，最終アクセス日2013年1月5日）より。

5 審査員は，自作のワインレッドのベロア地のスーツを着たマクブライト，ウィンドフック出身の女性，ヘレロが多く住む町オカカララで開催されたモデリング・コンテスト（2011年）優勝者の女性，モデリング・コンテストに参加経験のある地元の女性であった。審査員たちもロングドレスで着飾っていた。私はマクブライトの友人として舞台の前に設けられた審査員席に座らせてもらいショーを観察した。

6 カペナは優勝を逃したが，2〜4位に与えられる「プリンセス」の称号を獲得した。

7 ウィンドフック南部のアカデミアやホホランド・パークなど。アパルトヘイトが終わるまで，南アが定める「黒人」がこれらの地区に住むことは禁止されていた。

8 毎年，コンペティションの準備は6月頃から始められるが，2011年はアメリカのアトランタでショーを行う企画があったために2月頃から打ち合わせを繰り返してきたという。打ち合わせではどのようなテーマが人々を惹きつけるか，支援者をどう募るか，どのデザイナーを海外のショーへ連れて行くべきかといった具体的な議題が出されていた。

18 本節の目的は赤，白，緑旗それぞれのオーラル・ヒストリーの特徴を簡潔に示すことである。そのためここでは，赤旗と白旗2名のヘレロ男性によるまとまりのある語りを選択的に取り上げる。白旗の男性は旗隊のそれぞれの色と旗を隊の「ロゴ」であると表現していた。ただしヘンドリクソンが明らかにしたのと同様，筆者の調査においても各人のオーラル・ヒストリーに関する知識量や内容にはばらつきがあったため，現在のオーラル・ヒストリーの共有状況にはさらなる調査が求められる。

第4章　ロングドレスのふるまい方

1 本章でいう「チーフ」は，「伝統的指導者」として認可されたヘレロの「チーフ」を指す。
2 自己成型は「自己の外に位置づけられる絶対的な力や権威——神，聖典，そして教会や法廷，植民地，あるいは軍の統治府といった機関——への服従」［Greenblatt 2005: 9］を含むのであり，「自分自身にひとつの形を課する力は……自分自身の力であるのと同じくらいしばしば他者の力でもある」［Greenblatt 2005: 1］と指摘されている。
3 ヘレロ女性へのインタビューより（2009年，オカカララ）。
4 エミィ・シランバへのインタビューより（2012年，ウィンドフック）。
5 以下，各章で分析する接触はクリフォード［2002: 131-171］がカナダ北西沿岸のネイティヴ・アメリカンに関する2つの「メジャー」なミュージアムと2つの「ローカル」なミュージアムにおけるものの取り扱いの違いについて行った分析を参照している。4つのミュージアムでは，ものが歴史的・美学（芸術）的文化遺産として，部族の所有物として，家族の所有物としてといった，異なる扱われ方をしている。ミュージアムの運営者によって，ものをどう見るのかが異なるためである。
6 首都のカトゥトゥーラに住む1971年生まれの仕立屋ベイビィ・ヒンジョウ（エミィ・ヒンジョウの娘）は，年に20着ほどの式典用ドレスの注文を受けるという。彼女はそれを一着300～500N$（約2,350～4,000円）で仕立てる。彼女はドレスに関する知識を祖母に教わったという。
7 首都でロングドレスのコンペティションを主催する，30～50代の女性たち6名の会話から（2012年2月6日）。
8 オカカララ郊外の村オマヒナで開催された結婚式（2009年9月5日）。
9 ヘッドドレスの形態的変遷については，永原陽子氏の発表「第2回　ナミビア懇話会」（2009年12月，京都大学稲盛財団記念館）「あれは『伝統的民族衣装』なのか？——ヘレロの歴史の一断面」も参考にしている。永原氏は，ナミビア国立公文書館とボツワナ国立公文書館などの写真資料調査から，水平に伸びる「角」が形成されてきたのは1970年代頃ではないかと述べ，ユニークな衣服の希求を生んだ背景に解放運動と南アフリカの政治戦略との間での政治化された民族意識の高まりがある可能性を示唆した。筆者もその後ナミビア国立公文書館で調査を行ったが，ナミビア国立公文書館では1970年代の写真が手に入らなかった。年代のより詳細フ」も存在しており，認可チーフか非認可チーフか，認可を得ることができるかできないかという点でヘレロの人々の間にしばしば混乱と問題が生じていた。

11 2012年1月，オコンバハとオマルルにて行われたチーフ・クリスチアン・ゼラエウアの葬式に向けた準備の観察から。

12 詳しくはギブソン［Gibson 1956］，ヘヴァルト［Gewald 1999: 29-60］を参照せよ。

13 ヘレロはヘンドリク・ヴィットボーイ率いるナマらとともに，ドイツ植民地支配と土地を奪われたことに対する反乱の担い手として記述されてきた［Bley 1971］。ヘレロとナマの「蜂起」に関する古典的研究としては，ドレクスラー［Drechsler 1980（1966）］を参照。独立後，新政府は南アのアパルトヘイト政策の下で，「エスニック・グループ」として分断されていた人々をナミビア国民として統一しようと試みた。特にその時期から，ヘレロとドイツの戦いは「ヘレロやナマという特定集団の戦いとしてではなく反植民地主義的な「国民」の戦いの原点として」［永原 2009: 237］歴史叙述の中に表されてきた。しかし，ドイツ入植者と密接な関係にあったサミュエル・マハレロが率先して反乱を起こしたとは考えにくく，戦争の勃発原因には謎が残されている。

14 「オシセランデュ」のこと。“*otjiserandu*” の “*tji*” は［ʃ］で表記される発音であるため，本書ではオシセランデュと記す。

15 1924年に定められたチーフの任務は，「部族政府の権力を行使し，法の定める統治機能を果たすこと」であり，ヘッドマンの任務は「小規模な部族や都市周辺の居住区の統治を行うこと」であった。このように，第一次大戦後のナミビアでは給料をもらう「伝統的指導者」が制度化されていった［永原 1997］。

16 たとえば，テレンス・S. ターナーによる象徴分析がある。T. ターナーはドレスや身体装飾を「社会的肌」（social skin）［Turner 2012（1980）］と呼び，ある衣服を着用し装飾品を身につけることは単に人間の表面を装飾するだけではなく，ある社会の一員となることだと論じた。さらに象徴的媒体としての衣服や装飾品は言語と同じく，各自の社会的役割やアイデンティティを他者へと伝達し，表象することだと論じた。多くの象徴分析では男性や女性，年配者と若者といった社会的役割にドレスや身体装飾が割り当てられ，それぞれが伝える社会的意味の解明が目指されてきた。このような象徴研究は，身体が単なる生得的なものではく，社会的・文化的に構築されること［Bourdieu 1977；Elias 1978；Foucault 1979；Goffman 1968；Mauss 1973］を多彩な事例から裏づけたといえる［Reischer and Koo 2004: 298-300］。

17 ヘレロの「伝統的権威」は自らを「ロイヤルハウス」と称し始め，今では政府公認の名称となっている。マハレロ・ロイヤルハウスとゼラエウア・ロイヤルハウスは「ヘレロ伝統的権威」，ングヴァウヴァ・ロイヤルハウスは「ンバンデル伝統的権威」に分類される。2012年3月時点での各ロイヤルハウスの長は，アルフォンス・マハレロ，クリスチアン・ゼラエウア（2012年1月に逝去したため実質的にはチーフ不在），アレッタ・ングヴァウヴァであった（Ministry of Regional & Local Government, Housing & Rural Development での筆者調査より）。

である。1997年にナミビア政府に認可された。2012年1月8日に逝去。

4 エマ・ハーンはヘレロのスタイルについて,「英雄であるチーフのひとりは,服の上に茶色いシルクのドレスを重ね,肩に銃を下げながら雄牛に乗っていた。多くの人々が,ナマ女性のボンネットやポルカ・ジャケット,ガウンなどを身にまとっている」という手記を残している[Hendrickson 1994: 51]。19世紀にヘレロは洋服を取り入れ始めていたものの,当時のヘレロのスタイルは西洋,ナマ,ヘレロの衣服が入り混じったものであったようだ。入植者たちがアフリカ現地の人々の身体を支配することで彼らの精神を啓蒙しようと試みたことは指摘されてきた[cf. Comaroff and Comaroff 1997: 220-221]。しかし,ヘレロ女性たちはロングドレスを着用し始めてはいたが,キリスト教徒化したわけではなかった[Hendrickson 1994: 46]。ヘレロが多数改宗したのは,ジェノサイド後の強制収容所時代であったと考えられる[Gewald 1999: 193-204]。

5 サミュエル・マハレロの兄弟トラウゴット・マハレロがリーダーとなって南アから居住の許可を獲得し,マハレロ一族の地であるオカハンジャへ人々を導いたといわれる。

6 たとえばウィンドフック,キートマンスフープ,リューデリッツなど。

7 オテュルパはサミュエル・マハレロが赤い帽帯を人々に配ったことから始まったとされるため,赤旗は赤帯隊(The Red Band)とも呼ばれてきた[Katjavivi 1990: 26;Werner 1990: 481;永原 1992]。しかし,旗隊を指す語として,ヘレロ語の場合は「布」や「旗」を意味する“*erapi*”,英語の場合は“flag”が現在広く使われていることが現地調査から確認されたため,本書では赤旗という日本語訳をあてる。白旗,緑旗についても同様の理由から上記の通りに記す。

8 オーラル・ヒストリーにおいても,1930年代に緑旗が始まったという者と,1947年のカヒメムアの甥ニコデムスの葬式をその開始年として挙げる者がいたという[Hendrichson 1992: 268, 270]。

9 近年,「われわれの」チーフの墓の再建と記念式典開催の動きが中部のオチパムエ地域でも生じている[太田 2001: 172-176]。このような事例からも,ヘレロ社会においては墓に集まることがチーフへの帰属と集団意識を確認する重要な手段になっていることが確認される。

10 ナミビアの「伝統的指導者」(Traditional Leader)とは,1995年の「伝統的政府法」(Traditional Authorities Act)によって制定されたチーフ,上級評議員,評議員のことであり,彼らは「伝統的コミュニティ」の指導部である「伝統的権威」(Traditional Authority)を組織する。「伝統的指導者」は各伝統的コミュニティの慣習法(Customary Law),または選挙によって選任され,この慣習法に則ったコミュニティの治安維持が義務づけられている。1995年以前はアパルトヘイトの原点とされる1928年の「原住民統治布告」(Native Administration Proclamation)が施行され,同布告により南ア植民地統治官がチーフやヘッドマンを承認,任命,解任する権限を有するようになった[永原 1997: 179-180, 183]。ただし筆者の調査によると,ヘレロ社会には政府非認可ではあるが一部のヘレロに支持されている「チー改正がツチを人種化された少数派として実体的に再生産することを可能にしたからである。それが土着民化されたフツによる「移住者」ツチの殺害を現実のものにした。ルワンダでの虐殺は隣人が隣人を殺害したとして謎を呼んだが，殺害したフツにとってツチは同じ地に生まれた隣人ではなく「移住者」であり，自分たちを抑圧し続けてきた特権的エリートとして認識されていたことが指摘されている［Mamdani 2002: 13-14］。植民地時代と脱植民地時代におけるヘレロとツチがハム人とみなされた人々としてどこまで同じで何が異なるのかについては，さらなる検討が必要である。

6 セリグマンは肌の色，身長，頭髪の縮れぐあい，頭部のかたち，顔と鼻の形状といった身体的特徴に基づき，アフリカの諸人種を分類した。近代になると，ハム系の人々は鼻筋のとおった高い鼻などを持つ，西欧的な基準で見ると顔立ちの整った北東アフリカの人々を指す語として用いられるようになり，セリグマンが考えたように，ハム系の人々は「黒人」ではなく「白人」（コーカソイド）とみなされるようになった。詳しくは栗本［2005］。

7 なおマラン［Malan 1995］はナミビアの「民族的アイデンティティ」もしくは「エスニック・グループ」を，オバンボ，カバンゴ諸部族，カプリヴィのフウェとスビア，ヘレロ，ヒンバ，サン，ナマ，ダマラ，その他の集団（ツワナ，レホボス・バスターズ，カラード，西欧系）という 10 に分類している。

8 ヘヴァルトはブリジット・ロウによるフェッダー批判［Lau 1981］を高く評価し，彼女の研究に言及しながら「1915～1945 年のフェッダーの研究の多くは，植民地政府がナミビアの黒人住民に取り組むための原則，正当性，そして基準を形成するようになった」［Gewald 2000: 19］と論じた。

9 オーデンダール計画とは，1962 年に設立された、南ア・トランスヴァール州長官 F. H. オーデンダールを委員長とする「西南アフリカ問題調査委員会」（あるいは「西南アフリカ事情調査委員会」）によって 1964 年に作成された報告に基づいて進められた政策のことである［青木 1988: 52；永原 1992: 39］。

10 現地住民には以下 10 のホームランドが割り当てられた。オバンボランド，カバンゴランド，ヘレロランド，ダマラランド，ナマランド，カプリヴィランド，ブッシュマンランド，ツワナランド，レホボトランド，カオコランド。カオコランドのみ，例外的に特有のエスニック・グループ名と対応していない。

第 3 章　衣服と色

1 この「芸術・音楽・文化祭」は，オマルルの自治体結成百周年を祝う行事として催された。

2 オンドロ（*ondoro*）と呼ばれる，馬の鳴き声を真似て女性たちが出す声。男性たちが笛を吹き鳴らしながら唱える歌（*ombimbi*）に合わせて演じられる。記念式典やチーフの葬式で聞かれる。

3 クリスチアン・ゼラエウア（Christian Eerike Wilhelm Zeraeua）は，エロンゴ県オショホロンゴ・コミュナル・エアリアにおける「ゼラエウア伝統的権威」のチーフヘレロから牛を奪いヨンカーに供給し，その報酬として銃の支給を受けていた［Vedder 1928: 158］。それに対し，同じくヨンカーの襲撃によって困窮していたオシンビングェのチーフ・ゼラエウアは，ライニッシュ宣教会や銅鉱山のイギリス商人たちと連携することで危機を乗り切った［Gewald 1999: 21］。さらに，1850年代頃から貿易ルートの確保をめぐる争いが活発化した。チーフたちは争いの中でウシと親族を守らねばならなかったが，その過程で火器の入手や入植者との連携，より有利な地への勢力の拡大や移住が行われた［Gewald 1999: 10-28；Vedder 1928: 158, 1966: 180-183］。1861年，ウィンドフックからオカハンジャへ移り住んでいたヨンカーとシャムアハがオカハンジャで死去した。それぞれの民たちの新たな長として息子のクリスチアン・アフリカーナーとマハレロ・シャムアハが彼らの後を継いだ。

2 オルラムとは，17世紀，オランダ東インド会社がケープに建設した植民地周辺に，18世紀頃現れた人々。先住民コイ，逃亡奴隷，ケープを追放された者，オランダ人植民者のもとで働き西洋の文化や物を取り入れた者，植民者との混血者などが混ざり合っていたとされる。

3 影響力を持たなかったサミュエル・マハレロがチーフ権獲得という野望を達成するためにドイツ植民地政府に要請したのが，ヘレロの皇帝とも言える「最高首長」として認められることであった。ミッション・スクールに通い識字教育を受けていた彼は，宣教師たちを通じてドイツ人ネットワークへ参入し，ドイツ政府側にオカハンジャへの支援を求める文書を送った。その結果，1891年にサミュエル・マハレロは帝国ドイツ植民地政府によって，ヘレロの「最高首長」として認可されたのである［Gewald 1999: 45］。ヘレロ社会では父系の出自集団オルゾと母系の出自集団エアンダをたどって相続が行われている［Gewald 1999: 41］。サミュエル・マハレロは相続権を持っていたもののキリスト教徒であったため，チーフとしては不適格だとされていた。しかし，最終的に彼は1891年にオカハンジャのキリスト教地区に位置していたマハレロの屋敷を相続するに至り，オカハンジャのチーフになった［Gewald 1999: 26, 41-45; 2000: 190］。

4 入植者によって囲い込まれた土地は彼らの子孫に継承され，現在も広大な農場として所有されている。

5 ハム仮説の歴史についてはマムダニ［Mamdani 2002: 79-87］でも詳細に検討されている。マムダニはルワンダにおける虐殺（1994）の対象となったツチがフツとは異なる特権的「人種」として植民地政府とカトリック教会によって優遇され，高い教育を受け，フランス語を教わり，地方行政の高官に配属されながら植民地における制度の中に組み込まれた歴史を描いた［Mamdani 2002: 76-102］。ツチは優生人種であるという主張の根拠とされたのが，ツチは外来の移住者，すなわちハム人であるという考えであった。人種化された少数派としてのツチが制度の中に組み込まれ，その構造が再生産され続けてきた点が，他のハム人と呼ばれたアフリカ現地住民（ヘレロも含まれると考えられる）と異なるとマムダニはいう［Mamdani 2002: 87］。このような考えが単なるイデオロギーに留まらなかったのは，一連の制度的いった現地におけるミクロな実態は十分に解明されていない。ヘレロの人々の考えや歴史認識については，日常レベルでの観察やインタビューといった人類学的手法から今後も調査を続ける必要があるだろう。

11 オカハンジャはドイツ植民地軍に敗北する以前のシャムアハ／マハレロ一族が勢力を誇った地であり，サミュエル・マハレロの墓地は祖父シャムアハのウシ囲い跡に建てられたと言われる。ナミビアが独立した 1990 年，同墓地はナミビア国家遺産に認定されている。

12 太田はデリダの「憑在論」(hauntologie) に着目したシュローダーの議論（Schroeder, Patricia 2004 *Robert Johnson, Mythmaking, and Contemporary American Culture*. University of Illinois Press.）を取り上げ論じている。

13 “invention of tradition”には「創られた伝統」あるいは「伝統の創造」という訳語があてられてきた。しかし，本書では読む際の煩雑さを避けるため“invention”に「発明」，“creation”に「創造」という訳語をあてる。読者には自分の好みに応じて，適切と思われる訳語に変換し読んでいただきたい。

14 エミィは 6 人の子どもを産み，5 人を近くで暮らす親族と共に育てたが一度も結婚したことがない。長男，次男の父親は同一人物であり，他の 4 人の父親はそれぞれ異なっている。長男は父親が引き取り育てたため疎遠であるという。

15 ナミビアのヘレロ語話者として，他にもゼンバ（*Ovazemba/Dhimba*）の人々がいるが本書では触れることができなかった。

16 30 代男性（2009 年 10 月，オマルル）と 40 代男性（2009 年 10 月，オゾンダティ）との別々のインタビューによる。

17 この語りはあくまでもひとつのバージョンであり異なるバージョンがあると推測されるため，ひきつづき調査が必要である。話者はこの語りを親族や周りの人々から聞き，いつの間にか知っていたという。

18 ここでは，ヒンバが孤立した「閉じた」暮らしをしているということを主張したいわけではないが，ヘレロとの関係性において，ヒンバは伝統的，ヘレロは現代的というような語りがヘレロ自身によってしばしばなされることを確認しておきたい。実際にはヒンバの人々も入植者やオバンボといったローカルな他者と交流してきた。また最近では，ヒンバは外国からの観光客と頻繁に触れ合っており，そのローカル性がインターナショナルな交流を生んでいる［Van Wolputte and Bleckmann 2012］。ヒンバの革製のドレスをモチーフとした現代的デザインのファッションショー「ヒンバ・イン・ミックス」（2010 年，スポンサーは Franco Namibian Cultural Center と National Arts Council of Namibia）が開催されるなど，ヒンバのドレスの現代化への関心も生じている。

第 2 章　衣服を着る主体

1 ヨンカーの武装力によって支配が広がる中，1840 年代までに中部のほとんどがヨンカーと彼の臣下としてヨンカー勢力に加担したヘレロのカヒシェネ（Kahitjene）とシャムアハ（Tjamuaha）の統制下に置かれた［Gewald 1999: 14］。シャムアハは

11 仕立屋（洋裁師，縫製師／dress maker）は，ヘレロ語で“*omuyatate*”という。人であることを示す接頭語“*omu-*”に，「縫う」を意味する動詞“*yatate*”が加えられた名詞である。

第1章　本書の概要

1 ナミビアのヘレロの「チーフ」制度の歴史と実態は複雑であり本来であれば詳細に書きわけるべきだが，用語を使うたびに詳細かつ正確に記すと記述が煩雑になってしまう。本書では，植民地政府あるいはナミビア政府に認可されているかされていないかにかかわらず，また，ドイツ植民地政府の介入と南アによる制度化以前の慣習的なリーダーについても「チーフ」の語を用い，必要に応じて書きわける。ナミビアのチーフの制度化に関しては第2章を参照してほしい。

2 以下，村とも記す。地方行政・住宅・地方開発省の役人によると，オゾンダティは「伝統的村」に区分される。放牧，就労，学業，職業訓練などのために都市部や別の村へ移動する人びとが多く，正確な人数を把握することは困難であるが，筆者の調査によると3km四方ほどに500人程度が居住していると考えられる。

3 仕立屋の多くが女性ではあるものの，ドレス作りは女性に限られた仕事ではない。ヴェヴァンガのように男性がオシカイバを作り，本書第4章と第5章で登場するマクブライトのようにドレスを縫うこともある。ただし，実際彼らがどのような性的指向を持っているかにかかわらず，人々はドレス作りに携わる男性について「ゲイだ」と噂する傾向にある。ロングドレス市場は男性にも開かれているとはいえ，言説レベルにおいては女性が着るロングドレスに興味を持ちドレスに携わる人物が女性性と強く関連づけられている。

4 以下，N$と記す。2018年8月24日の換算率，1N$=7.83円で計算する。

5 ドイツ銀行，テレックス社，ヴェーアマン社（現サフマリン社）。

6 ナミビア政府とドイツ政府の反応については永原［2009, 2016］に詳しい。2011年以降，ドイツに保存されていたヘレロやナマの頭蓋骨がナミビアへ返還され始めた。頭蓋骨は2014年，首都ウィンドフックに開館した独立記念博物館（Independence Memorial Museum）に展示される予定だったが，私が訪れた2017年9月時点では展示されていなかった。頭蓋骨を観るために博物館を訪れたというヘレロ女性は，展示に頭蓋骨がなかったことに驚き，「どこに保管されているのか」とナミビア政府の対応を訝っていた。

7 オカカララ，20代男性，2009年10月。

8 一方，「結局補償がなされたとしても政治家たちが儲けるだけで，われわれ一般人には何の利益も回ってこないからどうでもいい」（オゾンダティ，60代女性，2012年1月）という意見もあり，ヘレロの間でも訴訟に対する立場は多様であることを付け加えておきたい。

9 たとえばナミビア国立博物館前に置かれたドイツ人入植者の騎手像など。

10 しかし，訴訟に関する多くの論文は法政治的・歴史的研究であったために，現地の人々が何を考えて訴えを起こし活動に参加しているのか，活動の主体は誰なのかと

注

序章　ヘレロの人々とファッション

1　以下，ナミビアと記す。

2　以下，南アと記す。1910 年以降の南アフリカ連邦と，1961 年以降の南アフリカ共和国のこと。第一次世界大戦中の 1915 年に南アフリカ軍がナミビアを実質的に占領し，戦後は国際連盟の委任統治という形で支配を続けた。

3　Namibia 2011 Populationa and Housing Census Main Report より。

4　ドイツ系の学校に通ったために少しドイツ語を話すことができる者はいる。また，農村部で村の年輩の男性から「君はドイツ人なのか？」（Bist du Deutsche?）とドイツ語で話しかけられたことがあったが（意図は不明であった），ドイツ人入植者と密に接していたドイツ植民地期世代の多くはすでに亡くなっており，ヘレロ社会においてドイツ語が日常会話レベルで引き継がれている事象は確認できなかった。

5　都市部で働いている者以外は，オバンボの多くが北部に居住する。彼らはヘレロと同じバントゥー系だが，独自の居住体系，生業（農耕），政体，言語，親族体系を築いておりヘレロとは異なる文化的基盤を形成している。

6　2015 年 3 月，ダマラ語話者のガインゴブ大統領が就任した。いずれもナミビアの独立運動を牽引した西南アフリカ人民機構（SWAPO, South West Africa People’s Organization）所属。

7　ロングドレスを着たヘレロ女性を撮った写真集『Conflict and Costume: The Herero Tribe of Namibia』［Naughten 2013］（JimNaughten ウェブサイト：http://www.jimnaughten.com/project/hereros/）がメディアやファッション業界の注目を集めた。アメリカのニュース雑誌『タイム』http://time.com/3797199/jim-naughten-conflict-and-costume-in-namibia/，イギリスの新聞『ガーディアン』https://www.theguardian.com/artanddesign/gallery/2013/mar/01/conflict-costume-herero-namibia-pictures にレビューが掲載された。

8　19 世紀にヨーロッパで流行したデザイン。ジゴ（gigot）は，フランス語で「羊の足」を指す。

9　ドイツ植民地軍との戦いと虐殺行為による犠牲者数については論争もあるが，ヘレロは人口 8 万の約 80 %，ナマ（*Nama*）は人口約 2 万の約 50%が殺害されたというドレクスラー［Drechsler 1980（1966）］が示した数字が引用されてきた。ジェノサイドの対象となったのはヘレロだけではないことを強調しておくべきであるが，本書ではヘレロの人々にのみ焦点を当てる。

10　石川は，サラワク・マレーという「民族範疇」の構造化と周縁化の歴史的過程を描き，民族範疇や社会集団とこれらをとりまく政治経済的な構造と社会変化（＝構造）と個人の状況的に変化するアイデンティティ（＝状況）という 2 つの極を往還しながらエスニシティを考察する必要性を論じている。

2003 'Making Tradition': Healing, History and Ethnic Identity among Otjiherero- Speakers in Namibia, c. 1850-1950. *Journal of Southern African Studies* 29 (2): 355-372.

Werner, Wolfgang

1990 'Playing Soldiers': The Truppenspieler Movement among the Herero of Namibia, 1915 to ca.1945. *Journal of Southern Africa Studies* 16 (3): 476-502.

1998 *No One will Become Rich: Economy and Society in the Herero Reserves in Namibia, 1915-1946.* P. Schlettwein Publishing.

Wilmsen, Edwin N.

1990 Those Who Have Each Other: San Relations to Land. In *We are Here: Politics of Aboriginal Land Tenure.* Wilmsen, Edwin N., (ed.). pp. 43-67. University of California Press.

Zimmerman, Andrew

2001 *Anthropology and Antihumanism in Imperial Germany.* University of Chicago Press.

報告書

National Planning Commission

2008 A Review of Poverty and Inequality in Namibian. Central Bureau of Statistics.

映像資料

Rouch, Jean

1954 Les Maitres Fous (The Mad Masters).

インターネット資料

ナミビア 2011 年国勢調査 (Namibia 2011 Population and Housing Census Indication) http://www.nsa.org.na/files/downloads/Namibia%202011%20Population%20and%20 Housing%20Census%20Main%20Report.pdf 最終アクセス日：2015 年 1 月 26 日 .

1975 Fascinating Fascism. *New York Review of Books* (Feb.6 1975).

Steinmetz, George

2007 *The Devil's Handwriting: Precoloniality and the German Colonial State in Qingdao, Samoa, and Southwest Africa*. University of Chicago Press.

Steinmetz, George and Julia Hell

2006 The Visual Archive of Colonialism: Germany and Namibia. *Public Culture* 18 (1): 147-184.

Stoller, Paul

1995 *Embodying colonial memories: spirit possession, power, and the Hauka in West Africa*. Routledge.

Strathern, Marilyn

1992 *Reproducing the Future: Essays on Anthropology, Kinship, and the New Reproductive Technologies*. Manchester University Press.

Taussig, Michael

1993 *Mimesis and Alterity: A Particular History of the Senses*. Routledge.

2009 *What color is the sacred?* University of Chicago Press.

Turner, Terence S.

2012 [1980] The social skin. *Journal of Ethnographic Theory* 2 (2): 486-504. (a reprint of Terence S. Turner, 1980. "The Social Skin." In *Not work alone*: Across-*cultural view of activities superfluous to survival*. Jeremy Cherfas and Roger Lewin (eds.). pp.112-140. Temple Smith.)

Turner, Victor

1975 *Dramas, Fields, and Metaphors: Symbolic Action in Human Society*. Cornell University Press.

Van Wolputte, Steven and Laura E. Bleckmann

2012 The ironies of pop: local music production and citizenship in a small Namibian town. *Africa* 82 (3): 413-436.

Vedder, Heinrich

1928 The Herero. In *The Native Tribes of South West Africa*. L. Fourie, C.H. Hahn, H. Vedder (eds.). pp. 153-211. Cape Times.

1966 (独版 1934) *South West Africa in early times: being the story of South West Africa up to the date of Maharero's death in 1890*. Translated and ed. by Cyril G. Hall and F. Cass.

Vivelo, Frank R.

1977 *The Herero of western Botswana: aspects of change in a group of Bantu- speaking cattle herders*. West Pub. Co.

Wallace, Marion

1997 Health and Society in Windhoek, Namibia, 1915-1945. (a doctoral dissertation, submitted to Institute Of Commonwealth Studies, University Of London)

2005 *Creativity. Theory, History and Practice.* Routledge.

Pratt, Mary Louise

1992 *Imperial Eyes: Travel Writing and Transculturation.* Routledge.

Prentice, Rebecca

2008 Knowledge, Skill, and the Inculcation of the Anthropologist: Reflections on Learning to Sew in the Field. *Anthropology of Work Review* 29 (3): 54-61.

Ranger, Terence

1975 *Dance and Society in Eastern Africa: The Beni Ngoma.* University of California Press.

2014 The Invention of Tradition Revisited: The Case of Colonial Africa. *Occasional Paper* 11: 5-50.

Reischer, Erika and Kathryn S. Koo

2004 The Body Beautiful: Symbolism and Agency in the Social World, *Annual Review of Anthropology* 33: 297-317.

Rosaldo, Renato

1990 Review Essay on Others of Invention: Ethnicity and Its Discontents. *Voice Literary Supplement* 82: 27-29.

Rovine, Victoria

2009 Viewing Africa through Fashion, Introduction to special issue. Rovine, V. (ed.). *Fashion Theory* 13 (2): 133-140.

Rudner, Ione and Jalmar Rudner

2006 *Axel Wilhelm Eriksson of Hereroland (1846-1901) : His Life and Letters.* Gamsberg Macmillan.

Sarkin, Jeremy

2008 *Colonial Genocide and Reparations Claims in the 21st Century: The Socio-Legal Context of Claims under International Law by the Herero against Germany for Genocide in Namibia, 1904-1908.* ABC-CLIO.

Sanders, Edith R.

1969 The Hamitic Hypothesis; Its Origin and Functions in Time Perspective. *The Journal of African History* 10 (4): 521-532.

Seligman, Charles Gabriel

1930 *Races of Africa.* OUP.

Shelton, Dinah

2004 World of Atonement Reparations for Historical Injuries, *Miskolc Journal of International Law* 1 (2): 259-289.

Silvester, Jeremy, Marion Wallace and Patricia Hayes

1998 'Trees never meet'; mobility and containment: an overview 1915-1946. In *Namibia under South African Rule.* Hayes, P., J. Silvester, M. Wallace, and W. Hartmann (eds.). pp.3-48. James Currey.

Sontag, Susan

Liep, John

2001 Introduction. In *Locating Cultural Creativity* (*Anthropology, Culture and Society Series*). Liep, John (ed.). pp.1-14. Pluto Press.

Lim, Denise L.

2018 What the Landscape Recalls: Articulating Scales of Violence in Landscape trauma in Namibia. *Art Africa.* http://artafricamagazine.org/20754-2/ (最終アクセス日：2018年11月9日)

Malan, J.S.

1995 *Peoples of Namibia.* Rhino Publishers.

Mamdani, Mahmood

1996 *Citizen and Subject: Contemporary Africa and the Legacy of Late Colonialism* (*Princeton Series in Culture/Power/History*). Princeton University Press.

2002 *When Victims Become Killers: Colonialism, Nativism, and the Genocide in Rwanda.* Princeton University Press.

2005 *Good Muslim, Bad Muslim: America, the Cold War, and the Roots of Terror.* Three Leaves Publishing.

Mauss, Marcel

1973 Techniques of the Body. *Economy and society* 2:70-88.

Maynard, Margaret

2004 *Dress and Globalization.* Manchester University Press.

Moore, Sally Falk

1986 *Social Facts and Fabrications: "Customary" Law on Kilimanjaro, 1880-1980.* Cambridge University Press.

1999 Reflections on the Comaroff Lecture. *American Ethnologist* 26 (2): 304-306.

Naughten, Jim

2013 *Conflict and Costume: The Herero Tribe of Namibia.* Merrell Publishers.

Niehaus, Isak

2013 Anthropology and Whites in South Africa: Response to an Unreasonable Critique. *Africa Spectrum* 48 (1): 117-127.

Okazaki, Akira

2002 The making and unmaking of consciousness: two strategies for survival in a Sudanese borderland. In *Postcolonial Subjectivities in Africa.* Werbner, Richard (ed.). pp.63-83. Zed Books.

Ortner, Sherry B.

1984 Theory in Anthropology since the Sixties. *Comparative Studies in Society and History* 26 (1): 126-166.

Pool, Gerhard

1991 *Samuel Maharero.* Translated by Carol Kotze. Gamsberg Macmillan Publishers.

Pope, Rob

Hutchinson, Sharon E.
1996 *Nuer Dilemmas: Coping with Money, War, and the State.* University of California Press.
Ingold, Tim
2000 *The Perception of the Environment: Essays on Livelihood, Dwelling and Skill.* Routledge.
Irle, Jakob
1906 *Die Herero: Ein Beitrag zur Landes-, Volkes- und Missionskunde.* Gütersloh.
Katjavivi, Peter H.
1990 *History of Resistance in Namibia.* Africa World Press.
Kienetz, Alvin
1977 The key role of the Orlam migrations in the early Europeanization of South West Africa (Namibia). *The International Journal of African Historical Studies* 10 (4): 553-572.
Kinahan, Jill
1989 Heinrich Vedder's sources for his account of the exploration of the Namib coast. *Cimbebasia* 11: 33-39.
Kössler, Reinhart
2007 Facing a Fragmented Past: Memory, Culture and Politics in Namibia. *Journal of Southern African Studies* 33 (2): 361-382.
2008 Entangled History and Politics: Negotiating the past between Namibia and Germany. *Journal of Contemporary. African Studies* 26 (3): 313-339.
2015 *Namibia and Germany: Negotiating the Past.* University of Namibia Press.
Kössler, Reinhart and Henning Melber
2004 The Colonial Genocide in Namibia: Consequences for a Memory Culture Today From a German Perspective. *Journal of African Studies* 30 (2-3): 17-31.
Kramer, Fritz
1993 *The Red Fez: Art and Spirit Possession in Africa.* Translated by Malcolm Green. Verso.
Krüger, Gesine
1999 *Kriegsbewaeltigung und Geschichtsbewusstsein: Realitaet, Deutung und Verarbeitung des deutschen Kolonialkriegs in Namibia 1904 bis 1907.* Vandenhoek and Ruprecht.
Krüger, Gesine and Dag Henrichsen
1998 'We have been Captives Long Enough. We Want to be Free': Land, Uniforms and Politics in the History of the Herero in the Interwar Period. In *Namibia under South African Rule.* Hayes, P., J. Silvester, M. Wallace and W. Hartmannz (eds.). pp.149-174. James Curry.
Lau, Brigitte
1981 'Thank God the Germans Came': Vedder and Namibian Historiography. In *African Seminar : Collected Papers*, vol. 2. Gottschak, K. and C. Saunders (eds.) . pp. 24-53. Centre for African Studies.

1987 Anthropology and Apartheid: The Rise of Military Ethnology in South Africa. *Cultural Survival Quarterly* 11 (4): 58-60.

1992 *The Bushman Myth: The Making of a Namibian Underclass.* Westview Press.

Greenblatt, Stephen

2005 *Renaissance Self-Fashioning: From More to Shakespeare.* University of Chicago Press.

Hahn, C. H

1928 The Ovambo. In *The Native Tribes of South West Africa.* Fourie, L., C.H. Hahn, H. Vedder (eds.). pp.1-36. Cape Times.

Hallam, Elizabeth and Ingold, Tim (eds.)

2007 *Creativity and Cultural Improvisation.* Hallam, E. and T. Ingold (eds.). Berg.

Hallam, Elizabeth and Ingold, Tim

2007 Creativity and Cultural Improvisation: An Introduction. In *Creativity and Cultural Improvisation.* Hallam, E. and T. Ingold (eds.). pp.1-24. Berg.

Harring, Sidney L.

2002 German Reparations to the Herero Nation: An Assertion of Herero Nationhood in the Path of Namibian Development. *West Virginia Law Revew* 104 (2): 393-417.

Hansen, Karen T.

2004 The World in Dress: Anthropological Perspectives on Clothing, Fashion, and Culture. *Annual Review of Anthropology* 33: 369-392.

2013 Introduction. In *African Dress: Fashion, Agency, Performance.* Adrover, Lauren, Misty D. Bastian, Jules-Rosette Bennetta, Karen Tranberg Hansen (eds.). pp.1-11. Bloomsbury Academic.

Hayes, Patricia

1996 "Cocky" Hahn and the "Black Venus" : The Making of a Native Commissioner in South West Africa, 1915-46. *Gender & History* 8 (3): 364-392.

2000 Review: Namibia (*Herero Heroes: A Socio-Political History of the Herero of Namibia, 1890-1923. Towards Redemption: A Social History of the Herero of Namibia between 1890 and 1923. By Jan-Bart Gewald*). *The Journal of African History* 41 (3): 512-514.

Hendrickson, Hildi

1992 Historical Idiom of Identity Representation among the Ovaherero in Southern Africa. (Unpublished Ph. D., New York University.)

1994 The "Long" Dress and the Construction of Herero Identities in Southern Africa. *African Studies* 53 (2): 25-54.

1996 Bodies and Flags: The representation of Herero identity in colonial Namibia. In *Clothing and Difference.* Hildi Hendrickson (ed.). pp.213-244. Duke University Press.

Henley, Paul

2006 Spirit Possession, Power, and the absent present of Islam: re-viewing Les Maîtres Fous. *Journal of Royal Anthropology Institute* (N.S.) 12: 731-761.

1979 [1977] *Discipline and Punish: The Birth of the Prison.* Translated A. Sheridan. Vintage Books.

Friedman, John T

2005 Making Politics, Making History: Chiefship and the Post-Apartheid State in Namibia. *Journal of Southern African Studies* 31 (1): 23-51.

2011 *Imagining the Post-Apartheid State: An ethnographic account of Namibia.* Berghahn.

Fuller, Ben Jr.

1998 We live in a Manga: Constraint, Resistance & Transformation on a Native Reserve. In *Namibia under South African Rule.* Hayes, P., J. Silvester, M. Wallace and W. Hartmannz (eds.). pp. 194-218. James Curry.

Fumanti, Mattia

2015 Nicola Brandt, director. *Indifference.* 2014. 14 minutes. Herero and German. Namibia. *African Studies Review* 53 (3): 289-291.

Gewald, Jan-Bart

1998 Herero Annual Parades: Commemorating to Create. In *Proceedings CERES/CNWA Summer School 1994.* Van Der Klei, J. (ed.). pp. 131-151. CERES.

1999 *Herero Heroes: a socio-political history of the Herero of Namibia, 1890-1923.* James Currey.

2000 *We Thought we would be Free: Socio-Cultural Aspects of Herero History in Namibia 1915-1940.* Rüdiger Köppe Verlag.

2002a "I was afraid of Samuel, therefore I came to Sekgoma": Herero refugees and patronage politics in Ngamiland, Bechuanaland Protectorate, 1890-1914. *The Journal of African History* 43: 211-234.

2002b A Teutonic ethnologist in the Windhoek district: rethinking the anthropology of Guenther Wagner. In *Challenges for Anthropology in the 'African Renaissance': a Southern African contribution.* Le Beau, D. and Gordon, R .J. (eds.). pp. 19-30. University of Namibia Press.

2007 Chief Hosea Kutako: A Herero royal and Namibian nationalist's life against confinement 1870-19701. In *Strength beyond Structure: Social and Historical Trajectories of Agency in Africa.* Bruijn, Mirjam de, Rijk van Dijk and Jan-Bart Gewald (eds.). pp.83-113. Brill.

Gibson, Gordon D.

1956 Double Descent and Its Correlates among the Herero of Ngamiland. *American Anthropologist* 58: 109-139.

Giddens, Anthony

1993 Life in a Post-Traditional Society." *REVISTA DE OCCIDENTE* 150: 61.

Goffman, Erving

1968 *Stigma.* Penguin.

Gordon, Robert J.

California Press.

2008 Fashioning Distinction: Youth and Consumerism in Urban Madagascar. In *Figuring the Future: Globalization and the Temporalities of Children and Youth.* Cole, Jennifer and Deborah Durham (eds.). pp.99-124. School of American Research.

Cole, Jill

2012 Himba in the Mix: The "Catwalk Politics" of Culture in Namibia. *Women's Studies Quarterly* 41 (1/2) FASHION (SPRING/SUMMER 2012): 150-161.

Comaroff, Jean and John L. Comaroff

1991 *Of revelation and revolution* vol.1: *Christianity, colonialism, and consciousness in South Africa.* University of Chicago Press.

1997 *Of revelation and revolution* vol.2: *The dialectics of modernity on a South African frontier.* University of Chicago Press.

2009 *Ethnicity, Inc.* University of Chicago Press.

Cooper, Allan D.

2006 Reparations for the Herero Genocide: Defining the limits of international litigation. *African Affairs* 106 (422): 113-126.

Daniels, Clement

2003 The Struggle for Indigenous People's Rights. In *Re-examining Liberation in Namibia: Political Culture Since Independence.* Henning Melber (ed.). pp.47-68. Nordic Africa Institute.

Demos, T.J.

2013 *Return to the Postcolony: Specters of Colonialism in Contemporary Art.* Sternberg Press.

De Certeau, Michelle

1984 *The Practice of Everyday Life.* University of California Press and Berkeley.

Drechsler, Horst

1980 [1966] *Let Us Die Fighting.* Translated by B. Zöller. Zed Press.

Durham, Deborah

1999 The Predicament of Dress: Polyvalency and the Ironies of Cultural Identity. *American Ethnologist* 26 (2): 389-411.

Elias, Norbert

1978 *The Civilizing Process.* Blackwell.

Feierman, Steven

1990 *Peasant Intellectuals: Anthropology and History in Tanzania.* University of Wisconsin Press.

Ferguson, James

1999 *Expectations of Modernity: Myths and Meanings of Urban Life on the Zambian Copperbelt.* University of California Press.

Foucault, Michael

2002 『コモンズ』山形浩生（訳），翔泳社.
レンジャー，テレンス
1992 「植民地下のアフリカにおける創り出された伝統」『創られた伝統』E. ホブズボウム・T. レンジャー（編），前川啓治・梶原景昭他（訳），pp.323-406，紀伊國屋書店.
鷲田清一
2013［2005］『ちぐはぐな身体　ファッションって何？』（ちくま文庫）筑摩書房.
2014［1996］『モードの迷宮』（ちくま学芸文庫）筑摩書房.

欧文

Allman, Jean
2004 Fashioning Africa: Power and the Politics of Dress. In *Fashioning Africa: Power and the Politics of Dress.* Jean Allman（ed.）. pp.1-10. Indiana University Press.
Beetar, Matthew
2012 Questions of Visibility and Identity: An Analysis of Representations of the Mr Gay South Africa Pageant. *Transformation: Critical Perspectives on Southern Africa* 80（1）: 44-68.
Bley, Helmut
1971 *South-West Africa under German Rule, 1894-1914.* Translated, edited, and prepared by Hugh Ridley. Northwestern University Press.
Bollig, Michael, and Jan-Bart Gewald（eds.）
2000 *People, Cattle and Land-Transformations of a Pastoral Society in Southwesten Africa*（*History, Cultural Traditions and Innovations in Southern Africa* vol. 13）. Köppe.
Bollig, Michael, and Jan-Bart Gewald
2000 People, cattle and land: transformations of pastoral society: an introduction. In *People, Cattle and Land-Transformations of a Pastoral Society in Southwestern Africa*（*History, Cultural Traditions and Innovations in Southern Africa* vol. 13）. Bollig, Michael and Jan-Bart Gewald（eds.）. pp.3-52. Köppe.
Bourdieu, Pierre
1977 *Outline of a Theory of Practice*（*Cambridge Studies in Social and Cultural Anthropology*）. Cambridge University Press.
Bridgman, John
1981 *The Revolt of the Herero.* University of California Press.
Butler, Judith
1990 *Gender trouble: Feminism and the Subversion of Identity.* Routledge.（『ジェンダー・トラブル：フェミニズムとアイデンティティの攪乱』竹村和子訳，2003年，青土社）
Cole, Jennifer
2001 *Forget Colonialism?: Sacrifice and the Art of Memory in Madagascar.* University of

2004 「『伝統の創造』論とナミビアの歴史：ヘレロの歴史をどう描くか」『アジア・アフリカ言語文化研究所通信』111: 54-55.

2005 「『人種戦争』と『人種の純粋性』をめぐる攻防：20 世紀初頭の西南アフリカ」『帝国への新たな視座：歴史研究の地平から』（シリーズ歴史学の現在 10）歴史学研究会（編），pp.323-370，青木書店.

2009 「ナミビアの植民地戦争と『植民地責任』：ヘレロによる補償要求をめぐって」『「植民地責任」論：脱植民地化の比較史』永原陽子（編），pp.218-248，青木書店.

2016 「時事解説：植民地期ナミビアでの大虐殺に関する対独補償要求」『アフリカレポート』54: 13-18.

野矢茂樹

1988 「規則とアスペクト：『哲学探究』第Ⅱ部からの展開」『北海道大學文學部紀要』36（2）: 95-135.

2013［2011］『語りえぬものを語る』講談社.

橋本栄莉

2010 書評「Sharon Hutchinson 著 *Nuer Dilemmas : Coping with Money, War and the State.*」『くにたち人類学研究』5: 80-88.

浜本満

2007 「妖術と近代：三つの陥穽と新たな展望」『呪術化するモダニティ』阿部年晴・小田亮・近藤英俊（編），pp.113-150，風響社.

バルト，ロラン

1972 『モードの体系』佐藤信夫（訳），みすず書房.

フィンケルシュタイン，ジョアン

1998 『ファッションの文化社会学』成実弘至（訳），せりか書房.

ホール，スチュアート

1999 「新旧のアイデンティティ，新旧のエスニシティ」『文化とグローバル化：現代社会とアイデンティティ表現』A.D. キング（編），山中弘・安藤充・保呂篤彦（訳），pp.67-104，玉川大学出版部.

ホブズボウム，エリック

1992 「序論――伝統は創り出される」『創られた伝統』E. ホブズボウム・T. レンジャー（編），前川啓治・梶原景昭他（訳），pp.1-28，紀伊國屋書店.

ホブズボウム，エリック・レンジャー，テレンス（編）

1992 『創られた伝統』E. ホブズボウム・T. レンジャー（編），前川啓治・梶原景昭他（訳），紀伊國屋書店.

松田素二

1999 『抵抗する都市：ナイロビ移民の世界から』岩波書店.

水野一晴・永原陽子（編著）

2016 『ナミビアを知るための 53 章』（エリア・スタディーズ 141）明石書店.

レッシグ，ローレンス

2009 「ダンス　腰が語る――アフリカから世界へ，そしてアフリカへ」『世界中のアフリカ へ行こう：『旅する文化』のガイドブック』中村和恵（編），pp.130-146，岩波書店.
ギアーツ，クリフォード
1987 『文化の解釈学 1』吉田禎吾・柳川啓一・中牧弘允・板橋作美（訳），岩波書店。
クリフォード，ジェイムズ
2002 『ルーツ――20 世紀後期の旅と翻訳』毛利嘉孝・有元健・柴山麻妃・島村奈生子・福住廉・遠藤水城（訳），月曜社.
2003 『文化の窮状：20 世紀の民族誌，文学，芸術』太田好信・慶田勝彦・清水展・浜 本満・古谷嘉章・星埜守之（訳），人文書院.
栗本英生
2005 「人種主義的アフリカ観の残影：『セム』『ハム』と『ニグロ』」『人種概念の普遍性を問う：西洋的パラダイムを超えて』竹沢泰子（編），pp.356-389，人文書院.
慶田勝彦
2001 「マニャータとの民族誌的出会い（1）：人類学調査スタイルに関する断章」『文学部論叢』72: 17-33.
サイード，エドワード．W.
2006［1993］『オリエンタリズム』（上）板垣雄三・杉田英明（監修）今沢紀子（訳），平凡社.
桜井三枝子
2011 「抵抗のもう一つの形を考える：ローカル，ナショナル，トランスナショナル・レベルの視点から」『日常的実践におけるマヤ言説の再領土化に関する研究』科学研究費研究成果報告書，吉田栄人（編），pp.1-51.
シンジルト
2003 『民族の語りの文法：中国青海省モンゴル族の日常・紛争・教育』風響社.
デリダ，ジャック
2007 『マルクスの亡霊たち』増田一夫（訳・解説），藤原書店.
永原陽子
1991 「ヨンカー・アフリカーナーとライン・ミッション団：十九世紀中葉のナミビア」『世界の構造化』9，柴田三千雄他（編），pp.275-294，岩波書店.
1992 「アパルトヘイトと『エスニシティ』：ナミビアの歴史から考える」『歴史科学と教育』11: 20-44.
1997 「現代ナミビアにおける『伝統的権威』：マンドゥメの死からクワニャマ王国の復活へ」『南部アフリカ民主化後の課題』（研究双書 478）林晃史（編），pp.175-204，アジア経済研究所.
2001 「アフリカ史・世界史・比較史」『アフリカ比較研究―語学の挑戦―』（研究双書 512）平野克己（編），pp.243-268，アジア経済研究所.

参考文献

和文

綾部恒雄

1993［1985］「エスニシティの概念と定義」『文化人類学 2』1（2）: 8-19.

青木一能

1988「ナミビア独立問題の推移と現状」『国際政治』88: 47-68.

青木保

1992「『伝統』と『文化』」『創られた伝統』E. ホブズボウム・T. レンジャー（編），前川啓治・梶原景昭他（訳），pp.471-482，紀伊國屋書店.

石井美保

2003「アフリカ宗教研究の動向と課題：周辺化理論と近代化論の限界をこえて」『人文學報』88: 85-100.

石川登

1997「民族の語り方 —— サラワク・マレー人とは誰か —— 」『民族の生成と論理』（岩波講座文化人類学第 5 巻）青木保・内堀基光・梶原景昭・小松和彦・清水昭俊・中林伸浩・福井勝義・船曳建夫・山下晋司（編），pp.2-163，岩波書店.

ウィトゲンシュタイン，ルートヴィヒ

1976『ウィトゲンシュタイン全集 8 哲学探究』藤本隆志（訳），大修館書店.

ウェーバー，マックス

1978［1904］「社会科学および社会政策的認識の『客観性』」『社会学論集：方法・宗教・政治（現代社会学大系）』濱島朗・徳永恂（訳），pp.3-82，青木書店.

大倉宏

2017「佐藤真の映画人生」映画監督・佐藤真の新潟 —— 反転するドキュメンタリーフライヤー，砂丘館.

太田至

1996「ナミビア北西部のカオコランドに住むヘレロとヒンバのエスニックバウンダリ ーの動態」『アフリカ研究』48: 115-131.

2001「『われわれ』意識の乖離と重なり —— ナミビアにおけるヒンバとヘレロの民族間関係」『現代アフリカの民族関係』和田正平（編），pp.164-187，明石書店.

太田好信

2008『亡霊としての歴史：痕跡と驚きから文化人類学を考える』（叢書・文化研究）人文書院.

2012「政治的アイデンティティとは何か？：パワーの視点からアイデンティティを分析する批判理論に向けて」『政治的アイデンティティの人類学』太田好信（編），pp.36-77，昭和堂.

岡崎彰

ヤ・ラ行

人名索引

ナ行

ハ行

マ行

タ行

事項索引

（本文中で「　」に入れた語は「　」をつけずに掲載。）

〈著者紹介〉
香室結美（かむろ・ゆみ）
熊本大学文書館 特任助教。
1983 年佐賀生まれ。専門は文化人類学。
2007～08 年，ドイツ・ボン大学交換留学。
2014 年熊本大学大学院社会文化科学研究科博士後期課程単位取得退学。
博士（学術）。
2016-2017 年度，水俣市立水俣病資料館学芸員（熊本大学・特別事業
教員）。
2018 年度より現職。

ふるまいの創造《そうぞう》
ナミビア・ヘレロ人における植民地経験と美の諸相

2019 年 1 月 15 日　初版発行

著　者　香室　結美
発行者　五十川　直行
発行所　一般財団法人　九州大学出版会
〒 814-0001 福岡市早良区百道浜 3-8-34
九州大学産学官連携イノベーションプラザ 305
電話　092-833-9150
URL　https://kup.or.jp/
印刷・製本　シナノ書籍印刷（株）

ISBN978-4-7985-0247-2